PARA SEMPRE COM MEU FILHO

Dra. ELISA MEDHUS

PARA SEMPRE COM MEU FILHO

Conversas de uma médica com o outro lado da vida

Tradução
DENISE DE CARVALHO ROCHA

Editora Pensamento
SÃO PAULO

Título original: *My Son and the Afterlife.*

Publicado mediante acordo com editor original Atria Books/Beyond Words, uma divisão de Simon & Schuster, Inc.

Texto de acordo com as novas regras ortográficas da língua portuguesa.

1ª edição 2016.

Editor: Adilson Silva Ramachandra
Editora de texto: Denise de Carvalho Rocha
Gerente editorial: Roseli de S. Ferraz
Produção editorial: Indiara Faria Kayo
Editoração eletrônica: Join Bureau
Revisão: Vivian Miwa Matsushita

Dados Internacionais de Catalogação na Publicação (CIP)
(Câmara Brasileira do Livro, SP, Brasil)

Medhus, Elisa
Para sempre com meu filho : conversas de uma médica com o outro lado da vida / Elisa Medhus ; tradução Denise de Carvalho Rocha. - 1. ed. - São Paulo : Pensamento, 2016.

Título original: My son and the afterlife : conversations from the other side.
Bibliografia.
ISBN 978-85-315-1946-8

1. Ciência e espiritismo 2. Espiritualidade 3. Medhus, Erik (Espírito) 4. Mediunidade 5. Morte 6. Vida após morte I. Título.

16-03970 CDD-133.9

Índices para catálogo sistemático:
1. Comunicação com espíritos : Experiências : Relatos : Espiritualismo 133.9

Direitos de tradução para o Brasil adquiridos com exclusividade pela
EDITORA PENSAMENTO-CULTRIX LTDA., que se reserva a
propriedade literária desta tradução.
Rua Dr. Mário Vicente, 368 - 04270-000 - São Paulo, SP
Fone: (11) 2066-9000 - Fax: (11) 2066-9008
http://www.editorapensamento.com.br
E-mail: atendimento@editorapensamento.com.br
Foi feito o depósito legal.

Para o meu marido, Rune Medhus - a rocha sólida e
os braços amorosos de que precisei nos meus piores momentos de dor.

Sumário

Prefácio de Erik Medhus 11

Prefácio de Jamie Butler 13

Introdução 15

O conteúdo deste livro 18

A mente cética: minha jornada rumo à crença na vida após a morte 19

Nas palavras de Erik: argumentos contra o suicídio 21

Parte I: A vida, a morte e o pós-morte de Erik

1. Sobre Erik 25

2. A morte de Erik 28

3. As visitas de Erik: sonhos, mensagens e travessuras 35

Visitas físicas 39

Visitas como outra pessoa 42

Tocando e fazendo cócegas 43

Cheiros desagradáveis 45
Objetos que se movem 47
Escondendo objetos 51
Brincando com a energia elétrica 53
Telefonemas 54
Manifestando objetos do nada 55

4. Nosso novo relacionamento além do véu 59
Erik descreve a própria morte 61
A revisão da vida de Erik 90
Novas experiências de Erik como uma alma liberta 92

Parte II: A alma liberta

5. Erik descreve a morte em geral 105

6. A revisão da vida em geral 117

7. As capacidades de uma alma liberta 125
Como é a aparência das almas 125
O que uma alma liberta pode fazer? 127
Quais são as diferenças entre almas encarnadas e desencarnadas? ... 131
Sentidos e emoções 146
Visitas em sonhos 151
Trabalho energético 160
O trabalho da vida 166
O nível da alma 172
Terapia 175

8. A natureza da vida após a morte 179
Como é a vida após a morte? 179
O dia a dia na vida após a morte 182
Camadas e níveis 185
Linguagem e comunicação 190
A evolução da vida após a morte 193
O que é de fato "real"? 197

9. As almas ... 199
Reencarnação ... 199
O ciclo de vida das almas ... 202
Como as almas evoluem após a morte ... 217
Como as almas se comunicam ... 220
Almas de crianças ... 226
Almas não humanas ... 234
Experiências de quase morte ... 237

Parte III: O quadro maior

10. A natureza da consciência ... 243
O que é consciência ... 244
Neutrinos ... 248
Animal, vegetal, mineral ... 252

11. Tempo e espaço ... 267
Como o tempo funciona... Já não era sem tempo! ... 267

12. Matéria e realidade ... 285
Tudo sobre a matéria ... 285
A natureza da morte ... 299
A física da morte ... 300

13. Amor e medo ... 305
A natureza do medo ... 305

14. A natureza dos poderes superiores ... 311
Sessão sobre Deus ... 311

15. Quem nós somos e por que estamos aqui? ... 327
A natureza do ser humano ... 327

Reflexões finais ... 337

Agradecimentos ... 341

Notas ... 343

Prefácio

de Erik Medhus
(como traduzido* por Jamie Butler)

Minha vida nunca foi de fato o que eu consideraria normal. Eu agora tenho uma vida extraordinária na vida após a morte, e no momento me dedico a explicar e compartilhar minha jornada.

Não tive uma vida longa na Terra, mas tenho a alegria de dizer que me defino pelo trabalho que faço. Apesar de toda a dor e o sofrimento pelos quais nossa família passou, sei que, para a minha alma, a morte aconteceu na hora certa. Ela levou minha mãe, uma pessoa com formação científica, a investigar sobre o luto e a morte. Levou-a a fazer perguntas e a descobrir como continuar seu relacionamento com o filho morto. Em meio a tudo isso, minha partida acabou nos dando um meio de ajudar outras pessoas a saber mais sobre a morte, a vida do outro lado, o suicídio, o sofrimento e a comunicação entre as dimensões.

---

* Em referência à comunicação com o espírito de Erik ou com espíritos em geral, a autora optou por usar o termo "traduzir" em vez do similar "canalizar", mais corrente na literatura norte-americana. (N. da E.)

Não poderia ter feito nada disso sem a minha mãe. Mãe, eu te amo demais. Obrigado por não desistir de mim, mesmo depois da morte. O amor de fato triunfa apesar de tudo.

Eu também quero agradecer à minha família. Eu os amo mais do que imaginam. E estou com vocês a cada passo do caminho.

Prefácio

de Jamie Butler
(tradutora do espírito de Erik)

No verão de 2010, tive meu primeiro encontro agendado com Elisa Medhus. Fui para o andar de cima da casa dos meus pais, na Flórida, para ter mais privacidade. A única coisa que eu sabia sobre ela era o nome e o número de telefone. Depois que Elisa telefonou, o espírito de um jovem entrou na sala. Ele parecia ter uns 18 anos de idade e era alto e magro. Seu cabelo estava um pouco despenteado. Quando olhava na minha direção, seus olhos pareciam passar através de mim; mas, na maior parte do tempo, eles percorriam o cômodo ou ele baixava um pouco a cabeça, olhando para o chão. Estava inquieto. Vestia jeans e uma camiseta, e me disse que era filho da pessoa que tinha telefonado.

Ele começou a falar sobre a morte dele – os espíritos muitas vezes fazem isso. Acho que não só ajuda as pessoas que perderam entes queridos a saber o que eles passaram, mas dá ao espírito a oportunidade de desabafar também. Elisa me disse que o nome do filho era Erik. Ele então começou a explicar que tirou a própria vida. Lembro-me de que hesitei várias vezes enquanto ele contava sua história, como se fosse doloroso para mim, como mãe que sou também, ouvir e traduzir. Elisa recebeu as informações sem se abalar e com todo o seu amor. Fiquei impressionada e surpresa com a força daquela mulher.

Erik continuou, e assim que se sentiu mais à vontade comigo, começou a se soltar e usar seu linguajar cheio de gírias e palavrões. Eu gaguejei um pouco ao ouvir suas palavras grosseiras e ri de nervoso, tentando dar expressão à irreverência daquele garoto. Elisa fez uma pausa e me garantiu que, se fosse mesmo o "seu" Erik, essa era a linguagem que ela esperava. Ela me incentivou a aceitá-lo, bem como ao jeito de ele falar. Foi assim que vim a conhecer Erik.

Ser comunicadora e tradutora de Erik tem sido uma tarefa incrivelmente desafiadora, esclarecedora e útil para me ensinar sobre a humildade. Vê-lo amadurecer e ensinar com compaixão e a impetuosidade que é sua marca registrada me levou a pensar além dos limites da espiritualidade. Estou extremamente grata por fazer parte da família espiritual de Erik.

Tenho falado com espíritos durante toda a minha vida e muitas vezes eles me confortam mais do que os meus amigos terrenos. Para mim, a morte é um belo renascimento, um retorno à nossa essência. A morte não é o fim, mas um recomeço. E mostrar essa perspectiva é um dos aspectos mais significativos do meu trabalho.

Minhas crenças não têm nada de novo, mas o processo de entendimento e de incorporação dessas crenças em nossa vida diária, isso sim é novidade para nós. Minha intenção é traduzir as mensagens de Erik e de outros guias espirituais maravilhosos, tornando a informação digerível, compreensível e prática. Espero que você possa aproveitá-la em sua vida.

Introdução

Como mãe, acho doloroso ver meus filhos passando por situações difíceis. Como médica, essa dor é intensificada pelo fato de eu não ter conseguido "curar" o meu filho Erik, que lutava diariamente com os demônios que o atormentavam sem misericórdia. Além da dificuldade de aprendizagem e da síndrome de Tourette, ele também sofria de transtorno bipolar grave, um monstro odioso que o levou às mais sombrias profundezas, das quais um dia ele acabou não conseguindo mais emergir.

O distúrbio bipolar pode ser uma doença terminal, e no caso de Erik, foi. Num belo dia de outono, eu o encontrei morto, sentado em sua cadeira, depois de disparar contra o crânio um revólver calibre 45, de ponta oca. Esse dia foi um divisor de águas na minha vida. Mergulhei não só na angústia e no desespero, mas também num vazio desprovido de qualquer crença capaz de responder à pergunta que viria a ser a mais importante da minha vida: onde está meu filho? Por ser uma médica com formação científica de peso e criada por pais ateus, para mim foi difícil saber por onde começar a minha busca. Eu nem sabia *se havia* algo para buscar.

Então fiz o que faço melhor: me voltei para a ciência. Devorei centenas de livros e relatórios escritos por físicos e teóricos quânticos e pessoas que tinham passado por experiências de quase morte. Revi experimentos controlados e duplo-cegos realizados em médiuns (que chamo aqui de tradutores espirituais) e analisei estudos científicos sobre a sobrevivência da consciência após a morte. Mesmo antes de Erik morrer, eu sempre me perguntei: *será que existe vida além da contida na limitada realidade tridimensional que percebemos com os nossos cinco sentidos?* Se limitarmos nossas crenças àquelas enraizadas em nós pelas ciências materiais e pela maioria das religiões organizadas, só o que nos restará são inúmeros fenômenos inexplicáveis. Por que alguns tradutores espirituais são tão surpreendentemente exatos nas informações que passam? Por que algumas crianças recontam histórias tão convincentes de vidas passadas? Por que algumas experiências de quase morte são tão difíceis de descartar como fantasias delirantes? Por causa da minha forte formação científica, eu sempre me senti desconfortável diante de assuntos espirituais, mas eu também conhecia o princípio da Navalha de Occam: a explicação mais simples tende a ser a mais correta. Para mim, a crença na sobrevivência da consciência após a morte está de acordo com esse conceito. A Terra não era plana, no final das contas.

Por que pessoas como eu são tão céticas com relação ao espiritual e o paranormal? Nós somos céticos porque só consideramos algo "real" quando podemos observá-lo diretamente com nossos sentidos ou com um dispositivo de medição que forneça informações para os nossos sentidos. Thomas Campbell, especialista em medicina nuclear e autor de *My Big TOE (Theory of Everything)*, explica que somos como as bactérias do nosso intestino. Por tudo que sabemos, o pão que chega até nós é um maná dos deuses. Não sabemos nada sobre semeadura, irrigação, rotação de culturas, adubação e controle de pragas, colheita, produção de pão e seu transporte para o mercado. Mas ainda assim isso nos afeta, a tal bacteria.[1] Portanto, há muitas coisas lá fora que existem e nos afetam apesar de tudo, embora não possamos percebê-las com nossos sentidos. Outras dimensões, inclusive aquela em que meu filho está, pode ser uma dessas coisas. Mas um grande navio muda seu curso muito lentamente, e como o filósofo Arthur Schopenhauer muitas vezes disse ter observado, "toda verdade passa por três fases. Primeiro, é ridicularizada. Depois, recebe violenta oposição. Então é aceita como algo evidente".[2]

Como uma cética de mente aberta, agora equipada com estudos científicos que apoiavam minha hipótese – incluindo a investigação sobre tradutores espirituais –, eu comecei a minha busca por um tradutor talentoso que pudesse dar voz ao meu filho. Encontrei em Jamie Butler exatamente o que eu me propus a encontrar. Nas nossas sessões, ela captou perfeitamente a personalidade irreverente de Erik, e a química entre os dois foi claramente especial, como uma irmã mais velha e seu irreverente irmão mais novo.

Com as informações obtidas nessas sessões, dei início ao meu blog, *Channeling Erik: Conversations with my Son in the Afterlife* [Canalizando Erik: Conversas com meu filho na vida após a morte]. No início, o blog foi uma maneira de extravasar a minha dor, bem como uma forma de continuar o relacionamento com meu filho. Mas, à medida que o número de membros do blog crescia, fiquei espantada ao ver quantas pessoas encontravam consolo em minhas postagens diárias. Para alguns, o blog foi como um salva-vidas. Literalmente.

Os membros do blog e eu começamos, por fim, a fazer perguntas a Erik, e suas respostas nos deram conforto e esperança. Ao longo deste livro, Erik descreve o processo da morte, a natureza da vida após a morte, as habilidades e atividades de uma alma liberta, o destino dos suicidas e o sentido da vida e da experiência humana, bem como outros assuntos. Sobre o tema do suicídio, Erik é claramente contrário a ele. Várias e várias vezes ele afirma que não é porque uma pessoa tira a própria vida que os problemas dela acabam; esses problemas a acompanham. Além disso, ela deixa um mundo de tristeza em seu rastro, o que só agrava a sua dor. Eu mesma sou prova disso.

Erik seria o primeiro a admitir que ele não é uma espécie de oráculo de Delfos. É um ser humano imperfeito que, como muitos de nós, travou suas próprias batalhas. Ele tropeçou e caiu inúmeras vezes. Mas, talvez por causa de suas fraquezas, ele tem um profundo entendimento da experiência humana. Sabe o que é estar no fundo do poço, fincando as unhas nas paredes na tentativa desesperada de sair de lá. Ele também sabe como é sentir desespero e desistir, acreditar que a vida não vale o esforço de superar a dor e os contratempos. Mas essas provações e tribulações oferecem outro tipo de sabedoria - uma sabedoria com que muitos de nós podem se identificar diante das próprias dificuldades. Portanto, embora jovem e imperfeito, Erik tem um ponto de vista que vale a pena conhecer. Ele é como nós.

Como médica, escrever este livro foi uma experiência de cura para mim. Curar faz parte da minha natureza e, ajudando os outros, eu curo minhas próprias feridas também. Como mãe, escrever este livro me ensinou uma importante lição: a morte não significa o fim de um relacionamento. O amor não conhece fronteiras - nem mesmo a morte.

Convido você a se juntar a Erik e a mim nesta jornada. Considere este livro um guia de viagem para a vida após a morte, uma espécie de manual, em que você pode consultar capítulos específicos várias vezes, conforme necessário. Às vezes você vai chorar. Às vezes você vai rir. Às vezes vai fazer uma pausa, maravilhado. Alguns de vocês estão de luto como eu. Alguns querem superar o medo da morte. Alguns anseiam ver o quadro maior, compreender o significado da vida e da morte.

Quaisquer que sejam seus motivos, juntos vamos explorar o significado da experiência humana, da natureza do processo de morte, a prova e a estrutura da vida após a morte, a sobrevivência da alma e da consciência, e a física por trás de tudo isso. Como eu, muitos de vocês vão começar essa jornada céticos. A minha esperança é de que a terminemos juntos, em paz e mais esclarecidos.

O conteúdo deste livro

Uma grande parte da jornada que fiz do ceticismo até a crença na vida após a morte exigiu respostas vindas do "Outro Lado" - conversas com alguém que, no início, eu não tinha certeza sequer se ainda existia: o meu filho. Grande parte deste livro é composto das transcrições dessas conversas com Erik, que foram facilitadas por seus comunicadores e tradutores espirituais, Jamie Butler e Kim O'Neill. Sobre esse assunto, "é melhor prevenir do que remediar", então eu gostaria de avisar que, nessas conversas, Erik é muito ele mesmo, incluindo um pouco da sua clássica "boca-suja", então por favor, esteja ciente de que você vai se deparar com alguns termos mais chulos quando ele diz o que pensa.

Agora convido você a manter a mente aberta, enquanto Erik, Jamie, Kim e eu (é assim que me refiro a mim mesma nas transcrições) travamos um diálogo informativo, às vezes irreverente e desafiador, muitas vezes intimista, às vezes doloroso e sempre esclarecedor. Incentivo você a usar este livro do modo que achar melhor: como um guia de referência no qual pode consultar as seções ou assuntos que mais lhe interessem ou como uma experiência de leitura mais tradicional, da primeira à última página. Meu objetivo é que você encontre neste livro um guia completo sobre a morte e a vida após a morte – um compêndio de informações ao qual você possa recorrer quantas vezes quiser.

A mente cética: minha jornada rumo à crença na vida após a morte

Ser criada por pais ateus foi, em muitos aspectos, como ter a mente encerrada numa caixa de ferro, sem portas ou janelas. Teve suas vantagens. Eu não tinha que pensar ou perguntar; minha mente estava fechada nos dois sentidos para o fluxo de todas as ideias relacionadas com a vida após a morte. Por outro lado, isso me deixou sem ferramentas com as quais pudesse investigar o assunto.

Ao longo da minha vida, encontrei muitos exemplos da existência da vida após a morte, mas minhas dúvidas testaram a resistência da minha caixa de ferro. Por exemplo, eu topei por acaso com um programa de televisão a respeito das muitas estranhas visões e previsões de Edgar Cayce, um tradutor espiritual americano, fundador da Association for Research and Enlightenment. Li um artigo fascinante no *New York Times* sobre gêmeos que inexplicavelmente falavam aramaico, uma língua antiga. Encontrei uma reportagem sobre uma mulher de Seattle que teve uma experiência de quase morte depois de um ataque cardíaco. Enquanto estava supostamente fora do corpo, essa mulher notou um pé de tênis, com o cadarço amarrado debaixo do calcanhar do calçado, preso num parapeito do terceiro andar do hospital.

O tênis foi depois recuperado por funcionários do hospital, no local exato que a mulher tinha apontado.

Embora eu não pudesse explicar a misteriosa precisão das previsões de alguns comunicadores espirituais, os relatos aparentemente indiscutíveis de pessoas que passaram por experiências de quase morte e as histórias extraordinárias de vidas passadas contadas por crianças, permanecia teimosamente irredutível. E por causa desse preconceito, eu era insensível às crenças das outras pessoas. Por exemplo, sempre que falavam de cura energética, regressão a vidas passadas ou comunicação espiritual, eu menosprezava tudo isso, considerando apenas bobagens da Nova Era, ou já imaginava uma cigana debruçada sobre uma bola de cristal. Além disso, minha mente fechada me levava, muitas vezes, à dor. Por exemplo, as primeiras palavras do meu pai para mim depois que Erik morreu foram, "Sinto muito, Elisa, mas ele vai voltar ao pó". Ah, como eu queria acreditar que ele estava errado!

Por mais da metade da minha vida, fui uma internista, certificada pelo American Board of Internal Medicine, com décadas dedicadas ao meu consultório particular. Biologia, bioquímica, farmacologia, patologia, fisiologia e outros ramos das ciências estão praticamente no meu DNA. Na verdade, a ciência foi espremida com tanta força entre as minhas hélices duplas que eu pensava que não haveria espaço para o que eu um dia considerei "pura bobagem". Esse ponto de vista só servia para reforçar ainda mais a caixa de ferro do ceticismo. No entanto, o fato de eu não conseguir perceber o meu falecido filho com qualquer um dos meus cinco sentidos desafiava tudo o que eu tinha aprendido ao longo da minha formação. Como eu poderia redefinir toda a minha identidade como cientista, médica e cética?

Porém, depois que Erik morreu, ele começou a aparecer para a nossa família e amigos. Erik os visitava em sonhos vívidos e profundos e começou até mesmo a fazer travessuras com eles. Parecia que quase todo mundo estava desfrutando da presença dele, menos eu. Senti ciúme, porque, afinal, *eu* era a mãe dele. Eu poderia não dar a mínima para esses relatos, dizendo que eram pura fantasia e estavam todos completamente enganados, mas eu sabia que essas pessoas não eram loucas, especialmente meu marido. Ele é sempre tão racional e sensato! Essas experiências, juntamente com a minha exaustiva pesquisa, marcaram o início do meu cabo de guerra interior entre o ceticismo cauteloso e a crença na vida após a morte.

Eu sempre critiquei médicos que concluíam o diagnóstico de um paciente depois de simplesmente ler seu prontuário médico, antes mesmo de uma consulta ou exame. Eu me orgulhava de manter a mente aberta ao ouvir meus pacientes e dar crédito à minha intuição. Quando comecei a questionar meu ceticismo com relação ao conceito de vida após a morte, eu me perguntei: *será que eu realmente quero ser uma daquelas pessoas que insistem em dizer que a Terra é plana?* Ainda assim, eu me recusava a aceitar. Eu me agarrava à minha descrença como um buldogue teimoso, porque acreditar só para depois comprovar que eu estava errada seria perder Erik outra vez. Eu simplesmente não conseguiria suportar isso.

Quando a minha dor começou a diminuir um pouco, eu finalmente comecei a receber visitas e travessuras de Erik. Mais tarde, fiquei sabendo que o luto profundo é uma sólida parede que torna a comunicação com o ente querido falecido muito mais difícil, se não impossível. Foi assim que começou a minha viagem da mentalidade fechada para o ceticismo cauteloso e de mente aberta, e tudo o que ela exigiu foi um pouco de fé. Agora, a minha caixa de ferro tem portas e janelas. Concluí que todo mundo tem interesse em saber se existe algo mais após a morte, mas os céticos de mente fechada, como eu mesma era, muitas vezes têm muito medo de confiar nas pesquisas, na sua intuição ou em qualquer fragmento de evidência. Se eles descobrissem a verdade, seria necessária uma mudança de paradigma de proporções colossais. Eu sei. Passei por isso. É preciso coragem e força para ter confiança, para ter fé e para ficar completamente aberto. Agora, finalmente, eu tenho essas coisas. O objetivo dessa viagem é compartilhar o que eu encontrei ao longo do caminho com aqueles que podem estar viajando por uma trilha semelhante.

Nas palavras de Erik: argumentos contra o suicídio

Com a minha morte, aprendi que não dá para oferecer apenas uma resposta para as muitas perguntas sobre a vida e presumir que ela vai servir para todo mundo. Até coisas que consideramos muito constantes, como o tempo, na verdade não são. O que eu descobri a respeito da vida é que nós, seres humanos, passamos juntos por tempos difíceis para reaprender o que é o amor. O amor por si, pelas outras pessoas, pelo meio ambiente, pelos animais, pelas plantas e objetos inanimados – e a lista continua. Todas as coisas na Terra podem ser amadas e receber amor.

Quando estamos aprendendo sobre o amor, aprendemos a não fazer julgamentos; aprendemos a ser flexíveis e a superar a dor que a vida e os outros às vezes nos causam; e aprendemos a aceitar a vida como ela é, sem forçar nenhuma "merda" a acontecer. Temos muito controle sobre o que podemos ser; o resto é um tecido forte ainda que delicado de energia, que envolve a todos nós. Se escolhermos ignorar essa energia, será justamente isso que irá nos sufocar.

Não vou defender nem aprovar o suicídio, nem vou ser o cara que diz que o suicídio é para os fracos. Não vou dizer que o suicídio é uma atitude nobre também. Vou dizer que o suicídio é uma saída de emergência. É um jeito de a pessoa se expressar – e um jeito muito claro. Ele diz: "para mim, já deu". O suicídio é uma escolha pessoal, e não cabe a você julgar a pessoa que o escolheu. Estamos todos em busca de amor, não de julgamento. Quando faço uma retrospectiva, vejo que a batalha da vida na Terra tem um significado poderoso. Gostaria de incentivar aqueles que estão pensando em suicídio, ou que já pensaram em suicídio como uma opção, a tirarem isso da cabeça. Experimente ser amado. O objetivo final é viver sua vida e experimentar o amor na Terra. Tudo que podemos fazer é tentar o nosso melhor. Não se limite.

Parte I

A vida, a morte e o pós-morte de Erik

1

Sobre Erik

Erik nasceu em 21 de setembro de 1989, às três horas da tarde. Ele saudou o mundo sem soltar nem mesmo um gemido. Em vez de gritos de protesto contra as luzes brilhantes e o ar frio, ele pareceu contente em acolher pacificamente seu novo ambiente. Até completar 12 ou 13 anos, ele foi um garoto feliz.

Quando criança, Erik tinha um bom olho para a beleza. Ele adorava as mulheres e não tinha medo de elogiar seus cabelos, olhos ou roupas, e chegou até a propor casamento a várias professoras na pré-escola. Sempre que fazia um passeio com os colegas, ele parava para admirar cada flor, cada inseto e cada erva daninha - para o desespero dos professores. Erik também adorava todas as coisas do universo masculino. Ele adorava trajes militares e seus apetrechos. Adorava motocicletas, motocross - moto... qualquer coisa! Ele gostava de mexer em motores, consertava os carros dos amigos e instalava sistemas de som e kits de suspensão para eles. Erik também era bastante ligado em roupas. Ele adorava se vestir com os "ternos do Pappa" (um termo que Erik inventou quando criança para designar os ternos masculinos) e, alguns meses antes da sua morte, ele muitas vezes saía de terno e gravata sem nenhum motivo especial. Ele era um homem em todos os sentidos.

Graças ao seu gosto por atividades tipicamente masculinas, Erik queria participar de todos os esportes que o pai praticava: corrida de motocicletas, motocross, slalom e outras atividades que me faziam, tanto como mãe quanto como esposa, fechar os olhos e me encolher inteira. Mas ele era tão desastrado quanto eu, e meu marido, Rune, é um pai muito protetor, então Erik nunca chegou a participar de nenhum esporte que desafiasse a morte, pelo menos na medida em que queria. Eu acho que sua falta de jeito é um sinal de que, como eu, Erik se sente mais confortável no mundo espiritual que no físico.

Por mais masculino que Erik fosse, ele também era um menino sensível. Instintivamente sabia quando as pessoas precisavam de um abraço ou de uma palavra gentil de incentivo. Mesmo quando tinha apenas 9 meses de idade, ele dava tapinhas nas nossas costas para nos confortar quando o pegávamos nos braços para confortá-lo! Erik nunca queria incomodar ninguém. Lembro-me de um dia, quando ele estava com 2 ou 3 anos de idade, em que eu o levei para casa depois de sair do consultório do pediatra, com as coxas e os braços cheios de curativos por causa das imunizações. Tinha sido uma tarde difícil para o rapazinho. Mas, quando seu pai perguntou como ele estava, Erik respondeu com um sorriso no rosto manchado de lágrimas: "Foi divertido".

À medida que ele crescia, o charme e o carisma de Erik só ficavam mais evidentes. Seu sorriso e sua risada podiam iluminar um ambiente inteiro. Para ele, ninguém era um estranho, e Erik tinha disposição para ouvir qualquer pessoa que conhecesse. Mas, por mais que pudesse falar sobre a própria vida, era ainda melhor em perguntar às outras pessoas sobre a vida delas. Erik era um mestre em ouvir os outros, algo que fazia com muita paciência e compaixão. Ele também estendia a mão para aqueles que sentia que estavam enfrentando dificuldades como ele. Perdi a conta do número de animais de rua que ele trouxe para casa, para que a Mamãe os alimentasse e para que usufruíssem da companhia da nossa família. O senso de humor de Erik era contagiante; ele adorava ser palhaço, fazer brincadeiras e inventar piadas maravilhosas para que todos pudessem rir. Nenhuma de suas piadas ou brincadeiras era maldosa, elas eram todas adoráveis e carinhosas.

Erik tinha prioridades nobres em comparação a muitas das crianças da nossa classe socioeconômica. Ele estava longe de ser mimado. Em vez disso, era grato por tudo o que tinha, e muitas vezes expressou isso em voz alta. Ele gostava de compartilhar, de dar o que tinha aos outros. A família e os amigos eram a sua maior preocupação. Erik nunca foi uma pessoa mesquinha ou pretensiosa. Ele tinha um grande coração e alma, sempre se apressava em se desculpar com sinceridade, quando dizia ou fazia algo que magoasse alguém, até mesmo os irmãos.

Mas Erik teve que travar suas batalhas. Ele sofria de dificuldade de aprendizagem, o que fazia com que a escola fosse um fardo indesejável e muitas vezes pesado demais. Apesar do nosso incentivo e compreensão, sua dificuldade em aprender devastava sua autoestima. Os colegas – e até mesmo alguns professores insensíveis – o chamavam de "burro" na cara dele. Para piorar a situação, ele também sofria de síndrome de Tourette, e seus tiques nervosos e maneirismos estranhos o deixavam vulnerável a comentários maldosos. Foi no curso primário que eu comecei a ver essa criança feliz, carinhosa e encantadora se transformar num estranho. Ele lentamente construiu uma carapaça para se proteger de um mundo cruel. Passou a sorrir com menos frequência e se envolver em muitas brigas de socos na escola.

E assim começou a escuridão. Ele passou a viver como se a vida fosse uma infecção tóxica, que sugasse a luz do seu coração e da sua alma. Mas essa escuridão ainda não era páreo para o amor que existia dentro dele.

Deixe-me contar uma história que mostra isso perfeitamente. A irmã de Erik, Michelle, só recentemente contou-a a nós. Ela e Erik eram muito próximos, podiam muito bem ter sido irmãos gêmeos. Michelle passou por alguns romances trágicos na adolescência. Quando tinha 18 anos, ela conheceu Chris, o "amor de sua vida", e jurou se casar com ele apenas uma ou duas semanas depois de se conhecerem. Esse não foi um anúncio feliz para o meu marido e eu, porque Chris... bem, sabe aqueles caras que, com 30 anos, ainda estão morando na casa dos pais, jogando vídeo game e fumando maconha a noite toda, enquanto andam por aí de skate e bebem cerveja o dia todo? Se ao menos ele quisesse sair dessa vida... Agora está atrás das grades. Eu acho que garotas de 18 anos às vezes simplesmente não sabem julgar o caráter de uma pessoa.

Quando Michelle e Chris romperam o noivado, ela contou sua história a Erik enquanto estavam andando no carro dela. Ela começou a chorar, porque o fim do namoro representava o fim de uma etapa da sua vida. (O meu marido e eu também derramamos algumas lágrimas por causa dessa experiência, mas as nossas foram de alívio e alegria.) Mal Michelle começou a chorar, Erik juntou-se a ela. Segurou a mão da irmã e chorou com ela durante todo o caminho até em casa. Era como se ele mesmo estivesse sofrendo com o fim de um relacionamento. Quando o coração de alguém se partia, o de Erik se partia também. Se alguém com quem ele se preocupava sentisse dor, ele sentia também. Que coragem é preciso ter para sentir a dor dos outros! Já é duro o suficiente suportar o peso dos próprios problemas sem ter que sentir a dor de outras pessoas. Que fardo pesado para um jovem amoroso e sensível!

Quando tinha 15 anos, Erik foi diagnosticado com transtorno bipolar e começou a tomar medicação. Apesar das sessões semanais com um terapeuta e um psiquiatra, Erik caiu numa depressão profunda. Acredito que ele tenha encontrado consolo nas drogas e no álcool, em parte para dar credibilidade à imagem de pessoa forte que gostava de passar e em parte para aliviar a dor. Como pais, fizemos tudo que estava ao nosso alcance para ajudá-lo a se sentir melhor consigo mesmo. Tal como fazíamos com todos os nossos cinco filhos, não passávamos um dia sem dizer a ele quanto o amávamos e quanto éramos felizes por tê-lo em nossa vida. Depois de algum tempo, Erik finalmente deu mostras de que tinha melhorado um pouco. Ele parou de consumir drogas e álcool, e iniciou um plano de carreira para se tornar soldador. No entanto, como a felicidade ainda parecia se esquivar dele, desenvolveu um apetite insaciável por bens materiais para preencher o vazio: um sistema de som para a sua picape, uma nova solda, equipamentos para um novo esporte ou hobby, ou uma bicicleta nova. Quando ele ficava sem dinheiro, penhorava quase todos os seus outros bens para "dar um jeito" de conseguir o que queria. Ele também tinha um forte anseio por ter amigos.

Infelizmente, Erik estava bem ciente do fato de que muitos de seus "amigos" atendiam aos seus telefonemas apenas para desligar imediatamente depois, quando percebiam que era ele. Muitos o viam como um cara estranho e esquisito e por isso na maioria das vezes ele se sentia profundamente solitário. Acho que essa era uma grande ironia, porque Erik era extremamente carinhoso com os outros, fossem eles amigos, conhecidos ou estranhos. Ele não hesitaria em dar a qualquer pessoa a roupa do corpo e muitas vezes trazia para casa amigos de sua idade que passavam por dificuldades, para fazer uma refeição caseira e ter um lugar onde dormir. Em seus vinte anos aqui na Terra, nunca o ouvi pronunciar uma palavra depreciativa ou de crítica sobre outra pessoa. Talvez por causa de suas dificuldades, ele foi uma das pessoas mais compassivas e menos críticas que eu já conheci.

Erik foi muito mal compreendido. Ele às vezes ficava muito intenso e desarrumado. Era atormentado por tiques e pelo vício por cigarros. No entanto, por baixo de tudo isso havia um diamante bruto. Poucas pessoas eram tão gentis quanto ele. Poucas eram tão amorosas. Poucas eram tão compreensivas. Poucas estavam tão dispostas a se sacrificar pelos outros. Às vezes, eu me sentia a única pessoa do mundo que via a verdadeira alma de Erik. Esse sentimento me causava uma grande solidão. Isso só começou a mudar quando recebi, após a morte de Erik, o amoroso e-mail a seguir, de uma de suas amigas:

Cara dra. Medhus,
Foi com muito respeito e pesar que aceitei o seu convite para fazer parte da sua lista de amigos [no Facebook]. Eu tenho pensado muito no seu filho Erik e em sua família, rezando para que vocês encontrem algum conforto depois da terrível perda que representou a morte prematura dele.

A última lembrança que tenho de Erik foi no Starbucks. Eu trabalhava lá fazia três anos e foi assim que me tornei amiga de Erik.

Ele era um dos alunos do ensino médio de quem eu mais gostava, o que realmente significa muito. Eu não tinha paciência com muitos dos comportamentos e atitudes dos adolescentes (e às vezes ainda não tenho). Erik era diferente da maioria dos estudantes, e eu sempre ficava feliz em vê-lo. Ele estava sempre pronto para oferecer um sorriso ou ajudar a manter a paz no lugar, quando eu tinha que pedir para que os outros estudantes se comportassem. Nós conversamos muitas vezes.

Foi numa data muito próxima de sua morte que ele entrou na loja aparentemente retraído, não do jeito como costumava ser (pelo menos comigo).

Eu lhe dei uma bebida por conta da casa e nós conversamos um pouco. Fiquei um pouco preocupada, mas confesso que só achei que ele estivesse passando por um dia ou semana ruim. Eu pensei: "Ele vai superar isso". Erik me perguntou se eu seria sua amiga no Facebook e eu fiquei feliz em dizer que sim. Ele me adicionou naquele dia. Foi apenas alguns dias depois que recebi a notícia de seu suicídio. Eu gostaria que tivesse ouvido meus instintos e tentado me aproximar mais de Erik. Ele era um grande garoto.

Comecei a ler o seu blog, e é inspirador e estimulante acreditar que ele ainda está conosco neste plano terreno, velando por seus amigos e familiares. Embora ele tenha paz do Outro Lado, quero que saiba que ainda rezo pela sua família muitas vezes!

Gostaria de poder oferecer muito mais a vocês; infelizmente é o melhor que posso lhes dar agora. Por favor, quando receber a próxima visita de Erik, diga que eu penso nele com carinho e sinto falta dele também. Que você possa sentir a sua presença muitas vezes, e que as lembranças que tem dele sejam um bálsamo para o seu coração partido.

Respeitosamente,
Amber

Quando li esta mensagem, não pude segurar as lágrimas. Elas eram de gratidão e de alegria, mas também de tristeza por Erik nunca ter percebido quanto ele era digno de amor. Tudo isso não começa nem a arranhar a superfície do que Erik era e é. Ele teve suas imperfeições, como todos nós, mas poucas em comparação com muitas das suas qualidades maravilhosas.

2

A morte de Erik

Então chegou aquela horrível terça-feira, os acontecimentos que criaram um profundo abismo que dividiu a minha vida em duas partes: o maravilhoso "antes" e o intolerável "depois". Erik parecia estável e feliz naquele dia. Ao longo dos últimos meses, ele tinha finalmente encontrado amigos em quem podia confiar - amigos que o amavam como ele os amava. Minha irmã Teri tinha vindo da Califórnia nos fazer uma visita, e ela, duas de minhas filhas e eu planejamos sair para almoçar fora. Perguntei a Erik se ele gostaria de se juntar a nós, mas ele recusou o convite, dizendo que preferia ficar em casa e "relaxar". Ele perguntou em quanto tempo voltaríamos, e eu disse que não demoraríamos mais do que uma hora.

Cinco minutos depois, quando estávamos no carro a caminho do restaurante, recebi o pior telefonema da minha vida. Maria, nossa governanta, que tinha ajudado a cuidar de Erik desde que ele tinha 1 ano e meio de vida, ligou para dizer que tinha ouvido um "barulho alto" e estava com medo. Embora não tivesse nenhuma razão para suspeitar de qualquer coisa, eu soube instintivamente. Perguntei a ela se o barulho parecia o disparo de uma arma e ela respondeu: "Sim". Eu implorei para ela ir lá em cima dar uma olhada em Erik, e ela fez isso. O grito que ouvi momentos depois ficaria para sempre gravado na minha memória – um grito que marcou o início de um pesadelo do qual nós só iríamos despertar depois de meses e meses de lágrimas; um grito que destruiu as nossas esperanças, juntamente com o nosso sentimento de inviolabilidade. Ele marcou o início de nosso colapso emocional, que nos arremessou na mais completa histeria.

Chegamos em casa em questão de minutos – minutos que pareceram décadas. Eu estava com medo de subir ao andar de cima e confrontar o que eu sabia que era a trágica verdade, mas, como médica, precisava ter certeza de que ele estava realmente morto. E se ainda tivesse pulsação? Talvez eu pudesse reanimá-lo e salvar sua vida. Mas, ao ver meu filho sentado em sua cadeira, de olhos abertos e sem vida, com um tiro óbvio na cabeça, ficou claro que ele tinha partido para sempre e não poderia ser trazido de volta. Apenas alguns dias depois eu iria descobrir que ele tinha penhorado seus bens e pedido a um amigo de 21 anos para comprar uma arma. Em grande desespero, atirei-me em seu colo, gritando como uma loba ferida chora a perda do seu filhote. Parecia que eu estava fora do meu corpo, olhando para baixo, na direção da casca quebrada de uma mulher cujas mãos estavam banhadas no sangue do próprio filho.

Os dias que se seguiram foram torturantes. Nenhuma mãe deveria ser obrigada a enterrar seu filho, muito menos contratar uma equipe de limpeza para retirar o carpete e limpar as paredes. É impressionante como a decisão malfadada de puxar um gatilho de alguns milímetros foi suficiente para detonar uma bomba atômica em nossa família. Ela foi inteira catapultada para um novo mundo de tristeza, confusão, raiva e culpa. Como mãe, o efeito parecia ser ainda maior, como se a conexão física que havia começado entre nós, vinte anos e nove meses antes, tivesse sido rompida tão violentamente que uma dor dilacerante permeava cada parte do meu corpo e da minha alma. Ela varreu cada célula, distorceu cada lembrança, assombrou cada pensamento.

Durante meses, era difícil até sair de casa para pegar a correspondência e o jornal. Na maior parte do tempo, eu só queria morrer para que pudesse segurar Erik em meus braços mais uma vez. A dor me envolveu tão profundamente que eu me esqueci de que não estava sozinha. Meu marido, meus outros quatro filhos, incontáveis parentes e amigos próximos também sofriam. Eu tinha que fazer um esforço consciente para incentivá-los a dividir o seu fardo comigo, bem como chorar no meu ombro e se apoiar na pouca força que me restava. Depois de meses seguindo aos trancos e barrancos por essa nova e cruel escuridão, decidi que já bastava. Embora meu filho estivesse morto, eu ainda era a mãe dele. Queria que essa relação não apenas sobrevivesse, mas prosperasse também. Isso significava pisar em território perigoso, onde as respostas eram enganosas e evasivas, e a decepção poderia espreitar em cada sombra. De alguma forma, tive que encontrar coragem dentro de mim mesma para fazer as perguntas difíceis: por que ele tirou a própria vida quando tinha tanto pelo que viver? Como tinha sido a morte para ele? Onde ele estava agora? *O que* ele era agora? Existe vida após a morte, e em caso afirmativo, como ela é? Resolvi encontrar as respostas.

3

As visitas de Erik: sonhos, mensagens e travessuras

Depois da morte de Erik, toda a minha família e eu mergulhamos num estado de entorpecimento. Estávamos dilacerados por uma dor tão profunda que cada minuto parecia uma eternidade. Preparar o funeral - desde escolher o caixão e o tipo de sepultamento até decidir que roupa ele deveria usar no seu sono eterno foi uma agonia. Cada decisão era excruciante e aparentemente intransponível. Tudo o que eu queria era me deitar num canto qualquer e soluçar. Eu estava imensamente grata pela força interior de Rune. Ele também estava sofrendo, mas a sociedade exige que o homem se mantenha de pé e siga em frente de qualquer jeito. Os homens tendem a ser os provedores silenciosos e negligenciados - os guerreiros alquebrados que precisam de tanto apoio e conforto quanto as mulheres.

Em meio a toda tragédia e desordem, no entanto, Erik veio três vezes nos oferecer conforto, iniciando assim a nossa jornada de comunicação com ele na vida após a morte. Na segunda noite depois de sua partida, ele apareceu para o meu marido num sonho estranhamente vívido. Nesse sonho, ambos estavam em pé perto da nova Ford F-350 de Rune, uma picape que meu filho mostrava a todo mundo com grande orgulho. Então Erik disse, cheio de emoção e alegria, "Eu me sinto ótimo! Estou tão leve e livre! É uma sensação incrível! Olha aqui, pai, sinta!". Quando Erik estendeu a mão para pegar as mãos do pai, Rune foi tomado por um sentimento de intensa euforia, diferente de qualquer sensação que tivera antes.

Era um sentimento de alegria, amor, conforto, leveza e liberdade que simplesmente não pode ser descrito em nossa limitada linguagem humana. Depois de alguns momentos, Erik soltou as mãos de Rune, inclinou-se em direção a ele e disse: "Isto é o que eu sentia antes". Rune, então, sentiu o desespero e as trevas profundas que por muito tempo atormentaram Erik. O mundo parecia pesado e hostil. Graças a esse sonho, Rune soube que Erik estava tentando transmitir que ele estava bem e, de fato, feliz pela primeira vez em anos. Nesse momento, o processo de cura da nossa família começou.

A segunda vez que Erik apareceu depois da morte foi para o avô, José. Deixe-me começar dizendo que o meu pai nunca realmente acreditou na vida após a morte. Para ele, quando o corpo morre, o mesmo acontece com a alma; todos nós simplesmente viramos pó. Não existe imortalidade. Deus não existe. O Céu não existe. No entanto, três dias depois da morte do meu filho, meu pai me chamou para dizer que Erik tinha aparecido para ele. Eu podia dizer pela voz de meu pai que ele estava bastante abalado. Contou que, enquanto estava totalmente acordado, Erik apareceu para ele. Em seguida, ele se transformou numa versão de si mesmo com 4 ou 5 anos de idade, acomodou-se no colo do avô e se aconchegou em seu peito.

Meu pai sentiu, sem dúvida nenhuma, que a presença de Erik era real. Ele sentiu o calor do corpinho do neto e do amor que emanava de sua presença. Depois de alguns instantes, Erik olhou para o avô e recitou um provérbio espanhol que se pode traduzir mais ou menos assim: "As coisas vêm em três". A visita de Erik desafiou os próprios alicerces das crenças arraigadas que meu pai tinha havia décadas. Quanto ao significado por trás do provérbio, eu perguntava a mim mesma se Erik estava preparando meu pai e minha mãe - ambos na casa dos 80 anos - para a própria transição deles para a vida após a morte. Ou talvez ele estivesse prevendo as três visitas que faria em alguns dias.

A terceira visita ocorreu algumas semanas depois que Erik morreu. Minha filha mais velha, Kristina, compartilhou essa experiência interessante comigo – um incidente que proporcionou evidências das habilidades cada vez maiores de Erik de manipular energia. Ela tinha ficado até tarde estudando uma noite, como os estudantes de medicina geralmente fazem. Como parte de um novo ritual, ela acendeu uma vela em memória de Erik e colocou-a em sua escrivaninha, ao lado dos materiais de estudo. De repente, a chama da vela começou a tremular de forma irregular. Ora, isso pode não parecer tão estranho, mas não se levarmos em consideração que era uma noite fria e o ar-condicionado estava desligado. Não havia brisa, nenhuma fonte de correntes de ar. Kristina ainda cobriu a boca com uma folha de papel e virou a cabeça para o outro lado, para se certificar de que sua respiração não estava fazendo com que o ar se agitasse e, portanto, perturbasse a chama da vela. Naquele mesmo instante, ela sentiu a presença de Erik muito forte e soube que ele tinha voltado a ser o mesmo menino travesso de sempre, fazendo uma de suas brincadeiras.

Para testar as novas habilidades do seu irmão mais novo, Kristina pediu a Erik para aquietar a chama. Ele a congelou no lugar instantaneamente. Após uma espera de alguns segundos, ela lhe pediu para fazer a chama tremular novamente. Ele fez isso. Na verdade, a chama parecia obedecer a cada ordem que ela dava, sem falhar: "Pare... Agite... Aumente... Diminua". Por fim, Kristina pediu a Erik para mover a chama lentamente para um lado. Ela ficou perplexa quando a chama inclinou-se gradualmente para o lado até que sua base se desconectasse completamente do pavio, parecendo flutuar no ar. Kristina foi tomada por um sentimento de encantamento e conforto por saber que Erik ainda estava por perto e, melhor ainda, mantinha sua reputação como consumado brincalhão.

À medida que as semanas se passavam, muitas pessoas, inclusive familiares e amigos, relataram visitas de Erik, a maioria delas vívida, tangível e acompanhada por uma completa certeza de que a presença dele era real. A minha irmã mais nova, Laura, sempre teve uma ligação especial com Erik, talvez porque eles tivessem algumas dificuldades semelhantes, ou talvez porque compartilhassem a mesma filosofia de vida. Quaisquer que fossem as razões, ela ficou particularmente devastada com a morte dele. Estou certa de que Erik sentiu sua dor e veio confortá-la nas primeiras horas da manhã. Aqui está o pungente relato de Laura da visita do sobrinho:

> *Erik estava sentado na varanda comigo, e eu me sentia muito calma e segura da presença dele ali comigo. Eu disse a ele quanto sentia sua falta e senti como se ele entendesse a dor que todos nós estávamos sentindo com a sua morte. Havia tanta empatia e compaixão irradiando dele! Ele estava certamente "onisciente". Eu pedi a Erik para velar pela sua mãe, pai, irmão, irmãs, e pelo resto da família, e assegurá-los de que ele estava feliz. Eu lhe disse que entendia sua dor e sofrimento em vida, e podia dizer com certeza que ele tinha finalmente encontrado a paz. Ficamos em silêncio por cerca de trinta ou quarenta minutos. Estendi a mão sobre a mesa do quintal e segurei a mão dele. Então eu lhe disse que sabia que ele ia estar ocupado visitando a família, mas que ele poderia visitar Jim e eu a qualquer hora. Eu lhe disse que o amava e estava agradecida por sua visita. Então ele foi embora. Eu me senti melhor depois disso.*

Todas essas visitas representaram um grande conforto para a minha família, embora eu egoisticamente me perguntasse por que ele ainda não tinha aparecido para mim, sua própria mãe. Parecia que eu era o único membro da família que não tinha realmente visto Erik. Por quê? Nenhum sofrimento poderia ser tão profundo e doloroso quanto o de uma mãe que perdeu o filho, e eu comecei a suspeitar de que havia um manto pesado drapejando minha mente, assim como o meu coração, bloqueando todas as tentativas de Erik de se comunicar comigo. Decidi que simplesmente teria que ter paciência. Um mês depois, minhas preces foram atendidas na forma de um sonho. Erik apareceu diante de mim na cozinha, com um doce e amoroso sorriso no rosto. Envolvi-o em meus braços e mantive o abraço por muito tempo. Esse sonho foi diferente de qualquer outro que eu já tivesse experimentado. Eu podia sentir o cheiro de sua pele. Eu podia sentir meus lábios sobre a barba crescida na bochecha dele. Eu podia senti-lo contra o meu peito. Foi, sem dúvida, real - nada como as sensações vagas de um sonho típico.

Muitas pessoas acreditam que os espíritos dos nossos entes queridos falecidos gostam de ficar em contato com a gente, tentando chamar nossa atenção de várias maneiras, num esforço para continuar o seu relacionamento conosco. A maneira mais fácil de fazerem isso é nos visitando em sonhos e manipulando a eletricidade. Alguns aparecem na tela do computador, alguns fazem as luzes piscarem, alguns fazem com que uma música cheia de significado toque no rádio, alguns nos telefonam e outros fazem nossos aparelhos pararem de funcionar. Em minhas leituras sobre assuntos espirituais a respeito da vida após a morte, eu descobri que existe um consenso geral sobre a forma como as pessoas recém-falecidas podem se comunicar com seus entes queridos aqui na Terra. Como mencionei anteriormente, o contato através dos sonhos é uma maneira, e a outra é a manipulação da energia. Quando aprendem a controlar suas energias, as almas se comunicam conosco de maneiras menos sutis, até mesmo através de manifestações físicas tangíveis.

Visitas físicas

Quando o número de visitantes do blog *Channeling Erik* cresceu, as visitas e brincadeiras de Erik começaram a abranger outras pessoas, além dos familiares e amigos. Agora, ele é um fenômeno global, com conhecidos nas Filipinas, Irlanda, Estados Unidos, Rússia e outros países. Parece que o único pré-requisito para ser alvo de algumas das travessuras de Erik é a vontade de visitar o blog *Channeling Erik* e começar a ler. Parece também que, quanto mais a pessoa interagir através de comentários e tópicos do fórum, maior a chance de ser visitada ou "zoada", como Erik provavelmente falaria. À medida que o alcance de Erik cresce, o mesmo acontece com seu repertório de travessuras. Erik tem toda uma gama de truques na manga.

As visitas mais espetaculares de Erik são aquelas em que ele aparece fisicamente para nós no plano terreno. Como existe uma enorme diferença entre a frequência vibracional dos espíritos e a nossa, eles geralmente são obrigados a baixar a deles, de modo que ela fique dentro da parte visível do espectro eletromagnético, e nós somos obrigados a elevar a nossa – para nos encontrarmos no meio do caminho, por assim dizer.

Damien, um jovem da Irlanda, foi um dos primeiros membros do blog a contar a experiência de receber uma visita de Erik. Um paramédico que planejava emigrar para o Canadá e morar com a namorada, Damien foi criado pela mãe, que o ensinou a manter a mente e o coração abertos à comunicação do mundo espiritual. Antes de ser visitado por Erik, Damien tinha sentido a presença de suas duas irmãs falecidas. A seguir, apresento seu relato sobre a visita que recebeu de Erik:

> *Na noite de domingo passado, eu estava deitado na cama, depois de ter acabado de ler o blog. Senti uma presença e um forte sotaque americano na minha cabeça. Perguntei se era Erik. Ele respondeu: "Sim, sou eu. Tudo bem?". Comecei, então, um diálogo com ele, perguntando-lhe sobre a sua experiência. [...] Ele é uma alma nobre e verdadeira [...]. Decidi nesse momento confirmar se era de fato Erik. Sabendo que ele tinha praticado manipulação de energia para que as pessoas percebessem a sua presença, pedi-lhe para mover alguma coisa. Mal acabei de falar e um grande estrondo veio do andar de baixo. Com todo mundo dormindo e o gato fora de casa, eu instantaneamente soube que era Erik.*
>
> *Durante a nossa conversa, ele de repente comentou: "Aquela cantora, sabe, ela é realmente uma gata". Ele estava se referindo à minha namorada no Canadá, que é uma cantora de sucesso. Devido à longa distância, a relação está "em suspenso". Mas Erik começou a dizer que nós somos almas gêmeas e que tínhamos vivido juntos em vidas passadas. Ele me disse que, em minhas duas primeiras vidas, eu procurei por ela; na terceira e na quarta, passamos a vida juntos. Na sexta, eu morri na Segunda Guerra Mundial, pouco depois de nos conhecermos. Esta é a minha sétima vida, ele me assegurou. Então a coisa mais incrível aconteceu, o que me deixou espantado,*

verdadeiramente espantado. Erik me perguntou se eu queria saber a que distância a minha namorada estava de mim naquele momento. Eu disse que sim [...]. Ele disse: "Ela está a 4.056 quilômetros de você agora", e então ele disse: "Vá em frente, pode checar. Eu te desafio", com um sorriso realmente insolente no rosto. :) Então eu consultei no Google a distância entre o meu endereço e onde ela estava e eram 4.050 quilômetros. Eu ri e disse a ele que lhe daria seis quilômetros de lambuja. Foi incrível. Eu tinha uma reunião [de] trabalho na manhã seguinte e estava preocupado com isso. Erik disse para eu manter a calma e não me preocupar, porque eu não precisaria daquele emprego, já que deixaria o país em breve.

Ele, então, trouxe minhas irmãs para conversarem comigo e me garantiu que a minha namorada me amava e que ela estava esperando para me abraçar; e ficaríamos bem. Ele me garantiu que eu estou indo ao [encontro do] meu destino e devo ser um agente de cura. (Seu filho é incrível e um verdadeiro presente para este mundo. Vocês dois são.)

Agradeci a ele e, como me sentia exausto, fui dormir. Na manhã seguinte, a reunião correu bem. Agradeci a ele na noite seguinte. Perguntei por que ele aparecia para um monte de gente e ajudava as pessoas. Ele disse simplesmente: "Você investiu o seu tempo na leitura da minha história. Eu quero ajudá-lo". Fiquei muito surpreso. Ele é um verdadeiro cavalheiro. Então me disse que eu preciso aproveitar melhor o tempo que passo com meus amigos e familiares, porque vou sair do país muito em breve. No dia seguinte, em seu blog, você comentou que ele disse que tinha andado ocupado, ajudando as pessoas na noite anterior. Ele realmente tinha.

Eu espero que você e sua família fiquem bem [...]. Há muito tempo eu acreditava na vida após a morte, em reencarnação [...]. Erik e você confirmaram tudo em que eu acredito. Obrigado. Isso certamente torna mais fácil enfrentar a morte, quando não podemos salvar os pacientes. Eu não tenho palavras para agradecer por você ter sido suficientemente forte e corajosa para criar este blog. Eu mal posso esperar para ler as ideias que Erik e você têm para nós em nossa busca pela iluminação.

Sinceramente,

Damien

Visitas como outra pessoa

Ouvi dizer que os nossos entes queridos falecidos muitas vezes entram em contato conosco através de crianças e até animais. Em outros momentos, eles entrar em contato através de pessoas com aparência semelhante à nossa. Eles querem que a gente saiba que eles estão sempre conosco, que este mundo tridimensional em que vivemos e que percebemos com nossos cinco sentidos é apenas a ponta do iceberg, e que a nossa verdadeira existência está numa realidade maior e muito mais significativa. De muitas maneiras, esse domínio pode ser considerado nossa verdadeira casa – um domínio ao qual, como almas, voltamos com grande expectativa e alegria. Nesta próxima história, Erik entra em contato com uma criança para enviar uma mensagem para uma jovem que ele amou profundamente.

Erik era apaixonado por uma garota chamada Stacy, que ele conheceu quando ambos tinham em torno de 14 anos de idade. Ela era linda e amável, e via a bela alma que era meu filho, mesmo quando ele era desengonçado e cheio de espinhas. Infelizmente, ela se mudou com a família para a Costa Oeste, e depois disso eles foram obrigados a se comunicar apenas pela internet e pelo celular. Pior ainda, ela finalmente o deixou por outro homem, teve um bebê e negou-lhe um futuro feliz com a garota de seus sonhos. Quando digo isso, estou brincando, porque Erik e Stacy nunca tiveram esse tipo de relacionamento. A amizade deles era estritamente platônica, mas eles se adoravam imensamente.

Stacy ficou devastada ao ouvir a notícia da morte de Erik. Pouco tempo depois que morreu, ele apareceu para mim num sonho. Nesse sonho, Erik me dizia que iria cuidar de Stacy e do filho dela para sempre, e me pedia para passar essa informação a ela. Pela manhã, eu encontrei Stacy no Facebook e lhe enviei a mensagem conforme ele me instruiu. Depois de alguns dias, ela me enviou uma resposta que me deixou boquiaberta.

Stacy disse que andava pensando muito em Erik ultimamente e pediu a ele para ajudá-la a conseguir um emprego numa creche para o qual ela tinha se candidatado. Ela, é claro, foi contratada. Em seu primeiro dia, estava muito nervosa, porque os funcionários e as crianças eram todos estranhos para ela. No entanto, logo que cruzou a porta de entrada, um menino correu até ela, atirou os braços em torno de suas pernas e disse: "Oi, eu sou Erik, e eu te amo com todo o meu coração!". No mesmo instante, Stacy soube com toda a certeza que meu filho estava se comunicando com ela através de um estranho. Ela se sentou e chorou. Essa era a maneira dele de dizer: "Eu sempre vou te amar e proteger você e a sua família".

Tocando e fazendo cócegas

Cerca de três meses depois da morte de Erik, ele me disse (através da tradutora espiritual Kim O'Neill) que iria me enviar uma mensagem provocando uma sensação de arrepio em uma perna, um braço ou alguma parte da minha cabeça. Achei difícil acreditar, porque, do ponto de vista médico, "arrepios localizados" simplesmente não existem. Arrepios generalizados em boa parte do corpo, sim, mas em apenas um dos lados ou num membro? Que nada... Além disso, eu nunca fui muito sintonizada com o meu corpo, pois sou mais cerebral e introspectiva. Além disso, simplesmente não tenho arrepios com muita frequência, mesmo quando estou em temperaturas abaixo de zero, no país de origem do meu marido, a Noruega, por isso eu não tinha certeza se iria perceber, caso isso realmente acontecesse.

Há alguns meses, eu estava sentada numa sala de espera, enquanto o meu carro estava no lava-rápido – passando pela sua tradicional lavagem bianual, necessária para tirar os restos de bala de goma dos suportes para copos, antes que a meleca se petrificasse definitivamente. Depois de ler o jornal da semana anterior, espalhado pela mesa de centro, de repente eu pensei na promessa de Erik e senti sua presença por perto. *Isso é estranho*, pensei. Meu marido estava correndo de moto na pista de motociclismo naquele momento, então achei que Erik ficaria com ele o dia todo. Como o pai, Erik adorava carros e motocicletas. *Hmm*, eu pensei, *tenho que aproveitar essa raridade. Vamos ver o que esse garoto está aprontando!*

Então pedi a Erik para me fazer sentir arrepios do lado direito da cabeça. Demorou alguns minutos, mas, quando eu estava prestes a perder as esperanças de que isso fosse acontecer, eu senti. A sensação foi tão forte que pensei que meu couro cabeludo fosse se descolar do meu crânio – mas de uma maneira agradável. *Bom trabalho, Erik!*, eu disse. *Agora, faça eu sentir arrepio do outro lado da cabeça.* Minutos se passaram. Nada. Nadinha. Então, com um encolher de ombros de indiferença, eu desisti. Imaginei que ele tivesse ido se juntar ao pai na pista. Ah, tudo bem. Foi maravilhoso enquanto durou.

Satisfeita, fechei os olhos e, com um sorriso no rosto, enviei a Erik o meu amor. Eu imaginei os braços da minha alma ao redor dele, aconchegando-o ao meu peito. No olho da minha mente, eu o abracei, beijei-o suavemente na testa e disse *Erik, eu não poderia estar mais orgulhosa de você, meu amor. Você está ajudando tantas pessoas aqui na Terra! Eu te amo muito.* Durante esses momentos, meus pensamentos estavam focados como um laser no intenso amor e orgulho que sentia por meu filho.

Alguns momentos depois, eu comecei a sentir arrepios no lado esquerdo da cabeça. Isso me pegou de surpresa, porque eu tinha me esquecido do meu pedido. Meu queixo caiu de espanto. Isso poderia estar acontecendo uma segunda vez? A cientista em mim pensou: *Ok, vamos testar isso mais uma vez.* A mãe em mim pensou: *Espero que ele não ache que estou fazendo muitas exigências.* Nada como aquela coisa de pedir ao filho para fazer gracinhas que faria um filho adolescente revirar os olhos de indignação. Mas querendo confirmar minha hipótese, respirei fundo e fiz o meu terceiro pedido: *Erik, me faça sentir arrepio no braço direito.* Minutos se passaram... nada. Humm. Ok, então talvez tenha sido uma coincidência. E daí? Ainda sentindo o amor que tenho por ele, mandei uma segunda onda de pensamentos e visões por alguns minutos.

Por fim, minha mente começou a divagar por uma série de pensamentos malucos: *Onde diabos está o meu carro? Será que as crianças tiraram a louça da máquina? O que vou fazer para o jantar hoje à noite?* Embora eu estivesse preocupada com uma longa sequência de pensamentos práticos, meu braço direito abruptamente começou a sentir arrepios. Intensos. Eu fiquei tão cheia de gratidão e amor, que lágrimas de alegria começaram a rolar pelas minhas faces. Carro limpo, um milagre de Erik: meu dia estava completo.

Para poupar a sala de espera lotada de clientes de mais alguns minutos de alarme e desconforto, calmamente saí e fui me sentar no meio-fio. Tinha que absorver tudo aquilo, saborear o momento. Então, algo me obrigou a virar a cabeça para a direita, e, vejam só, uma libélula bonita pousou calmamente do meu lado. Ela ficou lá por um longo tempo, apenas me observando com os seus grandes olhos esbugalhados. Assim como ele tinha feito muitas vezes desde a sua morte, Erik usou algo bonito para fazer contato e me deu mais um sinal da sua presença. Daquele dia em diante, Erik muitas vezes optou por me visitar e visitar outras pessoas como uma linda libélula, mesmo durante os meses de inverno. Além disso, como eu descobri apenas recentemente, vários membros da família sentiram esses intensos calafrios localizados e intermitentes, mas somente após a morte de Erik. Em retrospecto, eu acredito que as habilidades de Erik foram reforçadas pelo meu amor e pelo amor dos outros membros da nossa família e amigos. Afinal, amor é energia, e uma energia poderosa.

Cheiros desagradáveis

Erik ainda tem o mesmo senso de humor que tinha durante sua existência corpórea na Terra. Uma das brincadeiras típicas dele é provocar cheiros estranhos: fumaça de maconha ou cigarro, o odor fedorento de meia suja, fedor de gambá, água de bong e ah, muito mais. Por causa disso, Bec, integrante do blog, conta seu encontro com o "Erik Fedido", pontuado de experiências de arrepios, assim como o meu. O que torna essa história mais surpreendente é o fato de que Bec era nova na nossa comunidade do blog e não tinha conhecimento prévio de que a marca registrada de Erik eram as brincadeiras irreverentes.

Oi, Elisa,

Meu nome é Rebecca (a maioria dos meus amigos e familiares me chama de Bec) e eu tenho que te dizer que sou apaixonada pelo que você e Erik estão fazendo! Entro no site todos os dias para a minha "dose diária" de iluminação e para ver o você está fazendo. Erik é incrível e você é uma inspiração, Elisa! Fico admirada com suas demonstrações de coragem, receptividade e, às vezes, vulnerabilidade. É realmente comovente e faz com que eu (e outras pessoas) queiram ser melhores e tratar os outros com o amor que todos os seres vivos deste planeta precisam e merecem.

Bem, comecei a ler o seu blog desde o início e li cada palavra desde a sua primeira... sessão (eu estava no trabalho, então tinha que ler escondido e não consegui evoluir muito na leitura). Eu tenho dois empregos (no consultório de um cirurgião dentista durante o dia e no gerenciamento de um bar à noite) e, muitas vezes, fico na casa da minha mãe nos dias em que trabalho nos dois lugares (eu carrego o dinheiro do bar comigo, e chegar tarde sozinha me assusta um pouco). Se minha mãe pode, ela espera por mim. Nós normalmente tomamos um copo de vinho e conversamos sobre tudo. Era sábado de madrugada (cerca de 3h00), e minha mãe e eu estávamos fazendo o nosso habitual "encontro da madrugada", quando comecei a contar sobre o seu blog.

Contei a ela sobre você, Erik e Kim. Ela ficou fascinada! Bem, quando eu estava falando de Erik, comecei a sentir um arrepio no corpo todo. Eram arrepios muito intensos – até os pelinhos do meu rosto ficaram de pé. Eu mostrei à minha mãe, e ela observou que fazia 32 graus; por que eu estava com calafrios? Era um pouco esquisito. Continuamos a conversar sobre Erik (eu ainda sentia calafrios), e, em seguida, minha mãe disse de repente: "Nossa! Credo! Alguém deve ter topado com um gambá. Que cheiro horrível! Você está sentindo?". Claro que eu estava. Eu brinquei e disse que talvez um dos vizinhos estivesse fumando maconha. Rápido como veio, o cheiro desapareceu, assim como os meus arrepios. Continuamos a falar sobre você, Erik e Kim por um pouco mais de tempo.

Ah, cara, eu fiquei espantada no dia seguinte, no trabalho, quando entrei no seu site e continuei a leitura de onde tinha parado. Em algumas mensagens do seu blog, eu li que Erik disse que iria se identificar por meio do cheiro pungente de maconha (o que eu acho divertido, porque eu e minha mãe temos esse tipo de senso de humor), e depois eu li ainda mais. Cheguei à parte sobre os arrepios e fiquei de queixo caído. Eu liguei para a minha mãe para contar a ela, e eu sabia que tinha que escrever para você. Você pode perguntar a Erik se era ele? Ele estava tentando trazer alguém até nós? [Na verdade, numa sessão posterior com Jamie, Erik confirmou que era ele.]

Além disso, no sábado passado, eu estava limpando a casa e parei para fazer uma pausa, quando, de repente, uma libélula começou a voar ao meu redor. Ela ficou voando em torno de mim por cerca de uns cinco minutos e depois voou para longe. Lembro-me de seu post sobre esse particular também; isso fez com que eu pensasse instantaneamente em você e Erik.

Por favor, continue fazendo o que está fazendo, e eu gostaria muito de ouvir a sua opinião. Me desculpe se este texto está mal escrito. Estou fazendo isso no trabalho. Obrigada pelo seu tempo, Elisa. Agradeço a Erik também!

Beijos e abraços, Bec

Objetos que se movem

De acordo com Erik, não há muito que uma alma liberta não possa fazer. Ele explica que os espíritos podem mover objetos, alterando o campo de energia na frente ou atrás deles, por isso não me surpreendeu quando ele começou a testar essa habilidade – uma das minhas favoritas quando se trata das brincadeiras de Erik. Aliás, Erik muitas vezes brinca desse jeito com mulheres por quem tem uma queda. Randi, um membro do blog, compartilha sua história sobre Erik, provando que ele ainda ama as mulheres e está aumentando sua capacidade de manipular e expandir energia para impressioná-las.

O que é particularmente engraçado nessa brincadeira é que Randi confessa que é obsessiva-compulsiva, portanto Erik estava claramente testando a tolerância e a paciência dela!

Quero contar algumas coisas estranhas que aconteceram ontem – não pude deixar de me perguntar se era Erik brincando comigo. Eu sei que, no último verão, ele me visitou, expressando-se na forma de um mau cheiro, mas desta vez foi um pouco diferente. Passei o dia no meu apartamento (nosso escritório estava fechado), limpando e fazendo alguns trabalhos no computador.

Quando fui para a cozinha, notei que uma das gavetas estava aberta. Eu fiquei um pouco intrigada, porque nunca deixo as gavetas abertas, mas fechei-a e não pensei muito no assunto. Alguns minutos mais tarde, notei que ela estava aberta novamente. Então, eu a fechei. Algumas horas depois, a mesma coisa aconteceu com uma das gavetas do banheiro. Na verdade, eu me perguntava se talvez por acaso eu tinha fechado as gavetas com muita força e elas tivessem voltado a se abrir, então eu testei, mas mesmo fechando-as com forças elas se mantinham fechadas. E eu não sou o tipo de pessoa que deixa armários e gavetas abertos, especialmente várias no mesmo dia.

Então, mais tarde, quando cheguei em casa depois de fazer a minha corrida, joguei meus fones de ouvido no meio do balcão da cozinha. Cerca de 30 minutos depois, notei que eles estavam pendurados no balcão pelas extremidades, com o fio quase tocando o chão. Seria quase impossível que isso tivesse acontecido, considerando o lugar onde os tinha deixado no balcão.

Se não foi Erik pregando peças no meu apartamento e tentando me confundir, foi definitivamente alguém. Foi muito estranho. Mas, no final, eu estava dando risada.

Isso tudo aconteceu um dia depois, quando estava sentada no sofá, assistindo televisão, e os meus olhos foram atraídos para uma grande poltrona que eu tenho na sala de estar. De repente tive a sensação de que a poltrona era importante, como se alguém estivesse sentado lá, ou deveria ter alguém sentado lá. Quem sabe? Talvez Erik tivesse decidido passar alguns dias comigo e estava fazendo companhia a mim e ao meu cão durante o Globo de Ouro!

Durante nosso primeiro verão sem Erik, e depois de vinte anos vendo nossa cozinha ser vandalizada pelos nossos cinco filhos e uma variedade de animais de estimação, decidimos arcar com as despesas e fazer uma reforma. Mantivemos a maioria dos nossos eletrodomésticos, mas tivemos que substituir o nosso exaustor, porque ele já não estava funcionando. Na lateral, ele tinha botões fascinantes que o faziam deslizar para cima e para baixo; e os meus filhos, em especial Erik, simplesmente não conseguiam manter os dedos longe deles. Outra parte importante dessa história é que Erik adorava a nossa cozinha. Primeiro, ele adorava cozinhar. Segundo, quando ele não tinha nada melhor para fazer, ficava andando em torno da ilha da cozinha, com os braços cruzados. Ele andava, andava, andava, até eu começar a ficar tonta de tanto vê-lo rodar por ali e pedir que parasse. Nosso velho chão de ladrilhos é testemunha do desgaste que ele causou. Eu realmente sinto falta de ver as marcas que ele deixou ali.

Portanto, depois que o novo exaustor foi instalado, ele aparentemente começou a funcionar perfeitamente. Mas um dia, quando meu marido entrou na cozinha pela porta dos fundos, o exaustor misteriosamente começou a subir. Meu marido estava sozinho na cozinha e a pelo menos uns seis metros de distância. No início, ele não pensou muito a respeito e simplesmente chamou o técnico para substituir todas as peças responsáveis pelo movimento do exaustor, incluindo o painel com todos os botões e a fiação. Achou que assim resolveria o problema, mas não. Na noite seguinte, quando meu marido entrou na cozinha, o exaustor lentamente começou a subir de novo!

Aparelhos elétricos simplesmente não ligam e desligam sozinhos. Imagine se o seu liquidificador de repente começasse a funcionar assim do nada?

Isso provavelmente seria o suficiente para deixá-lo nervoso a ponto de encher seu copo de margarita com uma dose extra de tequila. Estávamos certos de que era Erik, tentando nos dizer: "Ei, desculpe, faz um tempo que não apareço, mas estou aqui". Ele provavelmente ainda passeia ao redor da ilha da cozinha de vez em quando, desgastando o meu novo piso de cerâmica.

Sem se importar com as máquinas, Erik logo passou dos eletrodomésticos para as tubulações hidráulicas. Enquanto uma das minhas filhas estava no meu banheiro saqueando a minha gaveta de maquiagem, a torneira da pia de repente se abriu. Sozinha. Michelle estava a, pelo menos, um metro de distância. Ela soube imediatamente que era Erik, com seus velhos truques outra vez, e chamou a atenção dele no seu tom espirituoso de sempre. Eles sempre foram próximos e adoravam se provocar e brincar um com o outro. Suponho que algumas coisas nunca mudam, mesmo depois da morte.

Erik também desenvolveu uma propensão para espalhar comida. Ele frequentemente acompanha o tradutor espiritual Robert Burke ao supermercado, implorando para que ele compre qualquer cereal que tenha muito açúcar e corantes. Uma vez, ele mesmo jogou uma caixa de Sucrilhos no carrinho de compras de Robert, de uma prateleira a mais de um metro de distância.

Durante as nossas férias de 2011 em Destin, na Flórida, Erik fez várias das suas brincadeiras habituais. A melhor de todas aconteceu quando estávamos tomando café da manhã na Waffle House. Muitos de vocês podem não conhecer esse restaurante minúsculo, onde os pratos com batata são um manjar dos deuses. As mesas, no entanto, são igualmente minúsculas, por isso demora um pouco para espremer seis corpos ao redor de uma mesa projetada para quatro. Comer com os cotovelos espremidos requer muita *finesse* também, e ajuda se os prendermos com velcro na cintura. Isso às vezes funciona, às vezes não. Nessa manhã, as vítimas da propensão de Erik para se divertir com comida foram: um grande copo de Coca derramado; um biscoito recém-servido, coberto de molho de salsicha e encharcado de água; e o Especial Completo da Casa, pedido pelo meu genro (bacon, ovos, torradas, batatas fritas e waffle), deslizando pela mesa e caindo em seu colo. Todos nós rimos, sabendo que provavelmente se tratava de uma das brincadeiras de Erik.

Um mês depois, Robert Burke e eu saímos para jantar com a minha amiga Marjie, que um ou dois anos antes da morte de Erik havia perdido o filho mais velho, Tommy, num acidente de carro por culpa de um motorista embriagado. Tommy era um rapaz que "vivia o momento presente" e tinha mais amigos do que você poderia imaginar. Estávamos bebericando nossas margaritas geladas no Lupe Tortillas, contando histórias sobre Erik e Tommy, enquanto Robert estava ocupado transmitindo informações de Erik e Tommy para nós, uma vez que, de acordo com ele, nossos filhos estavam ao lado da nossa mesa. Então, sem aviso, o molho de pimenta caiu da nossa mesa no chão. Nós não pensamos muito a respeito, porque o garçom estava nas proximidades. Talvez seu avental branco tivesse esbarrado no vidro. Robert pegou-o e recolocou-o sobre a mesa, dessa vez longe da borda. Momentos depois, o molho de pimenta voou para fora da mesa de novo.

Robert começou a rir. Tenho certeza de que a cara de Marjie e a minha, boquiabertas e com os olhos arregalados, fez com que ele risse mais ainda. Ele disse que Tommy e Erik tinham colocado um dedo cada um no frasco de molho de pimenta e o empurraram juntos até a borda da mesa. Trabalho em equipe de uma dupla fantasmagórica de brincalhões inveterados.

Depois de alguns sustos e risos, repreendemos os meninos em tom de brincadeira e continuamos nossa conversa. Nosso jantar veio junto com outra rodada de margaritas. E lá se foi o suporte de plástico que continha o folheto de pratos especiais do dia. Todos o vimos deslizar para fora da mesa e cair no chão. Ele estava a pelo menos dez centímetros da borda, portanto não poderíamos culpar a gravidade. Nem poderíamos culpar as margaritas, porque mal tínhamos começado a saborear a nossa segunda rodada. Não, Robert confirmou que era a Dupla de Dedos Espirituais em ação.

Escondendo objetos

Erik adora esconder objetos de familiares, amigos e até mesmo de membros do blog, para grande irritação de todos. Ele diz que tudo o que precisa fazer é trabalhar com a energia em torno do objeto para escondê-lo. Pense na "capa de invisibilidade", no estilo Harry Potter.

Erik também adora fazer brincadeiras com as nossas falhas. Por exemplo, eu tenho mania de organização. *Muita* organização. Eu tenho listas para tudo – e listas de listas. Esse traço da minha personalidade provavelmente surgiu por causa do meu TDAH (Transtorno de Déficit de Atenção e Hiperatividade), como uma maneira de encontrar ordem no meu próprio caos interior pessoal. Não sei se poderia ter sobrevivido à escola de medicina se não fosse isso. Adicione a isso cinco filhos (seis, se contarmos o meu marido) e minha compulsão obsessiva por organização chegou às raias da loucura. Mantenho em dia a minha agenda diária no meu iPhone, mas duplico as atividades do dia com um fichário, que, como um pintinho recém-nascido, nunca fica muito longe de mim.

Naturalmente, as crianças gostam de se divertir com as manias dos pais, e eu certamente lhes dei muito material para isso. Erik, em particular, costumava rir das fichas do meu fichário, especialmente quando elas tinham coisas como "abrir a correspondência", "dar banho nas crianças" e "abrir uma ficha amanhã". Ele sempre me provocava com comentários como, "O quê? Você se esqueceu de anotar 'respirar" e 'mastigar a comida'?!".

No dia da brincadeira em questão, levei as crianças para a escola como sempre fazia e, quando voltei para casa, notei que a ficha, aquela que costumo manter na minha bolsa, não estava lá. Voltei para o carro para verificar no console, mas ela não estava lá também. Então procurei na casa inteira: nos quartos das crianças, nos banheiros, nos sofás, nas latas de lixo. Nada. Humm. *Isso é estranho*, pensei comigo mesma, me sentindo ligeiramente irritada. Determinada a encontrá-la, voltei para o carro, verifiquei embaixo dos assentos e entre eles, nos bolsos da porta lateral, no chão em torno e sob o carro, e assim por diante. Nada. A garagem? Nada. A caixinha de ração para cachorro? Nada. Todas as latas de lixo de novo? Nada. Todos os cômodos da casa? Nada. Cheguei até a esvaziar o conteúdo da minha bolsa, que basicamente incluía minha carteira, meus óculos de sol, batom, celular e pente. Nada.

O pânico começou a rastejar dentro de mim. Eu poderia fazer outra ficha, mas e se eu tivesse escrito algo muito importante que não houvesse incluído no iPhone? Olhei mais uma vez em todos os lugares e acabei com as mãos vazias, mais uma vez. Nesse ponto, tive que me resignar com relutância à possibilidade de que a minha preciosa ficha tivesse desaparecido no ar. A contragosto, fiz outra, me esforçando obstinadamente para não esquecer nenhum item. Fiz isso rapidamente, porque tinha planejado visitar meus pais que moram do outro lado da cidade e queria chegar lá muito antes de meu pai ir para a academia, para o seu treino diário. Mas, quando ia pegar a minha bolsa, vi uma coisa branca de aproximadamente cinco centímetros. Meu coração parou. Em minha mente, vi o rosto de Erik, com aquele sorriso maroto clássico – o sorriso que diz: "Estou zoando você!". Coloquei a mão dentro da bolsa e tirei o alvo da minha busca de meia hora: a droga da ficha. Eu sabia que ele tinha feito uma brincadeira para me avisar que ele estava por perto e mais sorrateiro do que nunca. Lembre-se, eu tinha procurado na minha bolsa três vezes, chegando a despejar seu escasso conteúdo uma vez. Não havia como eu ter perdido uma ficha branca, de dez centímetros por quinze, dentro de uma bolsa preta pequena! Além disso, eu era a única pessoa na casa, e meus gatos, que não têm polegares opositores, não poderiam ser culpado pelo seu sumiço.

Brincando com a energia elétrica

Erik também gosta de manipular a eletricidade para fazer muitas das suas brincadeiras. Aqui está um e-mail que recebi de Robert Burke, enquanto eu estava visitando parentes na Noruega:

> *Eu estava falando com [sua irmã] Laura hoje e, enquanto estávamos conversando, Erik apareceu e acionou a descarga do lavabo. Ele se divertiu muito com isso, principalmente porque eu fiz uma cara de espanto e, em seguida, sorri, quando o ouvi rindo e batendo as mãos nos joelhos. Eu não disse nada a Laura, porque no momento estávamos no meio de uma conversa e eu não queria perder o foco. Erik diz que foi precisamente por isso que ele fez aquilo. Ele ADORA me tirar*

do sério! Ah, e Erik quer saber se o piso estava quente o suficiente para todos vocês lá na cabana. Presumo que ele deva ter feito alguma coisa ou não teria tocado no assunto... heehee...

Um grande abraço e muito amor a todos!

Robert

Embora, como você pode ver, Erik goste de brincar com o encanamento, o que faz esse e-mail ser tão incrível é que, vários dias antes, o sistema de aquecimento no chão do banheiro principal tinha enlouquecido totalmente pela primeira vez. Apesar de estar devidamente instalado, ele aquecia tanto que a temperatura ambiente no banheiro era de 31 graus, e parecia que eu estava caminhando sobre brasas. Rune teve de reinstalar todo o sistema. Nosso primeiro pensamento foi: "Erik, seu traquinas!". Esse tipo de brincadeira era típico de Erik. Ninguém além de nós, a oito mil quilômetros de distância, poderíamos saber a respeito desse problema elétrico. Isso não foi divulgado em lugar nenhum. Além disso, não são muitas pessoas que sabem que o piso dessa remota cabaninha nas montanhas pode (e deve) ser aquecido.

Embora esse truque de Erik usando eletricidade seja de longe o meu favorito, ele também brinca com as pessoas causando panes em seus telefones celulares, nos alarmes residenciais, nas travas elétricas dos carros e nos equipamentos de gravação de rádio, para mencionar apenas alguns.

Telefonemas

Os espíritos se comunicam conosco por telefone às vezes, mas esse fenômeno não é muito comum. Há alguns meses, eu estava praticando minhas comunicações com Erik. Primeiro eu disse ao meu cérebro para "desligar", um comando que ele obedece apenas com grande relutância. Então continuei com as minhas saudações habituais de amor, gratidão e saudade.

Mal eu fiz minhas primeiras perguntas, o telefone tocou, tirando a minha concentração. Fiquei muito irritada com a intromissão, porque aquilo parecia acontecer com hora marcada: o telefone ficava completamente mudo até eu começar. Além disso, eu me senti ainda mais frustrada quando vi "número desconhecido" no identificador de chamadas. Furiosa, esperei por qualquer mensagem que o operador de telemarketing fosse deixar na minha secretária eletrônica. Mas o que ouvi fez meu coração parar. Embora tenha ouvido estática, era claramente a voz de Erik: "Ei, é Erik. Sou eu, Erik". Em seguida, a linha ficou muda. Corri para o telefone para reproduzir a gravação, mas a contagem das mensagens era zero.

Freneticamente, apertei o botão "reproduzir mensagens" e ouvi, "Você não tem mensagens novas". Por que a secretária eletrônica não tinha registrado o que eu claramente ouvira? Ela registrava tudo, até mesmo o tom de discagem quando quem ligava não conseguia desligar no milésimo de segundo após a minha saudação. Então eu disquei no identificador de chamadas o número de treze dígitos e recebi a mensagem, "O número que você discou está fora de serviço".

Manifestando objetos do nada

Muitas vezes, os nossos entes queridos falecidos manifestam objetos na vida após a morte e, em seguida, manipulam a energia daquele objeto para que a frequência vibracional baixe o suficiente para que ele apareça em nosso mundo tridimensional. Às vezes, eles derrubam moedas; às vezes deixam penas brancas; outras vezes, manifestam itens que têm um significado especial para o destinatário.

Recentemente, minha filha Michelle e eu saímos de carro juntas. Ambas as portas do carro dela, a do passageiro e a do motorista, têm porta-copos e outras coisas assim, como a maioria dos carros. Como íamos primeiro ao banco, coloquei no compartimento lateral meus dois cheques para serem depositados, minha preciosa ficha com uma (longa) lista de afazeres e uma caneta. Depois de fazer os meus depósitos, coloquei os recibos no compartimento também, para que eu me lembrasse de registrá-los no meu caderno de controle. Então dirigimos até o Russo's Pizza para ter um agradável almoço ao ar livre. Pretendíamos ir diretamente do almoço para o supermercado, mas a minha neta, Arleen, precisou ir ao banheiro. Você não pode contrariar uma criança pequena que está aprendendo a usar o banheiro, por isso nós a levamos até o banheiro do restaurante. Mas, não, ela insistiu em dizer que queria usar o seu penico rosa em minha casa, assim fomos para o carro e voltamos para casa.

Quando estacionamos o carro na garagem, tirei tudo do compartimento lateral: caneta, ficha e recibos. Então, fiel à minha natureza compulsiva, passei os dedos por todo o compartimento para ter certeza de que não tinha esquecido nada ali. Eu sabia que já tinha pegado tudo, então não sei o que diabos estava esperando encontrar ali – uma pepita de ouro, talvez? Tanto faz. Entrei em casa, levei minha neta ao penico e registrei os depósitos no meu livro-caixa.

Quando voltamos para o carro, olhei para o compartimento lateral supostamente vazio e vi uma moeda brilhante olhando para mim. *De onde veio isso?* Não havia moeda nenhuma dez minutos antes. Meus dedos de TOC podiam atestar isso. Perguntei a Michelle se, por alguma razão inexplicável, ela tinha dado a volta no carro, ido até o lado do passageiro e colocado algum tipo de doação do meu lado, mas, não, é claro que não. Ela tinha o seu próprio moedário no seu suporte de bebida, para colocar seu dinheiro trocado. Minha filha viu a moeda de dez centavos, encolheu os ombros e disse: "Eu aposto que foi o Erik". Então, peguei a moeda de dez centavos entre o polegar e o dedo indicador, e *Puf!* – ela virou fumaça. Desapareceu. Desmaterializou-se entre os meus dedos.

Isso assustou e ao mesmo tempo encantou Michelle e eu, e, quando nós duas nos pusemos a vasculhar o compartimento com os dedos e os olhos, não achamos nada. Não só ali, como em nenhum outro canto, reentrância ou recôndito oculto em que a moeda pudesse ter caído. Em sua imaginação, Michelle viu Erik rindo a valer, batendo as mãos nos joelhos e comentando sobre como nós duas parecíamos hilariantes enquanto vasculhávamos freneticamente o pequeno compartimento em busca de míseros dez centavos, como se eles fossem um diamante.

Quando eu contei ao meu pai sobre esse maravilhoso milagre, ele riu e disse que Erik deveria tentar materializar dinheiro *sem* fazê-lo sumir.

Esqueça as moedas de um centavo celestiais; algumas notas polpudas viriam bem a calhar. Os espíritos não sabem que temos inflação por aqui?

Como você pode imaginar, esses sonhos, brincadeiras e visitas abalaram muito os alicerces do meu sistema de crenças. Como cientista e médica, sempre achei que, para algo ser real, deveria ser mensurável por um ou mais dos nossos cinco sentidos. Tinha que ser tocado ou cheirado ou provado ou visto ou ouvido, ou, pelo menos, demonstrar um efeito definitivo sobre outro objeto. Todo o resto era desconhecido e, portanto, pertencia à categoria de misticismo. Mas depois de todas essas provas tangíveis da sobrevivência da alma após a morte, eu vejo as coisas de forma diferente. Meu paradigma mudou radicalmente, me inspirando a explorar muito mais fundo em busca de pistas, respostas, fatos - qualquer coisa que pudesse restaurar a clareza que eu tinha perdido.

Nos meses que se seguiram, li vorazmente tudo o que me caía nas mãos sobre o assunto, incluindo livros escritos por físicos e outros cientistas, bem como escritos por médiuns e tradutores espirituais. Devo ter lido uma centena de livros, que pesam em minhas estantes agora abarrotadas. Mas eu não só estava determinada a redefinir o meu conceito de realidade, como também queria muito descobrir "onde" meu filho estava. Se eu soubesse a resposta para essa grande pergunta, teria alguma esperança de me comunicar com ele, para que pudéssemos continuar o relacionamento maravilhoso que tínhamos enquanto ele estava vivo.

4

Nosso novo relacionamento além do véu

É natural ansiar por qualquer tipo de contato com um ente querido que já morreu. Anos atrás, no entanto, eu teria considerado a ideia de me comunicar através de um tradutor espiritual algo um tanto quanto estranho, para não dizer bizarro. Mas, quando Erik morreu, as coisas das quais um dia duvidei se tornaram salva-vidas a que eu me agarrei na esperança de sobreviver. Apesar da minha voracidade por livros, eu era cética com relação à sobrevivência da alma após a morte, mas, quando falei com Erik através de Kim O'Neill, senti que era realmente meu filho. Sua personalidade, sua sagacidade, sua maneira de falar: tudo era próprio de Erik. Além disso, Kim me transmitiu detalhes que ela não poderia conhecer, como o fato de que ele sofria de transtorno bipolar quando adolescente, ou que ele tinha se matado enquanto estava sentado numa cadeira diante da escrivaninha do seu quarto.

Uma das primeiras coisas que Erik deixou bem claro, quando nós realmente nos falamos pela primeira vez depois de sua morte, foi que nós, seus pais, tínhamos feito tudo o que podíamos para evitar sua morte. Ele disse que tinha pensado em suicídio por muitos anos e só queria ter certeza de que faria isso de uma forma que garantiria que ele de fato morreria.

Nos meses anteriores, ele tinha até pesquisado sobre todos os métodos de suicídio na internet. Embora pensasse em tomar uma overdose de comprimidos para dormir, um de seus maiores temores era de que sobrevivesse, e com sequelas pelo resto da vida. No final, Erik sentiu que um tiro na cabeça seria a sua maior garantia de "sucesso". Ele só tinha que encontrar um momento em que tivesse certeza de que não estaríamos em casa quando a arma disparasse, o que, como sabemos, ele conseguiu.

Não sei por que eu me sentia tão compelida a recapitular cada minuto daquele dia terrível e por que eu queria saber *tudo* – e quero dizer tudo mesmo – que estava passando pela mente de Erik antes de ele morrer.

Talvez isso seja normal, não sei. Estava pisando em terreno desconhecido, então não tenho certeza se essas eram encanações normais de uma mãe que perdeu o filho. É quase como se eu quisesse "morrer de tanto pensar naquilo", de modo que perdesse um pouco da sua carga emocional avassaladora. Naquela primeira sessão com Kim, Erik contou por que ele decidiu tirar a própria vida do jeito que fez e quais foram seus últimos pensamentos antes de puxar o gatilho.

Ele disse que não tinha medo de morrer; o modo como estava vivendo era o que o aterrorizava. Ele passou a descrever seus primeiros momentos após a morte: a ausência de dor, a euforia, bem como a liberdade, seguida pelo horror diante do que tinha feito e a profunda tristeza que certamente sua morte causaria. E a sua consternação, enquanto testemunhava tudo.

Na minha batalha contínua contra o meu profundo ceticismo, muitas vezes questionei a validade das informações transmitidas por qualquer tradutor espiritual, mesmo aqueles que consultei e que me disseram coisas que só eu poderia saber. Por esse motivo, decidi realizar sessões com vários tradutores espirituais de renome mundial, em busca de provas que estivessem além de qualquer suspeita. Mal sabia eu, na época, que a fé é um cabo de guerra interior, e não uma luta exterior. Meses após a primeira descrição de Erik de sua própria morte, fiz o que qualquer pessoa cética e racional faria: procurei uma segunda opinião.

Essa segunda opinião manifestou-se na forma de uma tradutora espiritual chamada Jamie Butler. A cética em mim procurava confirmação e consistência nas informações. A mãe em mim queria alguma garantia de que o filho não tinha sofrido durante a sua transição. Então eu fiz questão de que minhas perguntas fossem pontuais e investigativas. Nesta transcrição da conversa entre Jamie, Erik e eu, Erik fornece detalhes consideráveis sobre as circunstâncias e experiências de sua morte, talvez porque estivesse com mais tempo para se orientar e refletir sobre o acontecimento ou porque eu tinha encontrado uma tradutora realmente talentosa, que era receptiva às suas mensagens e as transmitia com precisão. Nunca antes conheci um tradutor que transmitisse de modo tão fiel suas mensagens espirituais. E Jamie e Erik pareciam gostar tanto desse relacionamento brincalhão e amoroso que eu passei essa sessão inteira, e muitas que vieram depois, sorrindo. Por essas razões, todas as minhas sessões subsequentes com Jamie me proporcionaram o bálsamo calmante de que eu precisava para curar as cicatrizes de batalha que pareciam ser minhas eternas companheiras.

Erik descreve a própria morte

Eu: Erik, você pode descrever com detalhes a morte e o que acontece logo em seguida – pelo menos o que acontece para a maioria? Eu sei que a morte é diferente de pessoa para pessoa, mas me conte pelo menos as generalidades que você puder.

[Longa pausa enquanto Jamie ouve o que ele diz.]

Jamie: Ok. Humm. Eu acho que ele fumou um baseado ou algo assim!

Eu: Nossa!

[Jamie e eu rimos.]

Jamie: Ele está rindo.

Eu: Ele vai sair para comer alguns *nachos* etéreos mais tarde.

Jamie: Sério! Ele não vai me contar. Não vai me dizer por que está rindo, então eu não sei o motivo.

Erik: Explicar a morte em geral acho que seria uma injustiça, mãe. Então, lembre todos os leitores de que a morte acontece de acordo com o sistema de crenças da pessoa em vida. Seja em que for que você acredite - em nada, em Deus, que você vai ter de enfrentar os seus demônios antes de poder sentir felicidade, que você vai se tornar um fantasma -, é justamente isso que vai acontecer a você.

Eu: Ok, então vamos falar sobre a sua morte. Você está morto, então vamos falar sobre isso. Quais eram as suas crenças? Eu nunca realmente...

Erik: Meu Deus, *você* não está sendo um pouco rude?!

Eu: Sinto muito, mas vamos falar sobre...

Erik: Vamos desmistificar isso antes de mudar de assunto, porque senão as pessoas vão perguntar "Por que a morte se baseia nos sistemas de crenças individuais?". E você precisa contar às pessoas que eles são a ferramenta. O corpo físico é a bagagem. Ele contém o espírito. Quando o corpo morre, ele se torna uma alma. Ele deixa o corpo, e essa alma fica como que contida na consciência. Esse personagem que você construiu, todas as coisas intangíveis, o que fez você rir...

Jamie (para Erik): Sim, sua personalidade. Entendi.

Erik: Então, para atravessar essas dimensões e chegar em Casa, ao Céu, seja qual for o nome que você queira dar a ele, você tem que fazer isso através desse elemento consciente que você configurou - esse sistema de crenças que adotou. É isso que vai determinar o que você vai viver lá. Ele é a base. Agora, você está perguntando em quê eu acreditava.

Eu realmente não sei. Com certeza não era em nada isso! Aprendi muito mais sobre a estrutura da vida após a morte do lado de cá.

Eu: Bem, quando você puxou o gatilho, pensou que só iria encontrar o nada, ou você...

Erik: Eu estava meio que esperando por isso. Quero dizer, na verdade estava desesperado para sair da minha pele. Só esperava que eu pudesse... (pausa) Eu estava imaginando [que seria como] uma pessoa que tem um filhotinho de cachorro ou um bebê em casa, [alguém] que está com o sono atrasado. Só queria uma boa noite de sono. Só queria sentir uma paz sólida.

Eu: Entendi. Então, você tinha certa esperança de que houvesse alguma coisa, ou você nem sequer estava pensando nisso?

Erik: Nem sequer pensava nisso.

Eu: Alguma vez você cogitou, em vida, que poderia existir algo depois da morte?

Erik: Sim! Porque a gente ouve aquelas histórias de fantasmas. Para mim, não tinha a ver com Deus ou com milagres. Eu era mais ligado em... O que eu achava muito mais fácil de acreditar era em fantasmas.

Jamie (para Erik): Sério? Esta é uma maneira interessante de se pensar nisso, não é?

Eu: Sim.

Erik: Porque não é como se Deus descesse do alto...

Jamie (rindo): A maneira como ele se expresa é hilária!

Erik: Não é como se Deus fosse até a sua casa e acabasse com a droga da sua vida! Nada disso, esse é o deus que está morto. Então, você sabe que pode haver vida depois dessa que você está vivendo, mas ela não tem que se basear num sistema de crença religioso. Eu tinha um pressentimento de que havia vida após a morte, mas não fazia ideia de como ela poderia ser.

Eu: Ok. Quando você puxou o gatilho, o que aconteceu logo depois? Em primeiro lugar, doeu?

Erik: Não, eu não me lembro de nenhuma dor. Lembro do barulho, mas não me lembro de nada me tocando. Apenas do barulho. Então, acho que [eu disse isso a você]... É como a sensação de ser puxado para fora do corpo?

Eu: Então, você se sentiu puxado?

Erik: Não, foi estranho. Era como se as luzes se apagassem. Meus olhos se fecharam. Lembro de puxar o gatilho. Lembro que eu fui rápido ao fazer isso. Eu não hesitei. Sabia que ia fazer isso. Essa era a hora. Era isso. Eu não tinha nenhuma dúvida do que estava fazendo. Não estava em conflito. Será que é como aquele estado mental?

Jamie (para Erik): Que estado mental?

Eu: Seria uma disposição?

Jamie: Sim, pode ser.

Erik: Essa disposição que você tem quando está correndo uma maratona e vê a linha de chegada.

Eu: Ah, sei.

Erik: Você nem pensa no quanto está exausto ou nas emoções que sente. Você apenas fica focado no objetivo e na certeza de que vai chegar lá. No meu caso, eu estava focado no meu objetivo. Tinha que cair fora. Lembro-me da sensação da arma, de puxar o gatilho, de ouvir o barulho. Tudo ficou escuro e então eu estava olhando para o meu corpo.

Eu: Humm. Isso deve ter sido bem estranho.

Erik: Sim. Eu não fazia ideia. Não sabia que conseguiria ver eu mesmo. Isso nem passou pela minha cabeça. Eu, na verdade, só pensei que iria para o nada. Queria me desintegrar. Cair fora. Queria acabar com tudo.

Eu: Quais foram as suas emoções quando você viu seu corpo? O que você se sentiu?

[Pausa.]

Jamie (para Erik): Ah, essa é a cara que você fez? (Para mim) Ele olhou para mim com uma cara de paisagem, com a boca levemente aberta. Erik disse que foi o que ele sentiu.

Eu: Seu queixo caiu? Esse tipo de coisa? Como se dissesse, "Que droga é essa?".

Erik: Não, não, mãe! Foi uma loucura. Eu não sabia que droga era aquela. Foi mais um, "Oh... não...". Eu não queria ficar ali. Não queria ver tudo aquilo, mas eu não conseguia ir embora. Era como assistir a um acidente de carro horrível.

Eu: Ah, entendi.

Erik: Mas eu não estava preso aqui nem nada. Foi bizarro.

Eu: Preso emocionalmente?

Erik: Sim.

Eu: O que mais você se sentiu?

Erik: Acho que foi choque mais do que qualquer outra coisa.

Eu: Você sentiu euforia também?

Erik: Tranquilidade. Foi tranquilo. Não senti nenhuma dor. Não senti nenhuma preocupação, e isso foi inquietante, porque eu não sentia isso fazia muito tempo, como se tudo de repente estivesse no lugar certo.

Eu: Oh!

Erik: Então, eu acho que foi muito mais algo inquietante do que para se comemorar.

Eu: Você achou legal apenas voar por aí? Você sentiu o amor incondicional de que um monte de gente fala?

Erik: Não.

Eu: Ou isso foi quando você fez sua passagem?

Erik: Sim. Quando eu fiz a passagem.

Eu: Tudo bem. Vamos falar mais sobre isso depois. Então, você estava olhando para [o seu corpo], e você tipo, "Uau!", e foi meio chocante. Você se sentiu como se dissesse, "Nossa, mas que merda eu fiz? O que eles vão pensar quando me encontrarem?".

[Longa pausa.]

Jamie: Ele está quieto. Como se estivesse revivendo tudo.

[Pausa bem longa.]

Jamie: Eu estou dizendo a ele para demorar o tempo que quiser.

[Pausa.]

Erik: Sabe como é, eu não paro muito para pensar na minha morte.

[Longa pausa.]

Erik: Para mim, foi um jeito de sair daí. Tem muita dor associada a ela.

Eu (começando a chorar): Ahã.

Erik: Não é apenas a minha dor, mas a dor da minha família e a dor dos meus amigos.

Eu: Sim.

[Longa pausa. É evidente que ele não está confortável.]

Eu (sentindo o seu desconforto e querendo poupá-lo de sentir ainda mais dor): Bem, não vamos insistir nisso. Vamos ao que aconteceu e como foi quando você começou a sair do seu quarto. Conte-me sobre isso.

Erik: Eu me lembro de ter visto o meu corpo indo embora.

[Pausa.]

Eu: Seu corpo indo embora? Ah, quando eles estavam levando você?

Erik: No saco.

Eu: Ok. Certo.

Erik: Então me lembro de pensar que eu precisava dizer adeus.

Eu: Sim.

Erik: E se me lembro bem, foi quando eu comecei a me comunicar com os membros da nossa família.

[Pausa.]

Eu: Isso deve ter sido doloroso, porque nós não estávamos felizes.

[Longa pausa.]

Jamie: Ele apoiou os cotovelos nos joelhos; as palmas das mãos estão juntas na frente dele. Muito descontraído, mas está (pausa) solene. Um pouco mais solene.

Erik: Eu me lembro de encontrar...

[Longa pausa.]

Jamie (com emoção): Oh. Ele está chorando.

Eu: Oh. Nós não precisamos fazer isso, querido.

Erik (brincando): Cala a boca, mãe.

Jamie: Está chorando, mas não tem medo de mandar você ficar quieta.

[Dou risada baixinho.]

Erik: Quando para e revive as lembranças, a gente vê mais. Você perde muito quando está no calor do momento, como se seus olhos não conseguissem ver tudo. Sei que já disse isso antes. Eu realmente sinto muito, por você. Eu realmente sinto muito pelo papai e por todo mundo da nossa família.

Eu (soluçando baixinho): Eu sei.

Erik: Mas eu sei uma coisa: não posso me desculpar pela minha felicidade.

Eu: Eu sei. Estou feliz por você. Eu não ficaria de outra maneira. Se eu tivesse que escolher entre você estar aqui e infeliz, é claro...

Erik: Foi muito pauleira, mãe, que essa tenha sido a minha opção?

Eu: Sim. Eu não gostaria que tivesse acontecido.

Erik: O que eu não consigo entender, quando relembro tudo, é por que dói tanto, se o resultado foi exatamente o que eu estava buscando?

Eu (ainda chorando): E você está feliz. Quero dizer, como poderia doer se você está feliz? Estou focando só o momento da morte. O momento é infeliz, mas o resultado é feliz. Então, vamos deixar de lado o momento. Fale-me sobre a sua passagem. Lembro que você disse que sentia como se estivesse sendo puxado pelos ombros. Não me lembro muito bem.

Erik: É isso aí. Eu senti como se estivesse sendo puxado para trás. Acho que eu realmente não estava prestando atenção. Pelo menos é o que parece. Tipo, eu estava olhando para algo que não deveria estar olhando.

Eu (confusa): Você estava olhando para algo que não deveria estar olhando?

Jamie: É só modo de dizer.

Eu: Ah, ok.

Erik: É provavelmente por isso que não vi uma grande luz branca e maravilhosa nem ouvi anjos cantando!

Jamie (rindo): Ele está rindo.

[Dou risada entre lágrimas.]

Erik: Que nada, eu provavelmente estava fazendo alguma coisa errada. Provavelmente fui arremessado.

Eu: Ah, entendi. Entendi.

Erik: É. *Esse* sentimento foi indescritível. É como pegar um corpo e colocá-lo numa peneira e fazer todas as partes saírem do outro lado, mas diferentes. Limpas. Suponho que seja a sensação que [as pessoas tinham] antigamente, quando achavam que, se fossem batizadas por Jesus, tudo desapareceria e elas seriam apenas boas. Na verdade é isso que é a morte.

Eu: Uau!

Erik: Você é bom de verdade. Você não perde essas outras partes de você. Elas ainda estão aí, mas não desempenham um grande papel. Você não perde nada de você mesmo, mas o que vem em seguida é essa sensação esmagadora de perfeição, de estar no lugar certo e ser capaz de *sentir* isso. Tipo, não há nem mesmo a menor dúvida do que o espera ou se existe algum tipo de restrição ou condição, ou eles estão apenas tentando atrair você e na verdade é o inferno. (Ele ri.) Que nada. É apenas emocionante demais, você nem consegue chorar. Isso acontece quando a sua família e os seus amigos aparecem. Quando você percebe que não está sozinho.

Eu: Quem foi que você encontrou primeiro?

Erik: Ah, droga, eu nem consigo me lembrar.

Eu: Foi Denise [minha irmã]? A tia Denise. Acho que ela estava lá para cumprimentá-lo, certo?

Erik: Sim. Eu me lembro de ter visto um monte de rostos. É diferente agora. Olhando em retrospectiva, consigo captar o sentimento com muito mais clareza, em vez de me basear só no que eu estava vendo ou dizendo.

Eu: Sim, porque, no mundo espiritual, é muito mais sentimento do que de uma lembrança mental, cerebral, dos detalhes. Eu acho que é por isso que as pessoas ficam desapontadas quando procuram um médium e fazem perguntas do tipo, "O que nós colocamos no seu bolso quando enterramos você?". A pessoa não se lembra mais de coisas como essa. Não é mais importante depois que ela faz a passagem. Tudo tem a ver com sentimentos.

Erik: Tem razão. E, pode acreditar, também não ficamos vasculhando nossos bolsos.

Eu: Exatamente. Ok. Vamos passar para a revisão da vida. Como é essa avaliação da vida? Quero dizer, talvez uma seja diferente da outra, mas me dê uma ideia geral sobre o que significa a revisão da vida.

Erik: Sim, às vezes você sente como se estivesse entrando numa sala, como uma sala IMAX, e é quase como uma [visão de] 360 [graus], mas você começa a sentir as emoções e as impressões que outras pessoas tiveram de você. É como se você estivesse passando por uma retrospectiva e começando a ver *por si mesmo* o que você fez. Você se vê através dos olhos das outras pessoas.

Jamie (rindo): Eu não saberia imitar isso. Basicamente, ele disse: "É cruel. É uma merda. É a pior pegadinha que você poderia fazer com qualquer pessoa".

Eu: Então, é como se você fosse essa [outra] pessoa. Você está vendo através dos olhos dela e sentindo o que ela sentiu?

Erik: Sim.

Eu: Nossa! Cara, isso não é nada divertido! Mesmo que, na Terra, você tenha resolvido suas diferenças com essa pessoa, tenha feito as pazes com ela, ainda assim tem que passar por isso?

Erik: Não! Não.

Eu: Ok, que bom!

Erik: Se está tudo verdadeiramente resolvido, não tem mais que se preocupar com isso.

Eu (rindo): Puxa, eu vou dar uma voltinha por aí e me desculpar com um monte de gente!

[Jamie e Erik riem.]

Erik: E a revisão da vida não é como se alguém chegasse e dissesse, "Com licença. É hora da sua revisão. Ela começa às 14h30. Por favor, entre nesta sala e sente-se".

[Dou risada.]

Erik: É como se ela surpreendesse você, é estranho. Acontece muito rápido, mas você vai sentir como se nunca mais fosse sair dela.

Eu: Bem, o que causa a revisão da vida? Não entendo. Quais as origens dela? Quem decide isso? Quem cria isso?

Erik: Na maioria das vezes, é a consciência, a experiência humana, a necessidade do ser humano de fazer um *checklist*. Energética e espiritualmente, não é realmente necessário. Você não precisa passar por todos os itens dessa lista, porque, se você está espiritual, energeticamente conectado, já sabe quais são esses itens. Então, sabe como é, isso é muito mais para toda pessoa viva, já que funcionamos mais com nosso cérebro do que com qualquer outra parte.

Eu: Entendo.

Erik: Então, é quase como se o cérebro passasse por uma descompressão, revivesse tudo, mas ao inverso. Você começa a entender por si mesmo como as outras pessoas viam você. E você mesmo vai se dando as respostas. "Ah! É por isso que aconteceu dessa maneira!" Você põe fim nas coisas de uma forma muito rápida.

Eu: Então é doloroso emocionalmente?

Erik: Que nada! É definitivamente difícil, mas não doloroso. A gente não escapa ileso de naufrágios como o *Titanic*, né, mãe?

[Jamie e eu rimos.]

Eu: Então a sua revisão foi longa? Você teve que passar por tudo de novo?

Erik: Não, não por tudo. No meu caso, a maior parte consistiu nas vozes na minha cabeça. Sabe como é, aquela porcaria toda.

Eu: Como assim?

Erik: Eu tive que ter umas conversas comigo mesmo, sabe, para falar daquela merda toda e tentar me entender. Foi principalmente com isso que me deparei.

Eu: Ah. Com quem você mais teve que lidar, na sua revisão da vida?

Erik: Principalmente com a minha família.

Eu: Sim, claro. Ok. Qualquer outra coisa sobre a revisão da vida?

Erik: Não. Acho que é só isso.

Eu: Você tem que passar pela revisão das vidas passadas ao mesmo tempo, ou é somente a desta vida atual?

Erik: É principalmente para descomprimir a vida que você acabou de viver.

Eu: Ok. Agora, o túnel de luz branca. Essa luz branca de que se ouve falar. Claro, algumas pessoas passam por ele, outras não. Por que algumas passam e outras não, que diabos é isso?

Erik (brincando): Apenas quem é do bem passa pelo túnel. Não, não é nada disso. Isso é bobagem.

Eu: Isso me lembra aquela série de ficção científica, *A Quinta Dimensão*, em que os caras saltam naquele grande redemoinho.

[Jamie ri.]

Erik: Não, na verdade é baseado num sistema de crenças.

Eu: O que é esse túnel? Ele existe?

Erik: O túnel de luz branca?

Eu: Sim.

Erik: Aqui vai o pouco que eu sei sobre o assunto. Quando você morre, se é nisso que acredita - que, quando morrer, você vai ver essa luz branca brilhante e toda essa baboseira, então acho que é isso que você vai ver.

Eu: Ok.

Erik: Mas a morte real do cérebro, a falta de oxigênio e tudo mais, isso cria uma visão de túnel. É essa a luz em que você entra quando cruza o limiar da morte? Não. Isso é o seu cérebro morrendo.

Eu: Bem, o sistema de crenças tinha que começar em algum lugar.

Erik: O túnel começou com as pessoas que tiveram experiências de quase morte ou coisa parecida e seus cérebros estavam morrendo, e elas se recuperaram e falaram sobre isso - que viram Deus e os anjos e tudo mais. Conscientemente...

Jamie (para Erik): Obrigado por dizer isso. Faz sentido.

Erik: Conscientemente, você está tentando olhar através dos olhos que estão na sua cabeça, por isso, quando o cérebro está morrendo, isso é o que você está vendo. Intuitivamente, se está vendo com o terceiro olho, você não tem que ver um túnel de luz branca para passar para o Outro Lado.

Eu: Ok.

Erik: Então, se você está vendo com o seu terceiro olho - o olho da intuição -, provavelmente vai ser como passar para outro cômodo.

Eu: Sim, um monte de gente descreve dessa forma, como passar para outro cômodo. Quando você foi puxado para trás pelos ombros, onde você foi parar?

Erik (rindo): Em outro cômodo!

Eu: Ok, e...

Erik: É muito louco. Foi como se o cômodo em torno de mim simplesmente desaparecesse. O lugar onde eu estava simplesmente se dissolveu no ar. Acho que é só assim que eu consigo descrever. As luzes diminuem. Depois as luzes se acendem. Você está num espaço diferente. Não há nada rápido nisso. Não foi como um empurrão rápido nem nada. Foi mais como sentir seu corpo dormir. É mais parecido com isso.

Eu: Eu me lembro de que você falou que, quando estava fazendo sua revisão da vida, você se sentou numa mesa comprida e pôs a cabeça entre as mãos.

Erik: Ahã.

Eu: Tudo bem. Vamos voltar um pouco. Quais foram os ajustes que você teve que fazer quando fez a passagem? Quais foram os maiores... Não vou dizer os mais "difíceis"... Os mais interessantes. Os mais intensos.

Erik: Como me mover.

Eu: Como se mover! Sim. "Eu não consigo sentir as minhas pernas!"

Jamie: Ele está rindo.

Eu: Isso é do filme *Major Payne*. "Isso é porque elas não existem mais!"

Jamie (rindo): Não tenho ideia do que vocês estão falando, mas ele está rindo tanto que está quase no chão!

Eu: Porque nós assistíamos o tempo todo. Era com um dos irmãos Wayans. É tão engraçado! Erik adorava.

[Jamie ainda está rindo.]

Erik: Parecido com isso, mas é só interessante. Eu diria que é o mais urgente com que você se depara.

Eu: Ahã.

Erik: Sabe como é, como ir daqui até ali. E é estranho, porque você continua se movendo, mas não sabe explicar como está fazendo isso. Tipo, "O que está acontecendo? Ah, droga, está acontecendo!". Você não sabe como.

Eu: Foi assustador?

Erik (rindo): Não. Não, eu não estava com medo, mas eu definitivamente não estava recebendo todas as respostas de que precisava o mais rápido possível, de modo que foi estranho.

Eu: Havia algum tipo de guia que estivesse ao seu lado durante a sua morte, sua revisão da vida ou depois? Não havia ninguém para ajudá-lo?

Erik (rindo): Se havia, esse cara devia estar escondido atrás da cortina, porque eu não vi ninguém!

Eu: Ah, meu Deus! Isso é horrível. Por quê? Foi porque você não pediu ajuda?

Erik: Ah, eu não pedi ajuda.

[Bem típico dos homens. Eles não pedem informações.]

Erik: Eu acho que só queria ficar sozinho.

Eu: Você acha que, se tivesse pedido ajuda, alguém viria?

Erik: Ah, sim, com sinos tocando.

Eu: Por que você queria ficar sozinho?

Erik: Porque eu queria descansar.

Eu: Em parte era vergonha? Você achou que tinha ficado em apuros por fazer o que você fez?

Erik: Uau! Isso é interessante!

[Pausa.]

Eu: Como, "Oh, não! Estou encrencado. Não me arrastem para o inferno!".

Erik: Não.

Eu: Ok. Isso é bom.

Erik (espantado): Que nada, eu nunca me senti assim! É muito legal!

Eu: Isso é incrível. Então, você não podia se mover. Conte-me sobre toda a experiência de aprender a se mover.

Erik: Bem, é como se eu conscientemente não conseguisse me fazer andar, mas, se eu pensasse em estar em algum lugar, eu acabava ali. Continuava acontecendo, mas eu não conseguia descobrir como exatamente estava acontecendo.

Eu: Você conseguia ver seus braços e pernas?

[Pausa.]

Eu: Ou você era apenas consciência? Você conseguia ver o seu corpo espiritual?

Erik: Sim. É principalmente isso que você vê. Você não vê a si mesmo como era como ser humano.

Eu: Então, não era como se você estivesse vendo apenas o ambiente em torno de você, como se você fosse apenas uma consciência de si mesmo, sem um corpo?

Erik: Sim, sem um corpo humano. Eu tinha uma forma feita de energia, sabe, como luz, e me sentia como eu mesmo. Sabia onde eu estava. Eu sabia o que tinha acontecido. Não é como se eu tivesse sido arremessado em algum mundo estranho sem um mapa. Eu sentia como se pertencesse a esse lugar e estivesse seguro. Nunca tive medo, mas são justamente coisas pequenas como essa que bagunçam um pouco a sua cabeça.

Eu: Mas, quando olhava para baixo, você conseguia ver suas pernas e seus pés e tudo mais? Não era um corpo humano, mas não era apenas como uma bola de luz, não é?

Erik: Correto. Isso mesmo. Eu tinha um corpo de energia com a mesma aparência do meu corpo humano.

Eu: E você podia se mover? Você podia olhar para sua mão e fechar o punho, mover as pernas e coisas assim?

Erik: Ah, sim!

Eu: Então, você podia se deslocar de um lugar para outro.

Erik: Sim.

Eu: Você aprendeu a pensar num lugar e aparecer lá?

Erik: Sim.

Eu: Quais foram os outros ajustes que você teve que fazer depois da sua passagem?

Erik: Bem, eu estava acostumado a ficar brigando comigo mesmo na minha cabeça ou a ter pensamentos e emoções contraditórios, mas isso simplesmente não acontecia mais. E foi estranho.

Eu: Humm. O que acontecia em vez disso?

Erik (um pouco frustrado): Eu realmente não sei explicar. Você simplesmente não tem pensamentos nem emoções. Você não consegue ficar com raiva e feliz.

Eu: Então, tem mais paz. Não há mais conflito em sua cabeça.

Erik: Sim.

Eu: Quantos anos você tinha quando não havia nenhum conflito na sua cabeça?

Erik: Tive momentos de nenhum conflito, mas nunca foi uma coisa constante.

Eu: Bem, eu não acho que alguém consiga viver constantemente sem conflito.

Erik: Sério?

Eu: Viver sempre, sempre, sempre em paz, sem nenhum conflito na cabeça? Claro que não!

Erik: Vamos lá, tem de haver alguém. Não é isso que é ser feliz?

Eu: O tempo todo?

Jamie (para Erik): Sim, Erik. Existe...

Eu: Ah, qual é! E se a pessoa está com uma terrível prisão de ventre e está sentada lá na privada, sem conseguir fazer cocô? Essa não é uma situação feliz!

Erik (rindo): Sim, mas esse é um conflito físico.

Eu: Não faz diferença. Isso vai criar um conflito emocional. Ninguém está totalmente em paz o tempo todo, a menos que seja o Dalai Lama.

Erik: Você deve ter um problema com o cocô, mãe.

Eu: Lá vem você com seu humor escatológico! Eu não queria tocar no assunto! Ok. Vamos continuar. Quais são os outros ajustes que você teve que fazer? Mais algum?

Erik: Esses são os dois principais.

Eu: Em que ponto você pediu ajuda? Quando você finalmente disse: "Eu preciso de ajuda"?

Erik: Quando eu quis voltar para a minha família e não sabia como.

Eu: Oh. Você sentia a nossa falta?

Erik: Sim!

Eu: Então, quem apareceu?

Jamie: Foi um guia do sexo feminino. Não a tia dele. Era alguém que explicou a ele como atravessar as dimensões e como se comunicar.

Erik: Nessa época, você estava fazendo todas aquelas pesquisas e tentando encontrar médiuns, sabe. Então, eu estava tentando aprender a falar através deles e entender mais esse processo. Até então, eu não tinha nenhum conflito com as minhas emoções. Estava perfeitamente bem. Sabia como me deslocar de um lugar para o outro, e então imediatamente comecei a aprender a me comunicar com os seres humanos. Comunicação interdimensional.

Eu: Como é que você pediu? Você simplesmente pensou: "Preciso de ajuda!"?

Erik: Sim. Isso mesmo.

Eu: Ou você gritou em voz alta: "Uma mãozinha aqui, por favor!".

Erik: Não, eu pensei. Precisaria de alguém para vir me ensinar, e isso é tudo que você precisa pensar. Você apenas pensa.

Eu: Você teve que passar por algum tipo de terapia? Dizem que algumas pessoas têm que passar por terapia para se equilibrar energicamente e tal. Você passou por esse processo também?

Erik: Eu fiz terapia, sim.

Eu: Um médium me disse que você precisou muito menos de terapia do que a maioria dos suicidas.

Erik: É verdade.

Eu: Por quê?

Erik: Porque isso fazia parte do contrato espiritual que eu tinha para esta vida, era o fim da linha para mim, ao passo que, para a maioria das pessoas que tiram a própria vida, não é o fim da linha. Elas estão apenas fazendo isso por vingança ou porque querem uma saída de emergência ou um jeito de fugir.

Eu: Ok. Não é um ponto de saída para essas pessoas.

Erik: Sim.

Eu: Tudo bem. Agora me diga do que a maioria dos espíritos sente falta com relação ao plano terreno. Sei que você tem amigos aí no mundo espiritual e eles dizem coisas como, "Ah, meu Deus, que falta eu sinto de uma pizza!" ou coisas assim, mas, se você fosse fazer uma enquete, quais seriam as coisas do plano terreno de que se sente mais falta?

Erik: Comida, em primeiro lugar. Sexo, em segundo.

[Jamie ri.]

Eu: Mas eu pensei que o sexo fosse melhor aí, no plano espiritual.

Erik: É, mas não é físico como aí. É diferente. Muito diferente.

Eu: E por que vocês sentem falta de comida? Não podem evocar o gosto e a textura, ou é diferente?

Erik: É totalmente diferente.

Eu: Mas você não pode criar o sabor, a textura da comida e a sensação de saciedade na barriga?

Erik: É todo o ato de mastigar, sentir o cheiro da comida, esperar que ela seja feita. Quero dizer, nós realmente não temos esse tipo de processo. Não precisamos dele.

Eu: Sim, mas vocês não podem criar todos os aspectos da comida, como você descreveu?

Erik: Não é a mesma coisa, mãe.

Eu: Não é a mesma coisa.

Erik: Assim como o sabor artificial não é igual ao sabor de verdade.

Eu: Entendo. E o sexo não é muito, hã... vocês não têm o físico, o corpo físico.

[Jamie explode em gargalhadas.]

Jamie: Ahã. Ele está falando sobre "fazer aquilo".

Eu: Oh, Deus, Erik... Bem, você não experimentou muito disso quando estava aqui, pobrezinho. Acho que vai ter que reencarnar como uma garota de programa.

[Jamie ri muito.]

Eu: Ou, como é que se diz? Como um gigolô. Voltar como um gigolô.

Erik: Se eu voltar, definitivamente vou voltar com um pau entre as pernas.

Eu: Então, volte como um gigolô e você vai poder realmente conseguir fazer "aquilo" com mais frequência.

[Jamie ainda não parou de rir.]

Erik: Jamie acaba de dar uma conferida no meu pau!

[Nós todos caímos na risada.]

Eu: Ok. Vamos falar sobre o seguinte: quando os espíritos reencarnam, do que mais sentem falta do Céu?

Erik: O quê?

Eu: Quando eles voltam para o Céu e dizem: "Estou muito feliz por estar de volta, porque eu sentia falta de...". Do que eles mais sentem falta do Céu?

Erik: Das bobagens!

Eu: Vocês sentem falta de ficar longe das bobagens.

Erik: Sim. O conflito emocional. É por isso que um monte de espíritos gosta de vir para a Terra – para sentir as emoções de baixa vibração. As batalhas. A luta diária.

Eu: Mas, quando voltam para o céu, dizem, "Nossa, senti falta de ficar longe dos conflitos emocionais".

Jamie: Isso faz sentido? Porque do jeito que ele está explicando parece que eles são atraídos pelos conflitos, então é por isso que reencarnam. É com eles que algumas lições mais profundas são aprendidas.

Eu: Ahã.

Erik: Através do conflito. Não há conflito no Céu ou em Casa. Então, quando o ser humano morre e se torna espírito novamente, a facilidade de vida é às vezes chocante e difícil de encarar.

Eu: Entendo.

Erik: Porque eles simplesmente passaram todo esse tempo na Terra se ajustando ao conflito.

Jamie: Ah! Então ele não está dizendo que sentem falta do conflito. Mas que essa é a coisa mais difícil a que devem se adaptar.

Eu: Não ter mais conflitos? Você gosta da dimensão livre de conflitos, mas é difícil se adaptar a ela. Mas eu quero saber do que eles mais sentem falta do Céu, quando voltam. "Ah, meu Deus, eu estou tão feliz por estar de volta, porque sentia falta de..."

Jamie: Feliz por estar de volta à Terra ou por estar de volta ao Céu?

Eu: Ao Céu.

[Por que é tão difícil entender a minha pergunta?]

Erik: Ah, a facilidade da vida. Paz. Amor. Amor incondicional.

Eu: Tudo bem. [Finalmente!] Quais são as novas habilidades mais legais que você não tinha na Terra e desenvolveu aí no mundo espiritual?

Jamie: As mais deliciosas...

Eu: Imagino.

Jamie (para Erik): Isso não é meio vulgar?

Eu: De fato!

[Jamie ri.]

Eu: Não esperava que pudéssemos falar *disso* nesta pergunta, mas deixe para Erik decidir.

Erik: Telepatia. Adoro. É bem exata. É melhor do que mensagens instantâneas. Melhor que mensagens de texto. Melhor do que e-mails.

[Nada de fax?]

Eu: Ok. O que mais?

Erik: Não ficar preso no planeta Terra. Você pode simplesmente ir aonde quiser em qualquer "P" aonde queira ir.

Eu: Por que você está dizendo "P"? Fala sério, Jamie!

Jamie: Eu sei! Ele disse um palavrão.

Eu: Lá vamos nós!

[Jamie ri.]

Eu: Ele quer te deixar louquinha hoje.

Jamie: Oh, os altos e baixos por que já passamos!

Eu: Eu juro! Este é o Dia da Montanha-Russa Emocional. Ok, que mais? Posso imaginar as milhas de passageiro frequente que você conseguiu acumular lá!

Jamie: Nem fale! Ele adora isso!

Eu: O que mais? Cite mais algumas.

Erik: Aqui vão mais algumas. Transcender espaço e tempo. Viagem no tempo. Voltar para as vidas passadas. Ah, que me diz de ir à droga da biblioteca?

Eu: Os Registros Akáshicos?

Erik: É. Aquela merda mexe com a cabeça da gente.

Eu: Fale sobre isso.

Erik: Não consigo nem planejar como ir ao supermercado e comprar tudo de que preciso, e entro [na biblioteca] e todas as minhas vidas passadas, minhas vidas futuras, a minha vida atual, minhas vidas após a morte estão todas em perfeita sincronia. Como essa droga é possível?

Eu: O quê? Você entra numa biblioteca e abre um livro? Quero dizer, como é que funciona?

Erik: Não, não é como um livro. É mais como uma página que nunca termina. Não é como um livro, do tipo que você lambe o dedo e vai virando as páginas.

[Dou risada.]

Erik: De certa forma, é como uma espécie de pergaminho, como uma página que nunca tem fim, mas você não precisa desenrolá-lo manualmente. A informação simplesmente vem até você.

Eu: É como um display holográfico?

Erik: Algo assim. Isso mesmo. É tecnologicamente avançado.

Eu: Você apenas usa o polegar para ir mudando as telas, como num iPhone, ou você pensa em ir para a próxima vida ou coisa assim?

Erik: Isso. Ele mostra o que você quer que ele mostre.

Eu: Interessante. Ele tem cores frias? Brilha? Cintila?

Erik: Sim. Para mim, tinha uma espécie de cor azul brilhante.

Eu: Humm. Eu quase posso vê-lo. Provavelmente tem.

Depois dessa sessão com Jamie, senti que ela e Erik definitivamente tinham uma conexão. Nesta e em futuras sessões, eles brincaram de um jeito leve e bem-humorado, que era amoroso e contagiante. Erik disse que ele gosta do jeito como Jamie se comunica, porque ela não "pega tão pesado". Os dois muitas vezes se comportam como irmãos, de igual para igual, provocando um ao outro de um jeito afetuoso.

A revisão da vida de Erik

Como Erik mencionou na sessão sobre suas experiências logo após a morte (já descrita), ele passou pelo que chamou de uma "revisão da vida" assim que deixou o corpo físico. A seguir, ele me conta um pouco mais sobre o que isso significa e como foi a experiência para ele.

Eu: Você pode contar pra gente alguns detalhes sobre a sua revisão da vida, Erik?

Erik: Bem, havia uma grande mesa onde todo mundo ia se sentar, como num jantar em família. Havia muita música; muita gente rindo. Ah, e mãe, eu perguntei a quatro almas do seu grupo anímico, que não fazem parte da sua vida agora, se elas poderiam ajudar você a passar por tudo isso. Eu quero fazer algo para ajudar a nossa família. Quero poder fazer alguma coisa por vocês. Se houver alguma coisa que eu possa fazer para ajudar alguém da família, por favor, me avise e eu vou fazer tudo o que posso. Quero sentir que ainda faço parte da família. Me peça para fazer coisas. Eu não posso levar o lixo para fora, mas...

Eu (rindo): Vou fazer uma lista de tarefas para você!

Erik (rindo): Mãe, você vai perceber que as coisas estão sendo feitas e vai perguntar às pessoas, "Foi você que fez isso?" ou "Foi você quem fez aquilo?". Elas vão dizer "não" e você vai saber que fui eu!

[Achei isso tão reconfortante! A prova da presença de Erik foi crucial para que eu me adaptasse ao nosso novo relacionamento.]

Eu (incentivando-o gentilmente a continuar): Ok, vamos voltar para o que aconteceu em seguida.

[Erik sempre foi meio disperso, igualzinho à mãe.]

Erik: Ah, ok, certo. Bem, eu estava naquela longa mesa e me sentia meio entorpecido. Ainda estava eufórico, mas atordoado. É como se num momento eu estivesse no meu corpo físico e no momento seguinte fosse um espírito livre, sem limitações físicas, e ficava perguntando: "Eu sou realmente um espírito, certo? Quero dizer, não vou voltar àquela vida; eu a deixei para trás, certo?". E eles me asseguravam de que sim.

Então eu comecei "a revisão". Ninguém fez a revisão, fui eu que fiz. Estava sentado na mesa sozinho. Ah, eu estava sentado lá, e todo mundo falava de como estavam felizes por eu estar de volta. Não importa como morremos, sempre somos recebidos de braços abertos. Todo mundo sempre fica feliz de nos ver novamente. Enfim, eu estava sentado à mesa, com os cotovelos sobre ela. Eu apoiei a cabeça nas mãos e revi minha vida. Comecei a chorar quando me lembrei de quando era pequeno e você me chamava de seu "homenzinho" e fazia coisas comigo e me dizia que grande homem eu seria. Tive que rever tudo isso. Aqueles foram os piores momentos da avaliação. Quero agradecer ao papai por me tratar como um adulto. Pai, você me tratou como um adulto durante todo o tempo de que me lembro. Isso significou muito para mim.

Assim que eu terminei a minha revisão, pensei no que eu poderia ter feito, mas não fiz, e no que eu fiz, mas não deveria ter feito. Não sei quanto tempo levou a revisão. Não marquei o tempo. Ninguém aqui marca o tempo. Mas não demorou muito, porque as velas ainda estavam queimando no meu bolo - meu bolo de "Bem-vindo ao lar". Então eu experimentei aquela sensação de peso, um peso realmente emocional. Fui abordado por uma alma feminina que se ofereceu para me aconselhar; ela me ofereceu uma terapia. Então, fui para o que eu acho que você chamaria de terapia. Ela não só está me ajudando a entender por que eu fiz aquilo - porque tirei a minha própria vida -, mas como posso voltar para o plano terreno com a cura que eu deveria ter feito nesta vida, sem me matar de novo. Uau, mãe! Se eu pudesse ter visto o que eu estava curando de vidas passadas - não me admira que eu fosse tão deprimido e tivesse tanta raiva. Não me admira, mãe!

Novas experiências de Erik como uma alma liberta

A loquacidade e disposição de Erik para compartilhar suas experiências além do véu como uma alma recém-liberta não se limitam ao seu relacionamento com Jamie. Pelo contrário, nesta próxima conversa, Erik descreve com detalhes como é a vida sem o corpo. Ele conta essa história através de Kim, a primeira tradutora com quem trabalhou.

Erik: Quero que você conte às pessoas que temos muita companhia aqui. Muitos pais que perderam os filhos temem que seu filho fique sozinho, mas não é isso que acontece. Além do mais, podemos manifestar qualquer coisa que quisermos. Imaginamos o que queremos comer e a comida aparece. Vivemos onde queremos; vivemos como queremos. Nós não sentimos frio ou calor. O pensamento cria a realidade muito mais rápido aqui. Tudo acontece num instante.

Eu: Erik, gostaria de saber como você tem um controle tão grande sobre a sua energia [espiritual]; você fez a transição há tão pouco tempo!

Erik: Não sei. Eu realmente não sei. Acho que é por causa do meu nível de iluminação. Meu nível é muito elevado. Saibam disso. Mãe, você principalmente precisa saber disso. Você é a melhor mãe que alguém poderia ter. Nós conversamos mais agora, depois que eu morri, do que conversamos nos últimos anos [em que eu estava vivo], não é?... Todo mundo aqui fica um bocado surpreso por eu ter feito o que fiz e, mesmo assim, não ter muito que curar. Eu realmente não tenho muito que curar. Nunca mais vou passar por isso de novo. Deixei para trás a perda. A depressão era como uma questão secundária para mim. Era principalmente confusão e o sentimento de perda e o sentimento de desesperança, e agora tudo isso acabou. Toda essa cura tem sido feita há muitas vidas. Acho que tenho mais uma vida inteira para viver, e só. Mais uma.

[Nesse momento, senti um orgulho tão grande do meu filho e de suas conquistas como ser espiritual que tive que compartilhar esses sentimentos com ele.]

Eu: Eu sempre tentei ensiná-lo, Erik, que fazer coisas pelas outras pessoas é muito bom, e estou tão orgulhosa que você tenha aprendido isso, ou esteja percebendo isso, no plano espiritual. Você conquistou tanta coisa em tão pouco tempo! O fato de você sentir que não conseguiu realizar tanta coisa aqui na Terra realmente não faz diferença, já que está realizando tanto onde está agora. Além disso, Erik, você conquistou muito mais do que pensa enquanto estava aqui no plano terreno, porque você deu tanto amor a tantas pessoas! Você ensinou as pessoas a amar; você ensinou as pessoas a serem humildes; você ensinou as pessoas a viverem o momento. Então, estou realmente orgulhosa de você, Erik.

Erik: Obrigado, mãe! Agora eu percebo quanto contribuí e o tanto que fiz. Ainda estou tentando investigar o fundo por que eu me sentia tão inútil. Sei que parte disso vem de vidas passadas; eu sei, eu sei. Mas não entendo por que não conseguia sair do fundo do poço; por que escolhi acabar com a minha vida terrena sem ter mais pensamentos positivos ou otimistas sobre o momento seguinte ou a hora seguinte ou o dia seguinte; e por que eu não apenas fui até você e disse: "Mãe, estou realmente, realmente, realmente mal; preciso da sua ajuda". Eu sei que você teria me ajudado.

Eu: Erik, talvez no fundo você soubesse que iria realizar muito mais no plano espiritual.

Erik: Bem, é o que estou descobrindo agora. Exatamente! Eu me sinto confiante. Tenho certeza de que, se eu tivesse ficado aí, teria continuado a questionar o meu valor e com que eu estava contribuindo, e isso teria me tornado inútil. Mãe, você está absolutamente certa, como sempre! Você vê o que mais ninguém no mundo enxerga!

[Então Erik mudou abruptamente de assunto, passando para algo que ele obviamente tinha vontade de compartilhar. Eu podia sentir a emoção borbulhando dentro dele.]

Erik (com orgulho): Ah, sim, acabei de ganhar um barco! Eu já tenho a minha casa aqui, mãe. É como um condomínio. É o meu apartamento de solteiro.

Eu: Então, [a sua nova vida] é semelhante à que tinha na Terra?

Erik: Sim, podemos ter tudo o que tínhamos na Terra. Podemos sair para comer uma pizza, ter relacionamentos, casar; é a mesma coisa, mas podemos manifestar tudo muito mais rápido. Além disso, não temos os problemas que tínhamos no plano terreno. Nós temos o nosso trabalho como almas, viajamos e podemos ter filhos. Eu tenho meu o próprio apartamento. É na praia, mas na praia há um lago ou *fjord* onde eu levo o meu barco. Criei um lugar para mim que se parece muito com a Noruega, e eu adoro isso! [Kim diz que Erik está mostrando a casa dele e começa a rir.]

Kim: É o que você esperaria do apartamento de um homem solteiro. Tem um sofá de couro e uma grande televisão de tela plana; uma mesa lateral com uma luminária; uma cama; e uma luminária maior ao lado do sofá. É isso aí! É bem minimalista! (Para Erik:) Não tem mesa? Onde você come?

[Nós vamos comentar posteriormente por que alguns espíritos gostam de "comer" e manifestar os confortos materiais que tinham na Terra.]

Erik: Como no sofá, em frente à televisão, é claro!

Eu: Então estou curiosa. Você pode se comunicar com a gente mesmo quando não está no mesmo lugar em que estamos? Em outras palavras, você e eu podemos nos falar mesmo quando estou em casa e você está em outro lugar?

Erik: É claro!

Eu: Você pode me ouvir quando eu chamo você? Pode me ouvir falar com você mentalmente?

Erik: Sem dúvida! Ouço tudo o que dizem e pensam. Mãe, é exatamente como se eu ainda estivesse no plano terreno, quando nos comunicávamos mesmo sem falar nada. É exatamente a mesma coisa. Digamos que eu estivesse na escola ou fazendo compras ou passeando. Nós muitas vezes nos comunicávamos sem dizer coisa alguma e, quando estávamos juntos, nós terminávamos as frases um do outro. É exatamente a mesma coisa. Ouço tudo o que você diz, só que agora eu presto atenção!

[Kim diz que Erik está rindo desse último comentário.]

Eu: Você escuta as nossas conversas às escondidas?

Erik: Claro!

Eu (rindo): Mas que abelhudo!

Erik: Qualquer um na forma espiritual sabe o que vocês conversam no plano terreno. Não só ouvimos o que vocês dizem, mas o que vocês pensam e sentem!

Eu: Ah, mas que ótimo! Talvez você consiga ver sentido em algumas coisas que passam pela minha cabeça! Agora, você já se sentiu frustrado conosco porque não notamos a sua presença? Isso deve ser realmente difícil às vezes.

Erik (rindo): Respondendo à sua pergunta sobre ver sentido no que você está pensando, posso dizer que nem sempre!

Eu (rindo muito): Eu sei, isso é quase impossível! [Kim me pede para repetir a minha pergunta anterior, e eu faço isso.]

Erik: Não, eu não fico frustrado; simplesmente me conformo. Sei que, se eu falar mais alto e me tornar mais tangível com a minha nova energia elétrica, você saberá que eu estou ali. Já conversei sobre isso com meus novos amigos aqui do plano espiritual, e eles se queixam, "Esta pessoa não percebe que eu estou ali, e eu falo, falo, falo e nada". Então, eu digo: "Bem, acho que o que você precisa é tentar se tornar mais tangível; fazer com que vejam e ouçam você de forma mais tangível, e, então vai ser diferente". Entende, mãe? Veja como você percebe a minha presença com mais frequência ultimamente! E eu sei que a sua capacidade de me perceber e se comunicar comigo só vai melhorar. Mas quase sempre cabe a nós aqui fazer com que a nossa presença seja percebida.

Eu: E a nós aqui, do plano terreno, ser mais receptivos.

Erik: Mãe, muito bem lembrado; isso é verdade. Tenho alguns amigos aqui no mundo espiritual que se materializam e realmente fazem com que sua presença seja percebida, mas os membros da família deles estão sofrendo tanto que não conseguem perceber a presença deles. Você está certa, mãe; está absolutamente certa. Aqui é preciso força para a gente conseguir se materializar, e aí onde vocês estão é preciso coragem para perceber a nossa presença.

Eu: Você e os outros espíritos têm emoções?

Erik: Claro que sim! Não temos mais os mesmos problemas, mas todos temos personalidade e emoções.

Eu: Então vocês ainda podem ficar tristes?

Erik: Ah, sem dúvida! Você pode ficar no fundo do poço aqui também!

Eu: Você se sente infeliz quando nos vê tristes ou quando ouve nossos pensamentos de tristeza?

Erik: Sim.

Eu (ansiosa para uma explicação mais reconfortante): Você vê a nossa tristeza e pensa: "Ei, vocês não sabem de nada; não sabem nem da metade do que acontece aqui. Quando vierem para cá, verão que não existe essa coisa de perda"?

Erik: Não, não, não. Não é nada disso, mãe. Existe a perda. Existe a perda quando um ser humano de quem você é próximo morre e existe a perda quando você está aqui onde estou e seus entes queridos voltam para a Terra.

Eu: Nunca pensei nisso. Mas a perda nunca é permanente, certo?

Erik: Claro que não. Só sentimos a perda enquanto não estamos juntos novamente. Quando eu vejo você expressando dor e tristeza, entendo perfeitamente. Assumo cem por cento da responsabilidade por isso. Eu sei que, se não tivesse cometido suicídio, ainda estaria aí – na pior das hipóteses, deixando você frustrada, em vez de causar essa grande tristeza. Toda vez que alguém fica triste por ter me perdido, eu me sinto totalmente responsável e entendo perfeitamente. Vocês têm o direito [de sentir sua dor].

Eu: Bem, só não quero que você se sinta tão mal a ponto de ter que se afastar, porque é muito doloroso para você!

Erik (rindo): Mãe, não seja tonta!

Kim: Você sabe, o senso de humor dele é incrível!

Eu: Eu sei; ele sempre teve um grande senso de humor. (Para Erik:) Erik, quero que você saiba que estou feliz por você, porque eu sinto que você está mais feliz onde está agora.

Erik: Eu estou, mãe. Nunca estive mais feliz.

Eu (lutando para sufocar as lágrimas): E eu já disse isso a você recentemente. Eu posso chorar, porque tenho saudade de aconchegar você – meu bebê – nos meus braços, mas estou feliz que tenha encontrado paz e alegria, e sei que vamos estar juntos novamente um dia.

Erik: Obrigado, mãe.

Eu: Erik, me deixe perguntar uma coisa: sabe quando você me disse que, quando saiu do corpo, sentiu a consciência expandida – a perspectiva mais ampla – e você viu as pessoas como elas realmente são? O que você quer dizer com isso? Por exemplo, o que você enxerga quando me vê como eu realmente sou?

Erik: Percebo várias perguntas aí, mamãe. Em primeiro lugar, quando uma alma deixa o corpo, ela pode ver imediatamente as pessoas pelo que elas são – ou seja, você pode ver o nível exato de iluminação, o potencial delas, o que fizeram nas vidas passadas, quem elas foram, o que já alcançaram, com que contribuíram. Você tem um perfeito entendimento da personalidade e da vida que você compartilhou com elas. Então, mãe, quando minha alma deixou o corpo e eu olhei para você, vi uma alma que está no pináculo da iluminação. Vi alguém que é totalmente carinhosa e compreensiva, que inspira, motiva, apoia, incentiva; é amorosa, generosa, altruísta e divertida. [Não me sinto muito à vontade com elogios, fico vermelha.] Eu podia me lembrar de todas as suas vidas passadas, todas as vidas que vivemos juntos. Ei, mãe, você sabe o que fizemos? Quando nos encontramos aqui [antes], eu e você, às vezes, vamos visitar outros planetas juntos!

Eu: Que legal! Nós vamos fazer isso de novo, eu prometo.

> Erik: Eu estou esperando você, mas sei que vai demorar muito tempo, da sua perspectiva. Mas isso é bom; tudo bem.
>
> Eu: Sim, eu entendo. Você acha que em geral se sente mais confortável no plano espiritual do que no plano físico, Erik? Acho que eu me sinto.
>
> Erik: Sim, estar no plano físico era como estar sofrendo o tempo todo, como quando se tem uma enxaqueca ou uma dor de dente. Encontrei um pouco de paz na Noruega, mas toda a paz que eu encontrei foi fugaz. É por isso que eu sempre ficava de um lado para o outro, saltando para o que vinha depois e depois... É por isso que eu não me fixava em nada por muito tempo. O prazer ou a alegria ou o estímulo que algo me dava era sempre muito fugaz. Eu começava a sentir dor de novo, e, então, pulava para a coisa seguinte.
>
> Eu: Bem, estou feliz que você esteja se sentindo bem aí, querido. Estou tão feliz por você estar feliz! Isso é tudo com que uma mãe sonha - que seu filho encontre alegria e realização na vida.

As visitas de Erik - especialmente suas brincadeiras e travessuras - e essas primeiras preciosas conversas que tivemos através de Kim e Jamie começaram a me trazer um pouco de paz de espírito e esperança, na minha condição de mãe que acabara de perder um filho. Embora a descrição de Erik de sua própria morte tenha me abalado, estava aliviada e feliz ao ver que seu humor não tinha mudado. Senti que ele era de fato o "meu Erik". Não só isso, ele era o Erik de que eu me lembrava antes que ele mergulhasse naquela sombria depressão na adolescência e que o levou a medidas desesperadas para acabar com sua dor. Ele realmente parecia feliz. Quando eu me ajustei a todas as formas pelas quais Erik tinha começado a se comunicar conosco, desenvolvi uma teoria experimental sobre a existência do meu filho como alma liberta. Ou seja, percebi que ele tinha de "estar vivo" em algum lugar na vida após a morte, mas eu ainda não conseguia colocar em palavras o que isso poderia significar.

Continuei a explorar esse território desconhecido da vida após a morte com a ajuda de comunicadores espirituais confiáveis, minha família e amigos, e, é claro, o próprio Erik. Meus primeiros passos nessa estrada foram dados com cautela e hesitação, mas havia muita coisa que eu queria saber, especialmente sobre o que realmente existia na vida após a morte e o que "a vida após a morte" realmente significava. Como mencionei anteriormente, eu tinha desenvolvido uma teoria de que o meu filho "vivia" em algum lugar, mas o que era esse "algum lugar"? Como ele estava emocionalmente? Como ele passava seu tempo? Até que ponto a "vida" dele é diferente desde a sua morte? Acima de tudo, eu tinha uma grande necessidade de continuar algum tipo de relacionamento com Erik, se tal coisa fosse possível. Em nossas conversas seguintes, as minhas perguntas foram respondidas e outras mais, e nosso novo relacionamento começou a avançar.

Parte II

A alma liberta

Muitos de nós se encolhem de medo ao pensar na própria mortalidade. Isso é muito humano. Para alguns, a morte é uma sombra que paira sobre nós, e vivemos à espera do momento desastroso em que um ônibus vai cortar a nossa frente, uma artéria do nosso coração vai entupir ou uma célula cancerosa vai se materializar e crescer no jardim sagrado que é o nosso corpo. Às vezes sentimos que o limiar para o desconhecido ainda está muito distante e, outras vezes, sentimos que estamos com um pé na cova e o outro numa casca de banana. Quaisquer que sejam seus sentimentos sobre sua própria mortalidade, convido você a aguentar firme e fazer este passeio que abrirá os seus olhos para tudo isso, como explica nosso guia de turismo, Erik, nas conversas a seguir sobre o que a morte é, de verdade; o que as almas podem fazer e realizar; e a verdadeira natureza da vida após a morte, entre muitos outros temas fascinantes.

5

Erik descreve a morte em geral

Erik dá início à nossa conversa sobre a morte no seu estilo clássico: com uma brincadeira e uma risada. Em cada sessão, Erik muitas vezes aparece antes que eu o chame e provoca Jamie com suas travessuras.

Jamie: Ontem eu estava fazendo uma leitura mediúnica para uma mulher e eu ficava o tempo todo sentindo cheiro de peixe. Quero dizer, cheiro de peixe podre, bem fedorento.

Eu: Eca! Peixe podre? Esse é o pior cheiro que existe!

Jamie: E eu parava a leitura e olhava para a mulher, como, sabe, [será que eu devia estar captando algo] relacionado a pescar? Eu realmente não conseguia entender! Ainda não tinha conseguido descobrir quando ela foi embora! Bem, você sabe quem estava fazendo isso?

Eu (rindo): Ah, posso adivinhar.

Jamie: Eu não tinha me dado conta. Nem passou pela minha cabeça.

Eu: Ele é muito brincalhão. Quero dizer, não sei se você leu o blog, mas nenhum membro está a salvo das traquinagens dele!

Jamie: Ah, meu Deus! Ele tem andado bem ocupado! E está aqui agora, pronto para começar.

Eu: Oi, Erik!

[Jamie ri.]

Erik: Oi, mãe.

Eu: Ok, Erik, o que você gostaria de compartilhar sobre a morte em geral? É um tema que causa muito medo no coração e na mente de muitas pessoas.

Jamie (rindo): Ele está coçando o queixo.

Erik: Podemos usar outra palavra para nos referir à "morte"?

Eu: "Transição"? Eu não sei! Você me diz; você é o especialista!

Erik: A morte é como um nascimento. Nós "nascemos" para este mundo incrível e depois "nascemos" para um outro mundo, o mundo a que pertenço agora.

Eu: Qual você acha que é mais difícil?

Erik: Ah, definitivamente nascer na forma humana.

Eu: E sobre a transição para onde você está agora, Erik?

Jamie: Ele respirou fundo.

Erik: [É como] ir para casa. Bem, por causa de *você* e os membros do blog, eu tive um grande número de interações com outros espíritos que falaram sobre a morte – a morte deles. A transição deles. É tudo muito diferente para todos. Eu realmente acredito...

Jamie: Ele está fazendo uma pausa para pensar, e seus olhos estão apertados.

Erik: Mãe, é assim: cada pessoa tem uma experiência diferente, e eu realmente acho que é para ser assim mesmo, para que a gente possa aprender e experimentar aquilo com que somos capazes de lidar. Na maioria das vezes, quando converso com os espíritos, mesmo que estivessem sentindo uma dor imensa ao morrer, eles na verdade não se recordam dessa dor tão vividamente como quando você se lembra de coisas dolorosas quando é humano. Simplesmente não há um grande apego emocional à dor. Mas, na maior parte do tempo, a morte é indolor, a menos que o espírito queira experimentar uma morte dolorosa a fim de crescer. Nós geralmente crescemos mais através das dificuldades e desafios. Ah, e outra coisa sobre a dor durante e depois da transição: ela está relacionada com o corpo físico, e não estamos mais num corpo físico. Não temos essas memórias corporais. Essas velhas cicatrizes, as antigas dores e tensões desaparecem. Nós nos libertamos delas. Temos essa dor quando estamos no corpo, mas assim que nos desprendemos dele...

Jamie: Ele está me passando uma imagem realmente engraçada de uma corrida de cavalos, quando o portão é aberto e o cavalo corre para fora, "Eiá! Me tire daqui!". [Jamie e eu rimos.]

Erik: Sim. É quando realmente começamos a corrida. Tudo é mais rápido e mais livre, menos limitado e restrito.

Eu: Ok. Agora, eu sei que muitas pessoas que tiveram uma EQM [experiência de quase morte] falam sobre ir em direção a uma luz e passar por um túnel. Sei que você disse que todos têm uma experiência diferente, mas algumas coisas não são mais recorrentes?

Erik: Tudo depende do seu sistema de crenças. O que eu acho mais profundo é o que acontece com as crianças quando elas morrem, porque elas não têm um sistema de crenças ainda. Não têm esse condicionamento ou doutrinação. Elas atravessam para cá e...

Jamie: Opa, agora ele está mudando de assunto. [Nós duas suspiramos, já sabemos aonde aquilo vai dar.]

Erik: Sabe, estava falando com alguém outro dia... Então, eu estava falando com essa pessoa sobre...

Jamie (rindo): Devagar, Erik! Faça uma pausa.

Eu: Ele pode falar a mil por hora, esse garoto!

[Há uma pausa enquanto Jamie tenta descobrir do que Erik está falando, então ela repete, suas próprias palavras, o que ele disse.]

Jamie: Ele estava falando com um senhor sobre as estruturas do cérebro. E ele disse que estão fazendo uma série de pesquisas sobre [o que acontece] quando o cérebro morre. Aparentemente, nos dois minutos subsequentes, as células morrem e não há oxigênio; e uma imagem é percebida como luz, e ela tem um efeito de túnel. E ele diz que você pode ler todos esses artigos em que os cientistas descrevem exatamente o que é esse efeito de túnel.

Erik: Bem, eu tenho que dar crédito a isso. Mas não sem ressalvas.

Jamie: Erik está balançando a cabeça como se dissesse: "Ah, com certeza, não sem ressalvas!".

Erik: Mas eu acho que essa é a forma como o nosso corpo nos conforta. Me disseram que [nosso corpo foi] projetado dessa forma, porque é a progressão natural da morte, do corpo e do espírito.

Eu: Ok.

Erik: Por que nosso cérebro já não nos faria começar essa nova jornada enquanto morre? Isso faz muito sentido pra mim.

Jamie: Nunca pensei nisso antes!

Eu: Interessante... Li as pesquisas de que você está falando, Erik. Têm a ver com a falta de oxigênio no lobo occipital do cérebro. Ok, agora eu gostaria de voltar para as crianças, se pudermos. Diga como é [que elas vivenciam a morte].

Erik: Responde para mim: crianças com nenhum sistema de crenças, o que você acha que elas relatam quando têm EQMs?

Eu: Não sei; eu passo.

Erik: O que existe de mais puro. Elas veem luz. Elas vão para a luz, e nessa luz elas veem pessoas. Mãe, elas são muito pequenas, não sabem que são o vovô Joe ou a vovó Suzy, por exemplo. Mas as crianças sabem que essas pessoas as amam. Elas têm experiências como essa.

[Longa pausa, seguida por Jamie rindo.]

Jamie (ainda rindo): Ok. Você tem que voltar, Erik. Voltar um pouquinho pra mim. Ele está falando de pessoas que acreditam que tiveram uma EQM, mas, quando morrem e voltam, falam sobre um conselho de pessoas vestidas de branco, e pessoas com togas romanas e mantos e, sabe, ruas cobertas de ouro.

Erik: Mãe, eu sei que isso faz parte do nosso sistema de crenças, mas é exatamente o que acontece. É um homem criando uma história, vivendo essa história.

Eu: Ah, sim. Ok.

Erik: E como as togas dão certo *status* e a maioria das pessoas acha que os monges estão mais perto de Deus, nós imaginamos que os nossos guias espirituais se vestem como monges ou líderes daquela época.

Eu: Então criamos esse cenário, ou eles o criam para nós, para que a gente se sinta mais à vontade e menos desorientado quando morremos?

Erik: Oh, não, nós criamos isso para nós. Nossas crenças são a cerca mais forte que temos à nossa volta. Elas podem manter as coisas dentro dos limites e fora deles.

Eu: E sobre os céticos ou ateus, que não acreditam na vida após a morte? O que acontece quando morrem?

Jamie (rindo): Ele está outra vez com aquele sorriso do "gato que comeu o canário"!

Eu: Ah, meu Deus, eu já posso até ver esse sorriso agora na minha frente!

Erik: Bem, eles querem ir para o nada – ou pelo menos é o que acreditam que irá acontecer – então eles vão! E, então, têm um pensamento e percebem que estão tendo um pensamento. Essa curiosidade faz com que comecem a explorar o espaço em que estão realmente. Quando eles começam a fazer isso, passam para o que eu chamo de "lar".

Eu: O que acontece se não começam a explorar? Será que flutuam no nada por toda a eternidade?

Erik: Existem espíritos que vêm resgatá-los e orientá-los, mas as equipes de resgate têm que esperar até que a vibração energética da pessoa se abra e se eleve um pouco mais.

Eu: E quanto às pessoas que acreditam no inferno e acham que merecem ir para lá?

Erik: Então elas não têm chance de ver a luz e fazer sua passagem. Têm que esperar até que sua vibração se eleve. Chega um dia em que isso acontece. Sempre acontece. Na verdade, o inferno é apenas um nome para a separação da luz. Mãe, nós que acreditamos [num poder superior] sabemos que essa luz existe em tudo. Então, como podemos estar separados dela?

Jamie (rindo): Eu adoro os trejeitos dele!

Eu: Eu sei; ele tem um monte e um mais engraçado do que o outro!

Jamie (ainda rindo): Quando ele se concentra e fica refletindo, cara, o corpo dele realmente acompanha seus pensamentos!

Erik: Mãe, isso não faz sentido! A luz é onipresente, então o inferno não pode existir. Se a luz está em tudo, em cada ser, em cada universo, em cada dimensão – como pode existir algo como o inferno? É impossível.

Eu: Então o que as pessoas fazem quando pensam que deviam estar no inferno? Elas imaginam o inferno e criam a sua própria realidade pessoal do inferno?

Erik: Bem, pelo que eu sei...

Jamie: Ele se reclinou na cadeira agora.

Erik: Vamos falar dos batistas, por exemplo. Você sabe que eles acreditam que têm que passar pelo inferno antes de chegar a Deus. Eles acreditam que precisam enfrentar seus demônios – o mal que reside dentro deles – para se purificar. As pessoas com essas crenças fortes, elas não sentem a luz de imediato. Elas veem o medo delas, o medo da humanidade, toda a energia inferior – e elas lutam contra isso. Passam por essa batalha e então vão para a luz, e sentem que sobreviveram. Isso é necessário? Eu acho que não, mas essa é a crença delas e sua escolha.

Eu: Então, no seu caso, Erik, não foi uma grande surpresa quando você morreu e passou pelo que passou, porque o seu sistema de crenças era parecido com o nosso, era mais espiritual, embora não necessariamente religioso. Como família, nós fizemos escolhas diferentes. Será que isso facilitou um pouco a sua transição?

Erik: Ah, sim! Tenho que lhe agradecer por isso. Acho muito estranho que as pessoas sejam tão descuidadas e despreocupadas com a própria vida, porque acham que a morte vai resgatá-las, ou que, quando morrerem, tudo será perdoado. Mal sabem elas que a vida após a morte é baseada nas crenças que tinham quando estavam vivas.

Eu: Toda a vida após a morte é baseada nessas crenças? Sério?

Erik: Sim, porque, se elas acreditam que isso é tudo o que vão ter, então, sua perspectiva vai ser muito estreita. Então isso é tudo que elas vão conseguir. É o mesmo que acontece na vida. Você não percebeu?

Jamie (rindo): Feijão, Erik? Tudo bem. Ele disse: Talvez você nunca tenha experimentado comer feijão, e, então, aos 30 anos, você faz isso. E de repente, isso é tudo que você consegue ver em todos os lugares: feijão, feijão, feijão. Isso é porque você está mais aberto para isso.

Eu (rindo): Bem, se for feijão-verde, você provavelmente nunca experimentou, Erik!

Erik (rindo): Isso não é verdade! Você me fez comer algumas vezes!

Eu: Bem, tem razão. Agora você me pegou. Então, isso é realmente interessante. Lembro que, cada vez que eu engravidava, parecia que todas as outras mulheres estavam grávidas também. Então, o que você está dizendo é que as crenças que você tem durante toda a sua vida vão definir as bases da sua experiência de morte e de vida após a morte?

Erik: Sim.

Eu: Sei que a morte é diferente para cada pessoa, mas, como regra geral, o que a maioria das almas nota de imediato?

Erik: O corpo.

Eu: Você vê o seu corpo? Essa é a primeira coisa que você nota?

Erik: Não. O corpo – como você o sente. É muito louco, mãe, porque você não sente nenhuma dor, mas às vezes você não registra isso até que se passem, sei lá, dias ou semanas, no tempo da Terra. Não há fome ou sede. Você nunca fica muito frio ou muito quente. E alguns notam isso imediatamente. Mas, para outros, é preciso alguns dias antes que falem, "Ei, eu não sinto nenhuma dor!". Algumas pessoas viveram com dor por tanto tempo que não percebem quando ela desaparece.

Eu: Interessante! E o que mais? Que outras sensações você percebe imediatamente?

Erik: Expansão. Você se sente mais expandido e mais leve. É como se não estivesse mais espremido num espaço apertado, e você pudesse preencher qualquer espaço que quiser. Além disso, uma das primeiras coisas que você observa é que, quando pensa em alguma coisa, quando tem um pensamento – você não entra num carro e vai para algum lugar para vê-lo ou para chegar lá. Você simplesmente aparece lá. Tipo, quando eu penso em você, eu estou lá. Quando penso em Bestefar na Noruega, eu estou lá.

Eu: Sim, você disse que o pensamento cria a realidade muito mais rápido aí – tipo instantaneamente.

Erik (rindo): Ah, isso mesmo!

Eu: Dá pra economizar nas passagens aéreas. Nada de programas de milhagem para você, hein, Erik?

[Erik ri.]

Eu: Mas você pode criar um carro ou uma motocicleta ou um barco, e viajar dessa maneira, se você quiser? Sei que você mencionou que tem um barco e que mora em seu apartamento.

Erik: Sim! Isso aí! Você pode criar qualquer coisa, assim como os seres humanos podem criar casas e projetar automóveis. Nós temos as mesmas capacidades aqui, mas tudo é feito de uma forma muito diferente: mais fácil e rápido.

Jamie (rindo): Ele está me lançando aquele olhar tipo, "Ah, pobrezinhos de vocês!".

Eu: Os pobres mortais aqui embaixo têm que fazer tudo da maneira mais difícil, hein?

[Jamie ri.]

Eu: E quanto ao corpo? Depois de deixar o corpo físico e olhar para o seu eu espiritual, você ainda tem um corpo de algum tipo, como um "corpo de memória"? A sua forma parece sólida para você, pelo menos no início?

Erik: Sim, temos, mas eu nem pensei sobre isso quando vi o meu corpo. Agora eu sei que posso criar qualquer forma que eu quiser e ser tão sólido quanto quiser. Posso ter um corpo de qualquer idade; posso vestir qualquer roupa; posso ser um feixe de luz ou uma bola de luz; posso ser translúcido ou sólido. Cabe a mim, e eu costumo alterar a minha forma, dependendo da pessoa com quem eu estou, se é um amigo daqui ou alguém humano no plano terreno.

Eu: O que mais você quer contar sobre a morte e o momento logo depois da morte? O que a alma percebe logo após a morte?

Erik: Bem, definitivamente, a falta de dor, como eu disse. Facilidade de movimento. Que o pensamento cria a realidade num instante. Além disso, aquelas coisas maravilhosas que estão acontecendo com a gente. Existe uma enorme fraqueza a princípio. Para mim, eu relaciono isso àquela ideia de "Eu não sei como manejar este corpo!", que às vezes sentia quando estava vivo. Além disso, quando eu tinha um corpo na

Terra, eu estendia a mão, pegava a lata de refrigerante, abria e bebia. Eu podia sentir a sede e matá-la. Se eu quisesse ver a minha família, poderia telefonar ou mandar um e-mail. Mas agora esses padrões que eu aprendi não existem mais. Eles não funcionam da mesma maneira. No início, há uma sensação de desamparo. Eu ouvi alguns espíritos chamarem de "libertação", mas você tem que reaprender a interagir com as pessoas e coisas. Alguns espíritos sabem como fazer isso de imediato. Sabe, entrar num sonho ou mover algo para longe ou fazer algo aparecer. Mas alguns de nós simplesmente levam mais tempo para conseguir fazer certas coisas.

Eu: Para fazer o quê, exatamente? Você pode me dar um exemplo de algo que você tentou fazer e foi difícil?

Erik: Como pegar o revólver logo depois que morri, lembra? Ou tentar mexer a cabeça. Minha mão passava direito por essas coisas. Agora, eu aprendi a diminuir a frequência vibratória das minhas mãos para poder mover objetos sólidos no plano terreno.

Graças a essa conversa, aprendi que a vida após a morte de cada pessoa é diferente, pois se baseia no sistema de crenças aprendido na infância – influenciado pelos nossos pais, professores e colegas. Aprendi também que cada espírito tem uma transição e adaptação diferente, ao passar da vida num corpo físico, no plano terreno, para a vida como alma liberta, no reino do espírito.

A seguir, Erik conta como cada espírito revisita a sua vida na Terra, a fim de recolher as lições valiosas da experiência humana.

6

A revisão da vida em geral

Assim como Erik, muitas pessoas que têm experiências de quase morte relatam algo que elas chamam de "revisão da vida". A experiência de cada pessoa é um pouco diferente da experiência das demais, mas certos elementos são parecidos. Agora Erik conta o que muitas vezes acontece pouco antes e durante esse processo.

Eu: Você pode nos contar mais sobre a revisão da vida, em termos gerais?

Erik: Sim. Está se referindo àquela coisa toda de "*flashes* da minha vida surgiram diante dos meus olhos"? Eu passei por isso. Você vai passar por isso. Todo mundo passa por isso. Às vezes acontece no momento da morte. Normalmente, se você passa por ela de imediato, isso significa que vai voltar para o corpo físico.

Eu: Ah, sério?

Erik: Sim, porque esse é o grande, "Uau! Minha nossa! Olha o que aconteceu! Minha vida passou diante de mim; agora sei como eu quero ser; agora sei quem eu quero ser. É melhor voltar e fazer algumas mudanças na minha vida".

Eu: É como nas experiências de quase morte! Vejo a mesma coisa acontecendo nesses relatos de EQM. Essas pessoas passam imediatamente pela revisão da vida.

Erik: Sim. Esse é um pontapé na bunda realmente poderoso; mas, se você é esperado, se você sabe que está chegando e que é o fim, muitas vezes você é recebido pela família, e, então, a revisão da vida começa a acontecer depois disso. Quando eu tive a minha, era como se estivesse no corpo de todo mundo, olhando para mim. Sentia o que as pessoas na minha vida sentiam quando eu me comportava de uma certa maneira, quando eu fazia algo específico. Então, você sente uma alegria, uma tristeza e um arrependimento terríveis, mas, vendo isso do ponto de vista de outra pessoa, você descobre quem você é! Vivencia isso a partir de uma fonte externa.

Eu: Uau! Isso é interessante. Muito interessante. E então o que aconteceu?

Erik: Percebi quanto eu era horrível.

Eu: Ah, não! Você não era horrível, querido!

Erik: Ah, qual é, mãe? Sei que você é minha mãe, mas estava bem difícil me aguentar.

Eu: Não, eu discordo. Você ficava com raiva às vezes, como qualquer um fica, em 99 por cento do tempo você era muito gentil e carinhoso. Ah, meu Deus, Erik! Quero dizer, obviamente você estava preocupado e tinha aqueles momentos de raiva, mas, na maior parte do tempo, você era maravilhoso com as outras pessoas. Eu dei uma olhada em todas as suas mensagens do Facebook no outro dia e tantos amigos seus ficaram chocados ao saber da sua morte! Eles nem chegaram a perceber que você tinha momentos de depressão. [A sua amiga] Monica ficou arrasada. Ela disse que você era sempre muito alegre e carinhoso; você sempre a cumprimentava e parava para conversar, e a maioria das pessoas não sabia que você era triste e sentia raiva. Aquele era o Erik doente, não o verdadeiro Erik. Além disso, eu li as mensagens que você mandou para alguns dos seus amigos que estavam com problemas. Você dizia a eles que queria estar lá ao lado deles, para poder oferecer um ombro amigo. Quem faz isso quando é adolescente? Você foi muito generoso e especial. Quero dizer, você é.

[Longa pausa.]

Erik: Uau! Humm... Estou surpreso, porque tinha a impressão de que eu era um livro aberto.

Eu: Talvez as pessoas simplesmente não se dessem ao trabalho de olhar direito.

Erik: Mas, durante a revisão da vida, você vê; você vivencia e sente, e julga a si mesmo. Ninguém está lá para julgá-lo a não ser você. Você acha que existe um cara num trono dourado com um cajado apontando para o seu coração, sabe, mandando você fazer vinte flexões.

Eu (rindo): VOU CASTIGAR VOCÊ!

Erik (rindo): É! Mas não é assim. Quando [a sua vida] acaba, você é deixado por sua própria conta. Deixam que você pense por si mesmo. Não sei se fiquei ali sentado com a cabeça entre as mãos por dias ou horas. Tudo o que sei é que aquele é o único lugar onde eu estive. E quando tudo acabou, quando finalmente entendi quem eu era e o que fiz, então pude voltar e – bem, eu não voltei de verdade. É como se aquela névoa prateada fosse embora, e eu me vi num lugar diferente. Eu não sentia que estivesse no controle ou como se eu estivesse pedindo certas coisas. Só estava testemunhando um processo. Eu era apenas parte de um processo.

Eu: Qual foi aquele outro lugar em que você se viu?

Erik: Isso foi quando [a névoa prateada] se transformou em jardins e trilhas, e a minha família estava lá. Isso foi quando a coisa ficou social, tipo: "Deixa eu te mostrar este lugar".

Eu: Ah, tá!

Erik: E eles falam coisas do tipo, "Deixa eu te mostrar o que você é capaz de fazer. Deixa eu te ajudar".

Eu: Quem te ajudou mais? Foi alguém que conhecemos ou foi uma guia ou...

Erik: Havia alguns, e é difícil dizer quem me ajudou mais.

Jamie: Ele está falando de uma tia.

Eu: Sim, deve ser a minha irmã mais nova, Denise.

Jamie: Uma avó.

Eu: Bestemor, a mãe de Rune.

Jamie: E um homem que não é parente dele.

Eu: Ok.

[Longa pausa.]

Jamie: Conte-me sobre esse homem, Erik. [Pausa enquanto Jamie escuta Erik.]

Jamie: O homem. Eu continuo a ouvir um nome como Simon. Parece tão simples.

Erik: Isso foi quando eu consegui fazer novos amigos, quando consegui compreender a dinâmica do lugar onde eu estava.

Eu: E durante tudo isso, você devia estar se sentindo muito à vontade.

Erik: Sim, mãe. Era estranho. Se isso tivesse acontecido comigo na Terra, eu teria me sentido como se estivesse sendo sequestrado.

Eu: Ah, meu Deus, sim!

Erik: Eu teria ficado assustado. Mas era como se eu estivesse todo animado. Eu não conseguia chorar. Não conseguiria chorar nem se eu quisesse. Havia tanta alegria... — uma alegria silenciosa - ao redor de mim. E quando você sente isso, definitivamente não quer saltar de volta para o corpo!

Eu: Você tem guias espirituais aí? Tem os seus próprios guias pessoais, como anjos da guarda, que cuidam de vocês por aí também?

Erik: Claro, mas eles são mais como professores.

Eu: Ah, ok.

Erik: Eles querem que você aprenda por si mesmo, cuide de si mesmo. Nós não somos vistos como se fôssemos incapazes, como acontece na Terra.

Eu: Você pode participar ativamente da sua revisão da vida, mudando as coisas, visto que o tempo linear não existe? A impressão é que você consegue prevenir os erros que cometeu, sabe?

Erik: Cruzes! Isso meio que acaba com o propósito da avaliação, mãe.

[Jamie ri.]

Eu: Ah! Então, isso seria como mudar as respostas depois que você já começou a fazer o teste, eu acho?

Erik (rindo): Sim, exatamente!

Jamie (rindo): Ele fez um som de tambor – *tum tum tum* –, como quando você ouve quando dá a resposta certa.

Erik: Não, você não pode mudar nada enquanto está fazendo a revisão, mas depois, sim; como não existe tempo linear, você pode. Se há coisas que você sente que precisam ser corrigidas e que servem ao bem maior ou a um propósito mais elevado, então você está autorizado a mudar. Mas se é algo negativo e que não serve a um propósito maior, você não deve se meter onde não é chamado. Essa merda tem que se resolver sozinha.

Eu: Entendo. Perfeitamente. Agora, podem seus múltiplos eus, em todas as suas vidas simultâneas, receber ou transmitir as informações que você descobre nessa revisão da vida, de modo que esses outros eus possam aplicá-la às suas vidas paralelas? Oh, Deus, é tão complexo! Eu mal consigo formular esse pensamento com esta minha mentezinha limitada!

Erik (rindo): Não, eu entendi, mãe. Você explicou muito bem. E sim, claro, mas esses outros eus, vivendo na Terra, têm que ter o conhecimento de como baixar essa informação. (a) Precisam ter consciência disso – de que podem fazer isso; (b) precisam conscientemente querer; e (c) precisam ser evoluídos o suficiente para entender como usar essas informações.

Eu: Então isso não pode ser feito no nível da alma, abaixo do nível de ego consciente? Você não pode simplesmente entrar como um espião e deixar ali essas informações sem que ninguém note? Como se fosse um ataque de assalto anímico?

Erik: Ah, existe muito mais acontecendo no nível da alma, mas esse nível da alma não é o que realmente comanda a sua vida humana.

Jamie: Bem, ele comanda, sim, Erik!

Eu: Ah, não! Estou num trem desgovernado, sem um condutor! Isso não é nada bom!

Erik: Ok, vamos colocar desta forma: existe um equilíbrio saudável entre consciência, amnésia espiritual e outras coisas no nível da alma. Você precisa dessa amnésia para que possa ter novas experiências. Sem isso, você é apenas um hamster numa roda.

Eu: Ok, aqui está outro tópico relacionado com a revisão da vida. E se você mata dezenas de pessoas, como numa guerra? Você sente as emoções de cada pessoa durante a revisão?

Erik: Ah, sim! Os pensamentos delas – como o que estão pensando –, o que está acontecendo, suas emoções, o que elas sentem, sim.

Eu: Ah, meu Deus! Isso deve ser brutal.

Erik: Definitivamente brutal.

De acordo com o que Erik conta, parece que a revisão da vida é um dos momentos mais valiosos e instrutivos que o espírito tem após a morte e da sua transição para a vida após a morte. Ela dá sentido às lutas travadas, às dificuldades e às memórias alegres que criam a experiência humana, as razões para a nossa vida no plano terreno.

7

As capacidades de uma alma liberta

A maioria de nós não consegue imaginar como é "viver" fora do corpo físico. Na verdade, a maioria de nós vive com a impressão de que *somos* o nosso corpo físico. Naturalmente, a maior parte da nossa existência como seres eternos acontece no reino espiritual, livre da casca exterior que tantas vezes nos traz prazer e dor, doença e saúde. Então, como é deixar o corpo físico como uma crisálida abandonando o seu casulo? Quais são as vantagens? Quais são as desvantagens? Erik explica a partir de seu ponto de vista como alma recém-liberta.

Como é a aparência das almas?

É natural que uma mãe se pergunte se seu filho, depois da morte, continua com a mesma aparência que tinha quando vivo. As respostas de Erik me surpreenderam e me confortaram.

Eu: Como é a sua aparência, Erik? Que forma você assumiu? Você usa roupas? Que idade você aparenta?

Erik: Humm, bem, quando eu estou com meus amigos, sou como um feixe de luz ou uma bola de luz, mas, quando eu tento me materializar no plano terreno, pareço do jeito que eu era antes de morrer, para que vocês saibam que sou eu. Lembre-se, mãe, tive muitas outras vidas, mas, se eu aparecer como era em qualquer uma delas, vocês talvez não saibam que sou eu!

Eu: Sim, ok. Isso faz sentido.

Eu: Agora, quando você for para a vida após a morte, mãe, eu vou aparecer para você como você quiser. Quer que eu seja um garotinho? Quer que eu pareça já crescido? Você não tem que decidir agora. Espere até chegar aqui, e eu vou ser o que você quiser, ou um feixe ou bola de luz. Sabe, mãe, quando você estiver no mundo do espírito isso não vai ter a mínima importância. Não vai importar para você. Não vai ligar para a minha aparência quando estiver lá. Só vai estar interagindo com a minha alma, que você vai ver e sentir como um feixe de luz.

[Neste ponto, eu não ligo para como ele vai se parecer quando eu encontrá-lo novamente algum dia. Só quero envolvê-lo nos meus braços e amá-lo. Vou ter milhares de beijos e abraços e amor para oferecer.]

Eu: Então os seus amigos aparecem para você como feixes de luz ou como eles eram quando estavam vivos?

Erik: Bolas de luz, tipo como naquele filme *Cocoon*, quando saem da sua pele. Ah, mas não se parecem com extraterrestres nem nada. Nós nos parecemos com bolas de luz.

Eu: Jamie, quando você olha para Erik, o que você vê? Você o vê ou apenas o ouve, ou o quê?

Jamie (rindo): Eu o vejo. Hoje, ele está usando uma camiseta. Parece meio cinza e tem algum tipo de estampa na frente, mas eu não vejo nenhuma palavra. Me lembra um desenho do Ed Hardy, sabe, um desenho a bico de pena.

[Eu sei exatamente de que camiseta ela está falando. Tem uma imagem estilizada de dragão nela.]

Eu: Ah, sim, com certeza.

Jamie: É de manga curta e ele está usando jeans.

Eu: Claro. Isso é bem o que ele usava, mesmo no calor sufocante dos verões de Houston.

Jamie: Não vejo direito os sapatos, acho que são tênis. Mas eles não são brancos.

Eu (rindo): Sim, aposto que não! Erik parece meio transparente ou sólido para você?

Jamie: Ele está um pouco transparente, não completamente opaco.

O que uma alma liberta pode fazer?

Depois que abri a mente para a existência de vida após a morte, eu me perguntei o que uma alma liberta era capaz de fazer. Sem um polegar opositor, percebi, as tarefas manuais que você e eu fazemos com facilidade devem ser difíceis. Novamente, Erik provou que eu estava errada.

Erik: Estou ajudando minha vizinha, uma garota muito bonita, a construir um deque na casa dela.

Eu: Ah, que bom!

Erik: Sim, e eu tenho uma motocicleta, um barco, um carro. Gosto de mexer em motores. Costumo cozinhar também.

[A minha mente voa de volta para as boas lembranças de Erik inventando alguns pratos incrivelmente criativos. Seu favorito era ovos mexidos com molho tandoori, mas o segundo favorito eram ovos beneditanos com molho holandês. Eu me lembro de como ficava preocupada com a possibilidade de ele desenvolver alguma doença cardíaca na terceira idade por causa de toda a manteiga e creme de leite que usava. Como essas preocupações me parecem bobas agora!]

Eu: Então você pode trabalhar com as mãos? Não é uma questão de pensar e criar a realidade, como se você pensasse no deque e ele aparecesse na sua frente, e você pensasse numa receita e o prato se materializasse? Quero dizer, você pode martelar pregos e tudo mais...

Erik: Sim, eu tenho as duas opções, mas gosto de trabalhar com as mãos. A maioria das pessoas aqui gosta de trabalhar com a sua energia em vez de manifestar tudo o que querem. Nós gostamos de trabalhar com a energia física, porque assim temos um sentimento maior de realização.

Eu: Você disse que pode se transformar numa forma corpórea. Mas como faz isso, Erik? Eu simplesmente não entendo como você pode se manifestar numa forma física como essa.

Erik: Não se trata de uma forma. Lembre-se das aulas de ciências da oitava série, mãe. Tudo é energia.

Eu: Ahã.

Erik: A nossa energia aqui se move num ritmo muito mais rápido, então podemos mudar de forma, mudar a [nossa] imagem, mas mais rápido. Além disso, você tem que se lembrar, o tempo é diferente aqui, então o que você está vendo pode parecer levar um minuto, mas na verdade para nós parece levar muito mais. Eu poderia sair com você por um minuto, em termos de seu tempo, mas ter a impressão de que se passaram horas para mim.

Eu: Isso é tão fascinante, todo esse conceito de tempo! Gostaria de entrar em mais detalhes sobre isso, mas, primeiro, quero perguntar se você ainda é capaz de se materializar visualmente. Eu já te vi –, bem, não sei se eu realmente vi você ou se foi a minha imaginação, mas acho que já o vi duas vezes.

Erik (caçoando): Ah, mãe, você viu. Claro que você viu!

Eu: Ok! É muito, muito difícil fazer isso?

Erik: O quê? Me materializar?

Eu: Ahã.

Erik: Bem, exige um bocado de concentração, muita força. Tenho que focar minha energia para corresponder a um comprimento de onda e frequência que você possa ver.

Eu: Você vai melhorar com o tempo, para que eu possa vê-lo mais?

Erik: Ah, sim!

Eu: Ótimo! Estou tão ansiosa para isso! Agora, eu sei que você anda por aí, Erik, mas como faz isso? Você usa os pensamentos? Se quer ir para a Noruega, por exemplo, você pensa nisso e aparece lá?

Erik: Bem, isso depende. Eu posso me materializar e me desmaterializar com a força dos meus pensamentos, como você acabou de dizer, mãe, ou se eu quiser, posso pegar um barco ou um trem ou um ônibus.

Eu: Então você manifesta essas coisas através de pensamentos?

Erik: Exatamente. Mas eu vou querer voar com vocês, quando forem para a Noruega passar as férias de primavera. Não tenho que ficar no avião o tempo todo, é claro. Mas posso fazer isso sempre que eu quiser.

Eu: Uau! Quantas opções grátis você tem! Sem falar nas viagens de primeira classe! E sem nem pegar fila na alfândega. [Mudando de assunto.] Você não dorme, Erik?

Erik: Não. Eu não tinha muita vontade de dormir quando estava aí!

Eu (sem acreditar): Bem, você com certeza dormiu muito!

Erik: Ah, eu fazia isso quando não tinha outro jeito ou quando me sentia muito deprimido, por fuga, mas havia muitas coisas para fazer quando eu estava aí. Você se lembra de como eu gostava de ficar acordado, mãe?

Eu: Ah, sim, eu me lembro agora. Se você estava animado com um novo passatempo ou outro interesse, você ficava acordado a noite toda.

Erik: É mesmo. Então eu dormia assim que caía na cama, esgotado. Sempre gostei da ideia de nunca ter que dormir para poder ficar ocupado, então agora que eu nunca preciso dormir, adoro isso! E sabe de uma coisa? Alguns seres espirituais aqui optam por dormir porque gostam, e curtem, mas eu não entendo por quê. Acho que é um desperdício de tempo. Não que o tempo seja a mesma coisa aqui. Não é.

Eu: O que você faz quando não está nos visitando, como quando estamos dormindo?

Erik: Ah! Bem, trabalho na minha moto; nado com os meus amigos; vou surfar; vou fazer snowboarding. Tenho feito isso agora, snowboarding. Ah, faço um monte de coisas. Ou trabalho em algo mecânico ou faço algo que me mantenha ocupado. Estou me divertindo muito! Fiz um monte de novos amigos! Todos eles passaram do plano terreno em algum momento dos 13 até os 28, 29 anos. Garotas e rapazes. E a gente se diverte pra valer. Às vezes é difícil nos encontrarmos todos, porque somos muito ativos, mas estou tentando ensiná-los sobre como é importante manter o contato com os entes queridos que deixamos na Terra. Quer saber, mãe? Alguns deles nunca nem sequer pensaram nisso! Nunca nem pensaram. Eles dizem: "Então você quer dizer que os meus pais e os meus irmãos querem continuar falando comigo?". E eu digo, "Pode apostar, cara!". Então, eu os incentivo. Você sabe de onde veio essa minha ideia, mãe? De você!

Eu (sorrindo com orgulho): Uau, Erik! Agora você está ajudando as pessoas de ambos os lados!

Quais são as diferenças entre almas encarnadas e desencarnadas?

Eu: Então, Erik, quais são as diferentes habilidades das almas libertas e livres? O que vocês podem fazer no plano espiritual que não podemos fazer aqui? Eu sei que seus pensamentos podem criar a realidade muito mais rápido, mas o que mais é diferente no fato de não ter um corpo?

Erik: [Há três grandes diferenças]: Número um, não temos nenhum problema aqui. Número dois, podemos manifestar imediatamente o que queremos, como você acabou de dizer. Número três, todos agimos no mais alto nível do nosso ser. Não existe a percepção de fome ou de sede, ou se está muito frio ou muito quente.

Eu: Meu Deus, por que se dar ao trabalho de vir para a Terra, então?

Erik: Bem, é legal [aqui], mas é divertido estar aí também, na Terra, porque você tem que fazer as coisas por si, e também é legal não ter controle sobre a maioria das coisas. É por isso que os seres voltam, não só para trabalhar em seus níveis de iluminação e contribuir para a vida de outras pessoas, mas também porque é realmente emocionante, de um jeito meio contraditório, deixar de ter controle e ser apenas uma parte de algo maior do que nós. E depois, você sabe o que é mais engraçado, mãe? Quando chegamos à Terra, tudo o que a gente faz é praguejar e se lamentar e se queixar!

[Dou risada em reconhecimento. Ele nem precisava dizer...]

Eu: Sabe, é até engraçado, porque a gente se rende completamente e faz isso cheio de expectativa quando a nossa alma vai para o corpo de uma criança que é completamente indefesa! Mas existem alguns espíritos que preferem o plano terreno em vez do espiritual?

Erik: Sim, e vice-versa. Quantas vezes você já ouviu um ser humano dizendo, "Esta é a última vez que vou vir para cá" ou "Eu não vou viver aqui de novo!". É o tipo de coisa que me faz rir, porque na maioria das vezes essa é a primeira pessoa que salta de volta para um corpo.

Eu: Sim, eu acho que, se essas pessoas estão desencantadas com a vida passada, precisam mesmo é voltar!

Erik: Claro, e também existe a rara ocasião em que as pessoas estão superligadas a esse plano, e sabem que esta é a sua última vez na Terra; que é isso que elas têm que fazer.

Eu: Você quer dizer que às vezes elas tentam resolver tudo na última vida, tornando-a mais difícil?

Erik: Exatamente.

Eu: Ok, mas, se elas querem voltar só para se divertir e tal, podem fazer isso.

Erik: Só para fazer bobagem e dar risada? Sim.

Eu (rindo): Meu Deus, Erik, isso era exatamente o que eu ia dizer!

Erik: Sim, eu quis corrigir você, mãe.

Eu: Agora, você pode entrar em mais detalhes sobre essas três diferenças de que falou, entre almas livres e libertas?

Erik: Bem, como eu disse, no plano espiritual, nós podemos manifestar num instante qualquer coisa que quisermos. Tudo está a um pensamento de distância. Podemos viajar para onde quisermos – para onde estou agora, por todo o universo, para qualquer lugar da Terra. Temos também uma memória completa e consciência de tudo o que fizemos em todas as nossas vidas passadas: todos os lugares em que vivemos, tudo o que já dissemos, tudo em que pensamos, todas as outras almas com que já interagimos. Nós temos uma memória do nosso nível de iluminação, quais as questões em que ainda precisamos trabalhar, quando poderíamos voltar para o plano terreno – se é que vamos voltar.

Eu: Como é bom ter uma perspectiva mais ampla!

Erik: Pode apostar! E aqui, todos precisam ter algum tipo de trabalho, e este é o meu. Quero dizer, você pode ser como um aposentado e pescar, cuidar do jardim, pintar e ficar deitado numa rede; ninguém vai jogá-lo numa prisão se você não tiver nenhum trabalho, mas... Podemos viver sozinhos ou em grupo. Normalmente, interagimos com o mesmo grupo de almas repetidamente, e essas são as que nos dão as boas-vidas quando voltamos para cá.

Eu: Estou feliz em saber que você vai estar presente para me dar as boas-vindas.

Erik: Sim, eu também. No plano terreno, temos amnésia espiritual sobre quem somos, a razão de estarmos aí, o que estamos fazendo aí, quais são os nossos talentos. Esquecemos até que temos guias espirituais conosco para nos ajudar e nos orientar. E, no plano terreno, esquecemos como é que manifestamos as coisas como fazemos aqui no Céu.

Eu: Sim, isso é uma droga. A vida seria muito mais fácil se nos lembrássemos.

Erik: Tem razão, mas muitas vezes esquecemos que estamos aí, vivendo como seres humanos, para vencer desafios, em vez de nos deixarmos desviar por eles. Precisamos usar os desafios e traumas para nos ajudar a progredir, não para regredir. Ah, e esquecemos por que estamos interagindo com certas almas. Nós não colocamos ênfase em descobrir quem somos e em que devemos ter autoconsciência. Isso é uma droga, mãe, porque é justamente isso que precisamos fazer para ver os outros pelo que eles realmente são.

Eu: Sim, com certeza, Erik.

Erik: E se não temos autoconsciência aí no plano terreno, é difícil descobrir qual o trabalho da nossa vida para, então, executá-lo. O que acontece é que o ego se sobrepõe a essa autopercepção ou consciência a tal ponto que não só não temos ideia de quem realmente somos, como não temos nenhuma ideia de quem as outras pessoas são. É apenas uma comunicação de ego para ego.

Eu: Ou um combate de ego para ego?

Erik: É, com certeza! Então, quando chegamos ao plano terreno, é como um daqueles desenhos animados em que... É como o Papa-Léguas. Lembra, mãe, do Papa-Léguas? *Bip! Bip!*

Eu: Sim, é um dos meus favoritos!

Erik: Então, e esse coiote estava sempre lá, tentando ferrar com ele – quero dizer, provocar dor nele. Com uma grande bigorna caindo de um penhasco e batendo no coiote, em vez de no Papa-Léguas. Lembra?

Eu: Claro, o coiote queria capturá-lo a todo custo. Sempre tive pena do coiote! Ele parecia ter tanta fome!

Erik: Bem, o que estou dizendo é que é assim que um monte de gente se sente quando chega ao plano terreno, porque as pessoas não têm essa percepção de si mesmas.

Eu: Ok.

Erik: Se você não tem autoconsciência e direção, então vai se sentir um lixo, vai ficar deprimido e não vai saber o que tem que buscar. O ego vai viver se autossabotando. É assim que funciona. [Com uma voz monótona.] Cada dia vai parecer igual ao anterior.

Eu: Exatamente. Isso meio que descreve como era a vida para você nos últimos tempos.

Erik: É aí que você começa a se perguntar, *Que diabos estou fazendo aqui?* Muita gente fica empacada nisso. É muito importante saber o que você tem que buscar; e você não pode fazer isso de fato se não tem autoconsciência.

Eu: Certo. Acho que todos nós passamos por períodos assim. Então, quando morremos, quais informações ou segredos do universo nós descobrimos? Algum?

Erik: Qualquer um que a gente escolha descobrir. Que a gente queira. Que a gente busque.

Eu: Uau! Mas acho que temos que estar, sabe, abertos para a possibilidade de que a informação esteja lá, não é?

Erik: Isso é verdade tanto na vida após a morte *quanto* no plano terreno, mãe. A vovó não "acredita" porque ela tem medo. É por isso que eu a levo para dar umas voltas quando ela está dormindo. A gente se diverte pra cacete visitando pessoas e lugares.

Eu (rindo): Uau! Espero que você tome cuidado com o seu linguajar quando está com ela!

Erik: Está brincando?! Ela adora! E às vezes fala mais palavrão que um estivador do porto. Ah, e mais uma coisa, mãe. Quando a gente vem para o plano terreno, esquece tudo sobre responsabilidade.

Eu: Ah, Deus. É verdade.

Erik: Tem certas coisas que precisamos fazer, certas coisas que deveríamos dizer...

Eu (rindo): E alguns mais do que outros!

Erik (rindo): Sim. Esquecemos o que deveríamos fazer e dizer para outras pessoas que ajudariam a nos mostrar quem somos e por que fomos para o plano terreno. Caramba, mãe, criamos um monte de dificuldade quando vamos para o plano terreno!

Eu: Sim. Da próxima vez, vou me inscrever para uma viagem à Disney World. É mais divertido.

Erik: Mas é por isso que é mais difícil nascer no plano terreno do que renascer na vida espiritual.

Eu: Sim.

Erik: Ao renascer no plano espiritual, a alma abandona o corpo físico. Ela tem uma memória imediata de quem é e deixa para trás qualquer desconforto físico. Muitas vezes quando as pessoas morrem sentindo dor física, elas experimentam um alívio imediato. É inebriante.

Eu: Erik, você está muito poético hoje! Então, do que você sente mais falta do plano terreno? Sei que não pode falar por todos, mas em termos gerais...

Erik: Bem, cada pessoa é de um jeito, e do que eu mais sinto falta mudou ao longo do tempo, mãe. Agora é ser capaz de interagir fisicamente com a minha família – você, papai, Kristina, Michelle, Lukas, Annika, todos.

Eu (infeliz): Oh... Eu sinto falta disso também.

Erik: Também sinto falta da expectativa diante do desconhecido, porque isso não existe aqui. Acho que já disse isso antes.

Eu: Essa emoção de não saber tudo? De abrir mão do controle?

Erik (com saudade): Sim, e eu sinto falta de como é sentir a comida na boca.

[Jamie ri.]

Eu: Mais alguma coisa?

Erik: Sim. A resistência quando você toca alguma coisa. O mecanismo de paragem. Essa é parte da razão por que eu perdi a interação física com vocês.

Eu: Ah, sim. Ok. Acho que é difícil nos abraçar, aqui no plano físico, se você acaba passando através do nosso corpo.

Erik: Sim, porque vivemos em duas dimensões diferentes.

[Longa pausa enquanto Erik pensa.]

Erik: É, essas são as principais coisas de que eu sinto falta, eu acho.

Eu: Gostaria que você pudesse vir e voltar a fazer todas essas coisas de novo, mas, para você, acho que os prós superam os contras.

[Erik ri baixinho.]

Eu: Então você atravessa o nosso corpo, Erik? Você simplesmente voa através de nós já que agora não tem mais esse "mecanismo de paragem"?

Erik: Sim, claro!

Eu: O que a gente sente quando isso acontece?

Erik: Algumas pessoas só respiram fundo.

[Eu posso ouvir Jamie inspirar bruscamente.]

Erik: Como um suspiro, como se você não conseguisse sorver oxigênio suficiente.

Eu: Ok. Já aconteceu muito comigo desde que você morreu! Eu simplesmente suspiro de repente, sem motivo.

Erik: Sim, e algumas pessoas espirram. Então, varia, mas você definitivamente ofega, como se algo tivesse acabado de acontecer.

Eu: Você consegue se fundir com uma pessoa?

Erik: Me fundir com outra pessoa?

Eu: Sim, com a nossa consciência. Você pode se fundir com a nossa consciência quando está no nosso plano?

Erik: Sim, por breves instantes. Mas, na verdade, a estrutura humana não permite isso, pelo menos não por mais de alguns instantes.

Eu: Pelo que diz, você se inteira de tudo isso quando está do Outro Lado. Então, você vê todas as suas prováveis vidas - presente, passado e futuro?

Erik (rindo): Se eu me "inteiro" de tudo isso? Sério, mãe?

Eu: Ei, facilite para mim! Só estou tentando dizer mais do que "ok", "ahã" e "sim".

Erik: Sim, eu posso ver qualquer uma das minhas vidas, porque todas elas fazem parte do meu "eu".

Eu: Se uma alma já esteve lá antes, não devia se lembrar de como é viver naquele lugar? Parece que você descreveu que algumas almas, incluindo você mesmo, têm que reaprender algumas habilidades.

Erik: A maioria das pessoas passa por um período de reaprendizagem. A amnésia espiritual...

Eu: Tem que ir se esgotando, se desgastando aos poucos.

Jamie (rindo): Vocês estão dizendo a mesma coisa, ao mesmo tempo!

Eu: Ah, meu Deus, isso é incrível! Então, tem tudo a ver com adaptação ao novo ambiente, basicamente.

Erik: Bem, pense um pouco. Às vezes, o corpo simplesmente morre tão rápido que BOING! Você aparece instantaneamente em outro lugar; a sua consciência ainda quer funcionar como se você fosse humano.

Eu: Ah!

Erik: Então tem de haver algum tipo de desgaste, sabe. E então você desperta e percebe as suas capacidades; elas lentamente voltam para você.

Eu: Tudo bem. Isso faz todo sentido. Mas, quando morremos, nós nos tornamos meio que oniscientes?

Erik: Sim, como um maldito adolescente.

Eu (rindo): Sim, depois que eles fazem 13 anos, passam a saber tudo!

[Erik ri.]

Eu: Ok, mas você adquire conhecimento de todos os grandes mistérios do mundo – quiçá do universo?! Sabe todos os detalhes da história do mundo que são desconhecidos hoje, os grandes mistérios da civilização, a forma como construíram as pirâmides, quem atirou em JFK, blá, blá, blá? Em outras palavras, você se torna onisciente?

Erik: Essas são coisas que você pode descobrir, se esse for o seu objetivo.

Eu: Ok, então você pode saber tudo o que quiser. Você não fica sabendo automaticamente essas respostas assim que faz a passagem, mas você pode descobri-las depois. É isso que está dizendo?

Erik: Sim.

Eu: Ok, você pode elaborar as suas respostas mais um pouco, Erik, para que eu não tenha só respostas do tipo "sim" ou "não" ou respostas curtas?

[Jamie ri.]

Eu: Infelizmente, nós nos comunicamos tão bem que eu tendo a falar o que eu acho que você vai dizer antes de você ter a chance de dizer. Pobrezinho, você não consegue nem falar!

[Erik ri.]

Erik: Quando você chega, o que mantém você num determinado instante é o seu próprio foco. Agora, eu estou focado em você. Estou aqui neste momento com você. Estou focado em você, mas posso simplesmente mudar o meu foco para uma necessidade diferente e estar em outro lugar.

Eu: Ok.

Erik: Mas, neste momento, eu não preciso saber os mecanismos ou mistérios do mundo. Não preciso saber todas essas coisas. Eu poderia relaxar, ampliar meu foco e receber essas informações. É o mesmo talento que temos na Terra, embora nos recusemos a usá-lo. Se você abrir seu corpo energético – que é a parte sua que está realmente viva –, tudo aqui é uma rede de informações a que podemos recorrer. Contanto que seu sistema de crenças permita que você esteja aberto até mesmo para fazer uma pergunta específica e para receber a resposta, você pode acessar a informação. O corpo físico é abastecido pelo corpo energético. Se conseguirmos nos abrir e permitir que mais energia entre através dele, caramba!, nós poderíamos fazer coisas incríveis. Sério, mãe, poderíamos deter balas de revólver; poderíamos acender o fogo com a mente; poderíamos nos comunicar telepaticamente; poderíamos abastecer nosso corpo com energia...

Eu: Isso é incrível. Como o cara de *Matrix*!

[Jamie ri.]

Erik: Sim! Poderíamos acelerar o tempo; poderíamos retardar o tempo.

Eu: Sim, isso é interessante, porque eu acho que o tempo é criado porque a consciência se move através de pontos do tempo. Mas acho que essa é uma história bem diferente.

Erik: E então, se pudermos aprender as técnicas e adaptá-las às nossas experiências cotidianas, você vai descobrir muito mais propósito e utilidade para isso. Mas é bem triste, porque vivemos muito presos no reino do ponto A ao ponto B, ensinamos nosso cérebro a passar pelo um, dois, três, quatro, cinco, em vez de fazer o que os espíritos fazem.

Eu: Sério? E o que eles fazem?

Erik: Nós simplesmente nos fundimos com a informação. Nós nos fundimos com tudo de uma só vez, em vez de devorar peça por peça, meio como o Pac-Man, o Come-Come.

Eu: Deus! Dessa forma seria muito mais fácil! Eu gostaria de poder me fundir com a química orgânica e com o cálculo integral um dia desses.

[Erik ri.]

Eu: Dá pra imaginar? Poderíamos dar um fim à Secretaria da Educação ou reformulá-la e transformá-la na Secretaria da Fusão. Poderíamos até conseguir nos livrar de todas as escolas públicas! Poderíamos simplesmente acessar toda essa informação, tal como fazem no filme *Matrix*. Você lembra como Keanu Reeves baixava todas as informações, como técnicas de artes marciais e tudo mais?

Erik: Claro!

Eu: Seria tão incrível! Cinco minutos depois, você estaria chutando alguns traseiros por aí.

[Jamie ri.]

Eu: Então é assim que os espíritos aprendem? Eles simplesmente acessam a informação ou se fundem com um campo de energia?

Erik: Sim! Sim! Você se funde diretamente com ele e o traz para a superfície. É assim que você se lembra, e é fácil! Mas, como eu disse, você tem que estar consciente de que a informação existe. Se você não tem nem ideia de que o *kung fu* existe, você não vai saber acessar essa energia. Mas, se você está ciente da existência das artes marciais, pode acessar informações sobre o *kung fu*. Tanta coisa existe! Mãe, se você andasse por aí com a consciência de todos os detalhes de cada coisinha, onde estaria a alegria da simplicidade?

Eu: Ah, claro! O "Tico e Teco" já estão dando seus últimos suspiros. Se eu baixasse tudo, esses meus dois últimos neurônios iriam implodir.

[Erik ri.]

[Depois que Erik contou sobre as incríveis capacidades que as almas libertas têm, devo admitir que me senti um tanto impotente. Como um mero pensamento meu não será capaz de colocar uma boa refeição na mesa esta noite, eu acho que vou ter de ser escrava da cozinha outra vez. Como não posso pensar nas Ilhas Fiji e aparecer lá num nanossegundo, suponho que terei que continuar acumulando milhas aéreas. Tenho que fazer o melhor com os recursos que tenho.]

Eu: Vamos falar mais sobre o fato de que, na condição de alma liberta, você não tem a mesma ligação emocional com problemas de vidas passadas como nós, seres humanos temos.

Erik (apontando para mim): É verdade, mas você tem que se lembrar de que não perdemos a nossa personalidade. Nós meio que a combinamos com o nosso eu básico. Sabe, porque estamos falando de perder nossa encarnação, certo? E se temos múltiplas encarnações de uma só vez, que é o que consideramos vidas passadas, então múltiplas encarnações podem estar morrendo e voltando para o eu básico.

Eu: Sim. Bem, então cada eu tem uma personalidade diferente? Vamos falar do eu multidimensional como um todo; ele tem uma singularidade como todo? Tipo, o seu eu multidimensional tem uma particularidade característica do Erik; ou existe uma parte do seu eu multidimensional que é característico do Erik e outra parte que tem personalidade diferente, como o seu irmão gêmeo do mal?

[Jamie ri.]

Erik (rindo): Não, tudo decorre da mesma coisa. Tudo tem o mesmo DNA espiritual; tudo vem na mesma embalagem. A vida que cada parte do eu multidimensional vive e escolhe viver pode se moldar para ter diferentes raivas ou amores ou hobbies. O seu núcleo é exatamente o mesmo.

Eu: Entendo. Assim, o núcleo é Erik, com a essência ou peculiaridade "erikiana".

Erik: Sim, eu sou todo Erik.

Eu: Ok. Alguma outra informação que você queira passar sobre ser uma alma liberta?

Jamie (rindo): Ele fez uma pausa; meio que está olhando para cima e dizendo: "A alma liberta é simplesmente muito mais livre!".

Eu: Sim. Deve ser demais.

Erik: Caramba, pode apostar! E a outra coisa que eu quero dizer sobre estar aqui é que você nunca pode estar certo e você nunca pode estar errado. Você só pode apenas ser.

Eu: Uau, isso é bom! Muito diferente do plano terreno, porque aqui há sempre o contraste; sempre a dualidade; sempre o certo e o errado, o vencedor e o perdedor. Você sabe o que eu quero dizer, não sabe?

Erik: Perfeitamente, mas é por isso que o plano terreno é uma grande sala de aula. Um lado tem que compreender o outro. Se uma foto não tiver contraste - quero dizer, zero de contraste -, vai tudo parecer monocromático e tal. Você não vai saber quem diabos está na foto.

Sentidos e emoções

Ao descobrir as diferentes capacidades de uma alma liberta, eu me peguei imaginando se Erik ainda podia sentir gostos, cheiros e texturas, e de que maneira suas emoções diferiam das nossas, além do fato de ele ter menos apego emocional ao passado. Como de costume, Erik me surpreendeu com algumas respostas inesperadas.

Eu: Obviamente, você pode ver e ouvir, Erik, mas você tem os outros sentidos? Você pode provar e cheirar e tocar?

Erik: Se eu quiser, com certeza.

Eu: Você sente frio e calor?

Erik: Somente se optar por isso. Tipo, eu vou para a Noruega com vocês durante as férias de primavera e vou adorar sentir as temperaturas baixas. Eu não tenho que sentir. Poderia fazer snowboarding e não sentir a temperatura.

Eu: E quanto a outros aspectos do toque?

Erik: É estranho que não tenhamos o reflexo de paragem, como eu estava falando anteriormente. É como quando você coloca as mãos na parede, as pontas dos dedos param quando tocam a parede. Conosco, não. Nosso corpo atravessa a parede, *sentimos* a parede. Sentimos a densidade dela; sentimos a mudança de espaço. Levei um tempo para me acostumar a isso.

Eu: Ahã

Erik: Então, ficar de mãos dadas com a namorada aqui é muito diferente. Podemos ficar, mas é mais como se as nossas mãos dividissem o mesmo espaço, imersas uma na outra.

Eu: Isso é muito interessante, Erik. E o que me diz sobre os outros sentidos, como o tato e o olfato? Você sente o gosto da comida que você cria e come?

Erik: Ah, sim, e com mais intensidade!

Eu: Ah, sério? Uau! Mas você não tem papilas gustativas, então sente apenas com base na lembrança que tem desses sabores?

Erik: Não só na lembrança, mas a nossa energia pode se fundir com o que criamos, como a comida. Isso, por si só, aguça os nossos sentidos. Nossos sentidos absorvem essa energia e dão a ela uma experiência mais rica. Assim, podemos criá-la; podemos olhar para ela; podemos definir as cores, formas e tamanhos. Nós temos a sensação de contato com a comida na boca, mas é mais como uma experiência de fusão: ela vem com textura; vem com as emoções que ela desperta em nós e vem com o sentido do paladar. Mas é mais como se ela começasse na barriga e fosse para fora, em vez de ficar apenas na boca. Com relação ao paladar, não há apenas um lugar em que sentimos os gostos. É assim quando somos seres humanos: a língua sente o gosto.

[Em outra sessão, Erik explica que o sentido humano do toque físico – da comida contra a língua – é diferente da criação dos alimentos energéticos e da energia se fundindo com a língua de energia de um espírito.]

Eu: Entendi.

Erik: Por aqui, a alma inteira participa da experiência. Temos som, claro. E então há o cheiro, mas é meio como eu imagino que um cão sentiria um cheiro. O sentido é, na verdade, bem mais aguçado.

Eu: Ah, ok. Então, como vocês fazem para nós sentirmos um cheiro? Quero dizer, como isso acontece? Como você trabalha ou manipula a energia para fazer tudo isso?

Erik: Você quer dizer, como quando eu faço as pessoas sentirem cheiro de peixe podre ou meias fedorentas?

Jamie (rindo): Erik!

Eu (rindo): Isso mesmo.

Erik: Bem, tudo tem uma fórmula de energia na Terra, então eu apenas replico essa fórmula de energia e a coloco nesse espaço. É como uma forma de criação. Mesmo que eu saiba que o item material por trás do cheiro não existe, crio a fórmula de energia para o cheiro desse item.

Eu: Ah! Uau, que interessante! Ok, e as emoções? Como as emoções mudam – a tristeza, a depressão, o sofrimento – depois que você se torna uma alma liberta?

Erik: Onde eu estou as emoções simplesmente não existem da mesma forma.

Eu: Mas eu me lembro de você dizendo que sentiu um remorso profundo quando nos viu chorar sobre seu corpo. Como isso é diferente do remorso que as pessoas sentem aqui?

Erik: Bem, você sabe como as pessoas sofrem de depressão no plano terreno? Como se não houvesse nenhuma saída; nenhuma porta, nenhuma janela, nenhuma luz?

Eu: Sei.

Erik: Se alguém tivesse depressão aqui, todas as portas estariam abertas, todas as janelas estariam abertas e todas as luzes estariam acesas. Portanto, é mais difícil permanecer nesse instante de depressão, mas você pode, se estiver extremamente focado nele. As outras pessoas podem ver como você se sente; não dá para esconder as coisas aqui, mãe. E se eu vejo alguém focado na depressão, tenho a escolha de deixar essa pessoa passar pelo seu momento ou posso enviar mais luz para ela. Todos trabalhamos com um sentido de comunidade.

Eu: Ok.

Erik: É como se não estivéssemos tão apegados às emoções mais inferiores aqui. É mais objetivo e imparcial. Isso não nos consome como acontece com as pessoas no plano terreno. Aí nesse plano, você sente como se tivesse que ter o positivo com o negativo, o certo com o errado. Aqui, nós apenas temos o que "é". Tudo o que é, é. É uma existência muito harmoniosa. Na Terra, definiríamos isso como alegria ou felicidade.

Eu: Ok.

Erik: Então, você pode ter esses momentos de inveja, mágoa, tristeza e raiva, mas eles são de curta duração e muito diluídos.

Eu: Você pode odiar na vida após a morte?

Erik: Se quiser, posso.

Eu: Sim, mas as pessoas odeiam, como regra geral? Alguém odeia?

Erik: Não, na realidade não. É muito difícil guardar rancor; sentir raiva, decepção, ciúme. Você pode sentir, mas é muito difícil manter isso.

Eu: Como assim?

Erik: É como ir contra o fluxo natural. Você tem que despender tanta energia para manter esse sentimento, que normalmente desiste e acaba vendo...

Jamie (rindo de Erik): Por que você está revirando os olhos? Acaba vendo o quê?

Erik: Vendo a melhor parte da emoção.

Eu: Então, é como querer se agarrar a um trepa-trepa lambuzado de graxa?

Erik: Isso. Isso mesmo!

Eu: Ok.

Erik: Mas eu não quero que as pessoas pensem que existe uma maneira negativa e uma maneira positiva de pensar sobre alguma coisa. É só que a energia mais densa é tão mais difícil de sustentar aqui que simplesmente não vale a pena. É por isso que as pessoas dizem que sentem um amor incondicional imenso quando têm experiências de quase morte e toda a vida delas se transforma. É só porque toda essa merda mais pesada da Terra não se traduz aqui.

Eu: O que você quer dizer com "não se traduz"?

Erik: É que simplesmente não há espaço para ela aqui. Como eu disse, é tão difícil mantê-la que você simplesmente não quer mais.

Eu: Então é só afastá-la? É isso? A energia mais densa é afastada?

Erik: Sim.

Eu: É como óleo e água, então...

Jamie (parecendo surpresa): Você disse exatamente a mesma coisa que ele! Ele usou a mesma metáfora!

Ele: Que legal!

Visitas em sonhos

O que acontece quando a nossa consciência entra em diferentes estados – quando dormimos, sonhamos, estamos em coma ou sob o feito de anestesia geral? Como é que os nossos entes queridos falecidos interagem com a gente enquanto estamos nesses vários estados? Erik compartilha o que sabe sobre esse assunto fascinante.

Eu: Erik, como exatamente você nos visita em nossos sonhos?

Erik: Através da energia elétrica. Sabe quando conseguimos nos comunicar telepaticamente? Quando meus pensamentos ou palavras surgem na sua cabeça? Está um passo além disso. Nós usamos a nossa energia elétrica para nos manifestar fisicamente no estado onírico, e então existe uma etapa que vai além disso, em que podemos nos manifestar fisicamente enquanto vocês estão acordados. Mas é muito mais fácil quando estão dormindo.

Eu: Bem, me dê detalhes. Você cerra os punhos e grunhe ou o quê?

[Erik ri.]

Erik: Eu evoco uma sensação de arrepio, que seja bem forte; quanto mais eu pratico, mais forte ela fica, e fica tão forte a ponto de eu não conseguir mais sustentá-la e então *puf!* Estou lá em seu sonho. É como se eu estivesse dentro da sua cabeça, mas também estou fora de você. Levei um pouco de tempo para descobrir como eu podia entrar na sua cabeça e estar fora de você ao mesmo tempo, mas agora é realmente fácil.

Eu: Então, Erik, posso visitá-lo, por exemplo, enquanto estou acordada ou prestes a ir dormir? Posso dizer: "A minha alma vai deixar meu corpo hoje à noite, e eu vou para a vida após a morte, visitar Erik?".

Erik: Sim.

Eu: Como posso fazer isso?

Erik: Basta falar com a sua alma e dizer a ela que é isso que você quer fazer.

[Quase posso ouvi-lo dizer: "Dã!". Acho essa observação interessante, porque eu recentemente comecei a praticar o exercício de estender a consciência até ele.]

Eu: Ultimamente tenho praticado visualizar seu rosto e passar meus braços em torno de você – minha alma em torno da sua – e eu sinto uma coisa, uma conexão elétrica.

Erik: Eu realmente sinto isso de forma tangível. Mãe, você pode realmente fazer isso! Você *está* fazendo isso!

Eu: Como faço para visitá-lo à noite, quando eu for dormir? Como posso ter certeza de que terei uma experiência fora do corpo e o visitarei no Céu, ou que possamos trabalhar, brincar e passar algum tempo juntos, onde podemos nos comunicar de alma para alma no mesmo plano? Como eu posso fazer isso?

Erik: Não sei. Pergunte aos seus guias.

Jamie: Ok, guias, como Elisa pode fazer isso? [pausa] Ah, entendi. Entendi. Eles estão dizendo que, como ser humano, você só tem uma determinada dose de energia, e você está usando muita energia durante o dia para se comunicar, traduzir e escrever. Então você não só usa sua energia quando conversa com Erik e seus guias, como também quando está escrevendo, seja um blog, seja um roteiro, seja um livro, não importa o quê. Portanto, o segredo no seu caso é acumular o máximo de energia elétrica possível, e você fará isso se comunicando, [e] praticando a sua tradução espiritual durante as horas de vigília.

Eu (com um ar de dúvida): Ok, tudo bem. Vou fazer isso.

[Tenho um pouco de dificuldade para praticar a comunicação e a tradução espiritual pela mesma razão por que nutro uma pequena dúvida com relação às materializações e outras visitas - minha irritante mente analítica. Sei que isso exige uma grande quantidade de energia da minha parte, porque eu me sinto esgotada depois de tentar me comunicar com Erik, nem que seja só por alguns minutos. Além disso, minha mente divaga para coisas bobas como: "Será que desliguei a cafeteira?" ou "É chato que Plutão não seja mais um planeta". No entanto, com essas novas instruções à minha disposição, renovo o meu compromisso de trabalhar nessas habilidades incipientes. Faria qualquer coisa para estar com o meu filho, não importa em que sentido. Afinal de contas, o cordão umbilical não se rompe. Ele pode ficar muito esticado, mas a ligação continua até mesmo depois da morte. Em outra sessão, demos prosseguimento à nossa conversa sobre estados alterados.]

Eu: Erik, você sabe se pessoas que estão dormindo visitam aqueles que já fizeram a passagem? Em outras palavras, quando as pessoas estão dormindo em suas camas, elas podem viajar para a vida após a morte, enquanto seu corpo físico fica em estado de animação suspensa, ou em algum tipo de "período de repouso", enquanto seus guias velam por ele?

Erik: Sim, é isso mesmo, mas não é como as pessoas em coma no hospital. Não é como se o corpo espiritual flutuasse para o Céu e entrasse numa fila para esperar a sua vez. É como...

Jamie: Como você explica o que está me mostrando, Erik?

[Longa pausa.]

Erik: Há certos tipos de sono em que a alma está fora do corpo, como uma experiência fora do corpo...

Eu: Ahã.

Erik: Nessas ocasiões, a alma pode estar "conscientemente desperta" ou "conscientemente adormecida". Se ela estiver conscientemente adormecida, é como se ficasse flutuando um pouco acima do corpo.

[Pausa.]

Erik: Mas existe esse momento de experiência fora do corpo, que é muito libertador. É uma experiência maravilhosa de cura conseguir ficar um pouco fora do corpo. O único período de descanso que eu conheço, mãe, é quando os seres humanos optam por não sair perambulando por aí, ou quando os anjos da guarda planejam um período de descanso para a pessoa, se ela precisa de tempo para pensar, ponderar, analisar ou apenas para se curar e se recuperar antes de seguir adiante.

Eu: Apenas uma parte da alma deixa o corpo?

Jamie: A imagem que ele está me mostrando é quase como um duplo. Tipo, se você estivesse dormindo de costas, haveria um duplo de você dormindo apenas alguns centímetros acima – como uma visão dupla de uma forma. E o que é mais interessante é que ele está me mostrando que, quando a pessoa se mexe na cama, o corpo anímico acima dela se mexe também. Por isso, ainda está imitando a forma como o corpo reage, mas a sensação é de liberdade.

Eu: Em que circunstâncias as pessoas projetam parte ou toda a sua consciência no pós-morte, ou no mundo espiritual – elas fazem isso? Ou elas podem projetar sua consciência em algum tipo de outra dimensão?

Erik: Deixe-me terminar, mãe.

Eu: Opa, tudo bem. Foi mal.

[Jamie e Erik riem.]

Erik: Quando elas estão dormindo assim, o que podemos fazer é enviar informações a elas. Nós podemos aparecer ao lado delas; podemos curar seu corpo energético; podemos colocar mais informações nele, como se carregássemos informações num computador; podemos alterar um monte de lixo de forma positiva, mas não podemos afetá-lo de forma negativa.

Eu: Ok, isso é reconfortante.

Erik: Sim, isso simplesmente não é possível. Não poderia acontecer se a minha intenção fosse negativa. Ninguém pode zoar com você enquanto está dormindo. Isso se chama mecanismo de segurança. Mas, se essa alma estivesse "conscientemente desperta" e fora do corpo, então esse corpo poderia se projetar no pós-morte, ou como você quiser chamá-lo – através do espaço e do tempo. Ela pode ter aulas de conversação intensivas, sabe, ensinamentos. Eu fiz um pouco disso, mas não muito.

[Longa pausa.]

Jamie (rindo): Ele... você ainda acha isso engraçado, Erik? Ele ainda acha engraçado quando as pessoas saem do corpo ou acordam fisicamente em seus corpos, como quando têm uma experiência fora do corpo e são meio que puxadas [para o corpo] com um solavanco.

Eu: Sim, eu ouvi alguns chamarem isso de pouso forçado.

Jamie: Sim, ele ainda acha isso engraçado.

Eu: Bem, um ser humano – a consciência – pode sair do corpo e ajudar outras pessoas? O contrário do que você disse?

Erik: Sim! Os seres humanos podem voluntariamente se sentar ou se deitar e deixar seus corpos. Eu tenho visto...

Jamie: Erik, use termos diferentes para que eu saiba o que você quer dizer, apenas para esclarecer se a pessoa está "viva" ou "morta".

[Pausa enquanto ela ouve Erik.]

Jamie (insistentemente): Use "viva" ou "morta"!

[Longa pausa.]

Jamie: Ah, ok. Então, ele está dizendo que viu uma pessoa viva deixar o corpo e ajudar alguém que tinha acabado de morrer – alguém "morto". E a "pessoa viva" acompanhar a "morta" para a outra vida, para casa.

Erik: Existem pessoas "vivas" na Terra que fazem o trabalho de socorro.

Eu: Que fascinante! Elas exercem algum outro papel nesse sentido? Já foram visitar outra pessoa, como um parente falecido ou algo assim? Quero dizer, bem, é claro que eu sei que elas fazem isso em sonhos lúcidos.

Erik: Elas podem fazer, mas uma pessoa viva pode muito bem ser convocada sem "saber". Ela poderia ser... Você foi, mãe. *Você* foi! Você está completamente desperta e fazendo alguma coisa de rotina, como lavando a louça, e, de repente, você se sente muito, muito cansada.

Eu: Claro.

Erik: E você fica tão cansada que tem que se deitar. É como se você não tivesse outra escolha; você tem que ir dormir. Você só não sabe se vai dormir no chão, no sofá ou na cama. Então você vai e se deita. Esses momentos intensos de necessidade de dormir – chamamos de "sono", porque é assim que parece para nós; é como nossos pais diziam: "Ah, nós temos essa sensação e isso se chama 'sono'", mas não é sempre esse o caso. Às vezes é apenas sentir necessidade de deixar o corpo para que você possa ir socorrer ou ajudar alguém. Quero dizer, pode ser por causa da ligação que você tem com um amigo de alma, alguém da sua família anímica ou alguém a quem você prometeu – ou com quem você fez um acordo – que estaria lá para ajudá-lo na hora que fizesse a passagem.

Eu: Como disse um leitor [do blog]: "Isso realmente muda totalmente a ideia do que é a verdadeira realidade – aqui ou na vida após a morte. Será que despertamos nossa alma para a vida após a morte ou despertamos o nosso corpo para a vida física? Talvez a morte seja a nossa alma despertando de um sonho ruim".

Erik (rindo): Bingo!

Erik: E o que é legal é que não dá para dizer qual é a diferença entre alguém que vem para o mundo espiritual durante uma experiência fora do corpo e uma alma que vive no Céu. Nós somos todos iguais; todos temos as mesmas características quando a alma está fora do corpo. É só quando a alma entra num corpo físico que assume diferentes características – físicas, é claro, mas não físicas também.

Eu: Por que, às vezes, ficamos mais conscientes dos nossos sonhos – como quando estamos totalmente adormecidos, vagando pelo mundo espiritual ou coisa assim – e, quando acordamos, não nos lembramos do que fizemos?

Erik: Alguns sonhos servem para ajudar você a registrar, no banco de memória da alma, atividades e pensamentos que você fez ou teve. É só uma gravação, como quando você aperta o botão "salvar". Então, você pode revisitar lugares em que esteve e algumas coisas que fez, recapitulando o que a alma gravou. Além disso, existe um tipo de consciência, para a qual a alma vai direcionar você, de que você não precisa se lembrar quando acordar. Claro, algumas vezes você se lembra das coisas totalmente. É uma lembrança perfeita. Seu eu superior sabe exatamente o que precisa ser classificado no seu subconsciente – num nível anímico – e o que precisa ir para o nível consciente, para fomentar melhor o seu crescimento e progresso. Assim, as coisas que a alma quer que você se lembre num nível consciente você se lembra.

Eu: Entendi. Isso faz todo sentido.

Erik: Se for uma gravação do que você já fez ou disse, e você já foi praticamente curada daquilo, ou se não for algo essencial, você provavelmente não vai se lembrar.

Eu: Ok. E as pessoas que estão em coma - em estado vegetativo - ou aquelas que têm danos cerebrais? Diga-me o que você sabe sobre isso.

Erik: Parte disso é besteira.

Eu: Oh!

Jamie: Estou perguntando a ele por quê. O que quer dizer com isso, Erik?

Erik: Mesmo que o corpo não funcione, que os olhos não se abram, os dedos não se movam, o corpo pareça completamente morto –, só parece que o corpo está inativo porque não temos o equipamento para medir o que o cérebro está, na verdade, fazendo. Os ouvidos estão funcionando e a pessoa está tendo uma conversa interior, como um diálogo interno; mas ela não consegue fazer a boca abrir ou os dedos se mexerem ou os olhos se abrirem para mostrar que está entendendo. Quando [os cientistas] fizerem estudos mais aprofundados sobre o estado de coma, vão descobrir que o cérebro desencadeia certos padrões para mostrar ou comprovar que a pessoa está escutando, compreendendo, e é capaz de responder com uma resposta ou uma pergunta.

Eu: Ok. E quanto à anestesia geral? Por que não saímos do nosso corpo e temos consciência, no nível da alma, do ambiente em que estamos?

Erik: Bem, algumas pessoas saem!

Eu: Ah, ok!

Erik: Algumas pessoas saem, mas não todas, e isso vai se basear nas crenças. As pessoas têm estruturas. As crenças existem...

Eu: Ok, então você está dizendo que tudo depende da crença. Algumas pessoas não acreditam que podem manter a consciência durante a anestesia geral porque não pensam em sua alma como uma entidade consciente, separada...

Erik: Certo.

Eu: Ok, então elas simplesmente ficam no corpo, ligadas como a um fio ao seu cérebro paralisado?

Erik: É isso aí.

Eu: Então qual é a diferença entre o sono e a experiência fora do corpo, quando você está consciente da situação e do ambiente em que está?

Erik: Bem, no sono, a alma ainda está ligada ao corpo físico. Na experiência fora do corpo, a alma já não reside no interior do corpo físico. Ela está fora da moldura do corpo físico.

Trabalho energético

Tudo é energia - até mesmo objetos que parecem sólidos na nossa limitada perspectiva tridimensional. Na verdade, Albert Einstein referiu-se à matéria como "luz congelada". Então, imagine ter o poder de manipular e controlar essa energia! Nós temos esse poder, de forma limitada, aqui no plano terreno, mas Erik e seus companheiros da vida após a morte têm uma capacidade quase infinita de fazer isso, especialmente quando adquirem prática.

Eu: Como vai a sua prática de manipular a energia, Erik? O que você é capaz de fazer agora? Além disso, como você pratica? Alguém ensinou você?

Erik (com uma risadinha): Bem, aulas existem, mas você me conhece: eu simplesmente gosto de tentar fazer as coisas sozinho! Estou indo muito bem, mãe! Estou materializando lá em casa coisas como bolas e feixes de luz. Movo objetos materiais. Fico sentado ao seu lado enquanto você dirige, como um copiloto, e falando com você. Acho que estou indo muito bem. O cachorro me vê perfeitamente, assim como a nenê, Arley [a sobrinha de Erik]. Ela e eu estamos nos dando bem.

[Não me surpreende que ele esteja cabulando suas aulas de "manipulação de energia". Erik nunca gostou muito de frequentar salas de aula.]

Eu: Como você pratica, exatamente?

Erik: Pratico assim como você pratica comunicação e tradução espiritual - exatamente como você tem que praticar as coisas no plano terreno: fazendo.

[Eu ainda estou intrigada. Não faço ideia de como nós, meros seres humanos, trabalhamos com a nossa energia, a não ser ligando a torradeira ou abastecendo o carro. Por isso, insisto um pouco mais.]

Eu: Não consigo imaginar como você pratica a manipulação de energia, mas acho que, depois que você está do Outro Lado, isso fica mais óbvio, certo?

Erik (numa exasperação simulada): Caramba, mããããe! *Você* faz isso o tempo todo. Como você acha que cura as pessoas?

[Hum, bem, isso não esclarece muita coisa.]

Eu: Não sei. Boa pergunta.

[Certamente ele percebeu o toque de sarcasmo na minha voz.]

Erik: Você pega sua energia elétrica e a coloca no corpo das outras pessoas. Você manipula a energia o tempo todo!

[Arrgghhh! Eu só quero o passo a passo, tipo, "Você coloca o pé direito aqui, depois coloca o pé direito ali, então coloca o pé direito aqui de novo e depois sacode o corpo todo", mas pelo que vejo não vai ser assim tão simples.]

Eu (impaciente): Imaginando? Pensando? Como?

Erik: Visualizando. Quando você visualiza a energia [(um tratamento de cura)] se projetando para uma forma material, isso acontece.

[Ok, essa resposta me satisfaz por enquanto, então eu passo para outra pergunta.]

Eu: Você nos visita na Noruega manipulando a sua energia numa forma física?

Erik: Claro, eu fiquei lá o tempo todo, mãe. Você não se lembra de me ver no seu quarto?

Eu: Bem, sim! Eu sentia que estava totalmente acordada, mas o meu lado cético ficou se perguntando se eu estava sonhando ou imaginando coisas. Droga de mente analítica!

Erik: Mãe, vai levar mais três meses e meio para você se sentir absolutamente, positivamente, sem dúvida nenhuma, totalmente confiante de que eu estou lá, e perceba como e quando eu me comunicar com você. Vai ser em outra viagem à Noruega antes do final do ano, e você vai me sentir com intensidade lá, mas você vai me sentir em todos os lugares depois disso. Serei uma presença tão tangível que você vai ficar falando em voz alta comigo e as pessoas vão ficar olhando, e dizendo: "Quem é essa mulher que parece falar sozinha?". Além disso, outras pessoas vão me ver também. Elas vão ficar dizendo coisas do tipo, "Ah, vocês querem mesa para três?". Quando estiver apenas você e Michelle. Eu vou ser cada vez mais tangível.

Eu (com um entusiasmo esperançoso): Meu Deus! Estou tão orgulhosa de você, Erik! Como você pode mover as coisas? Como você move objetos no plano terreno? Por exemplo, você fez moedas, confetes e bolinhas de plástico de armas de brinquedo aparecerem. Você simplesmente cria essas coisas ou as move do seu local original?

Erik: Se queremos algo novo, nós criamos; mas, se vamos mover um copo sobre a mesa, então podemos criar uma energia mais densa atrás dele para empurrá-lo. É como se você estivesse usando os limites mais densos da sua pele, da sua mão, para exercer uma pressão contra o vidro e movê-lo.

Eu: Isso é muito legal, Erik, e faz todo sentido! Então, como você faz para ir de um lugar para o outro?

Erik: Projetando a minha consciência. Eu apenas visualizo minha energia elétrica para estar aqui ou estar lá, e *pá*! Estou onde eu me visualizei. Mãe, é como se você se visse em Veneza, na Itália, e fosse capaz de se transportar para lá no mesmo instante.

Eu: "Teletransporte-me, Scotty!"

Erik: Ainda estou aprendendo muito. É fácil vir até você e visitar algumas outras pessoas, mas, se eu tivesse que sair e ajudar alguém que eu não conheço muito bem, que está passando por problemas, isso seria mais difícil. Estou aprendendo a fazer isso agora para que eu possa orientar as pessoas. As que precisam de mais orientação são as mais difíceis. Então, tudo é uma questão de focar a intenção, a energia. É realmente fácil me concentrar em você e em todos que eu amo, mas aqueles que eu não conheço... aí já requer um treinamento extra.

Eu: Por que é assim, querido?

Erik: Precisamos aprender a ir de um lugar para o outro – podemos ir a qualquer lugar que quisermos, sabe. Mas é preciso muito treinamento, como um piloto tem que treinar. Exige foco e certo tipo de capacidade. Posso ver qualquer lugar, mas ir e circular por lá, isso leva um tempo para aprender.

Eu: Então, ajudar "estranhos em situações difíceis", por assim dizer, concentrar-se neles, é mais difícil do que ir a lugares que você conhece, como a nossa casa ou a casa dos membros do blog que você conhece?

Erik: Sim, exige mais energia. Temos muita energia, mas ainda assim é preciso aprender a controlá-la.

Eu: Aposto que sim. Você já se sentiu sem energia?

Erik: Já fiquei cansado, claro, mas é um tipo diferente de cansaço. A minha energia pode de fato diminuir um pouco, mas não como acontecia comigo na Terra. Aqui é diferente.

Eu: Por que eu posso mover coisas como uma lata de Coca-Cola e você diz que precisa de muito mais energia para fazer isso? Achei que almas libertas tinham mais energia do que as encarnadas.

Erik: Ok, mãe, ok. Vou te dizer por que, mãe. Tente *você* se sentar numa mesa com uma lata de Coca-Cola na sua frente e tentar movê-la sem tocar nela! Veja se é fácil!

Eu: Ah, entendo o que quer dizer.

Erik: A lata está no plano físico e você também. No mundo espiritual, temos que mover tudo aqui com energia, e ponto final. Se você tem braços, mãos...

Eu: Sim, temos matéria (nossas mãos), que podemos usar para mover matéria.

Erik: Isso mesmo, estamos falando da mesma coisa. Se você se sentar e tentar mover a lata com a sua energia, veja como é simples! Você poderia! Você saberia do que estou falando.

Eu: Uau! Sério?

Erik: Sério. E depois que você conseguir fazer isso, mãe, a gente conversa!

[Todos rimos.]

Eu: Vou praticar isso, mocinho! Mas já vi você mover pratos cheios de comida, galheteiros e outras coisas de uma longa distância, portanto você já deve ter avançado muito nessa questão!

Erik: Sim. Estou ficando bom nisso.

O trabalho da vida

Agora que estou me aproximando da aposentadoria, descubro que existe trabalho após a morte! Será que nunca vamos poder fazer uma pausa? Mas, aparentemente, as almas libertas adoram o que eles chamam de "trabalho da vida". Para entrar em mais detalhes sobre esse assunto, faço a Erik algumas perguntas gerais, com a ajuda de Kim O'Neill:

Eu: As almas têm algum tipo de especialidade na vida após a morte, como uma profissão?

Erik: Claro, todos nós temos diferentes dons e talentos.

Eu: Então, qual é o seu trabalho lá?

Erik: No momento? É dar esclarecimentos sobre essa coisa de suicídio na adolescência. Meu trabalho agora é ensinar e curar, assim como o seu. É ajudar qualquer pessoa, especialmente crianças e adolescentes. Estou superanimado e focado nisso; me sinto realizado! Mãe, mãe, mãe! Tenho um sentimento de paz e tranquilidade!

Kim: Erik, você está cansado?

Erik: Sim, um pouco.

Kim: Como pode estar cansado no mundo espiritual? Só pra saber.

Erik: Bem, tive uma longa noite.

Kim: Mas, no mundo espiritual, sem um corpo físico para recarregar as baterias...

Erik (fingindo frustração): Será que podemos só continuar?

Kim (rindo): Ok, ok! Vamos ver o que ele quer dizer a você.

[Pausa.]

Kim: Ah! Ele está me dando um abraço!

Eu: Oh!

Kim (com lágrimas nos olhos): Ele está me dando um abraço! Nossa! Ele está dizendo que está trabalhando, que é por isso que está cansado! Ele diz que agora, por causa do seu blog, muitas pessoas do mundo todo falam com ele e Erik está tentando descobrir como fazer isso.

Erik (rindo): É como naquele filme, mãe. Em que Jim Carrey é Deus.

Eu: *Todo Poderoso*!

Erik: Isso! Tem muita gente por aí! Então estou tentando descobrir um jeito de falar com todo mundo. Sei lá, talvez eu coloque tudo numa agenda, mãe. Não sei. Se eu fizer como Kim, nunca vou conseguir ver todo mundo. Sabe, como ela marca horários para as pessoas?

Eu: Sei.

Erik: E ela só pode falar com um determinado número de pessoas ao longo do dia, e depois a energia dela acaba. Estou tentando descobrir como fazer isso.

Eu: Você precisa encontrar um equilíbrio também. Isto aqui é demais pra você?

Erik: Não, não estou dizendo isso, e não estou pedindo para que você me ajude, mãe. Vou descobrir um jeito. Não quero te dar mais responsabilidade do que você já tem. Você já está no seu limite. Isso é só uma coisa que eu tenho que descobrir.

Eu: Que outros tipos de trabalho você pode fazer do "Outro Lado"? Eu sei que você faz um trabalho comigo ajudando as pessoas aqui, então tenho certeza de que existem outros que você faz também, mas existem seres que resgatam pessoas que estão confusas durante a sua passagem? Como céticos, ateus e pessoas com sistemas de crenças muito rígidos? Em outras palavras, quais são os outros tipos de trabalho que as pessoas fazem na fase seguinte da vida?

Erik: [A pessoa pode ser] um guia, como o que estou fazendo - que é como ser motorista de táxi em Nova York. Muito comum por aqui. Muitos seres espirituais são como aposentados também. Eles na verdade não têm um cargo ou função. Estão aqui para ver a família, sentir alegria, viajar para outros lugares, coisas desse tipo.

Eu: Reserve esse trabalho para mim. Parece divertido. Será que eles recebem os benefícios da aposentadoria?

Erik (rindo): Graças a Deus não precisamos de dinheiro aqui para sobreviver!

Eu: Ah, eu gostaria que não precisássemos dele no plano terreno. Parece que só cria obstáculos, divisões e frustrações. Ok, então você pode ter um casinha, se sentar numa sala de estar e comer pizza. Vocês têm serviço de entrega de pizza em domicílio? Existem atendentes de livrarias? Outras ocupações assim?

Erik: Sim, existem historiadores. Só que a palavra "historiador" na Terra engloba tudo que existiu no passado, mas um historiador para nós é alguém tão consciente do tempo e dos *loopings* do tempo que pode falar do passado, do presente e do futuro. Também existem espíritos que nos ajudam a reencarnar – que nos ajudam a examinar nossos planos de vida, como se fossem uma espécie de conselheiros. Eles nos ajudam a analisar cada plano de vida para ver o efeito que terá. Há [também] agentes de cura, como os médicos da Terra. Quando morremos e nossa energia está desequilibrada, eles nos ajudam a equilibrá-la e nos curar. Esses médicos também são como professores; eles nos mostram por que isso ocorreu, porque a energia se desequilibrou. Todo mundo trabalha em conjunto.

Eu: Isso é fascinante! Então existem seres que têm empregos típicos do "plano terreno", como motoristas de ônibus?

Erik: Não. Não temos um sistema que realmente exija isso. Você perguntou sobre entregas de pizza? Nós podemos manifestar a nossa própria pizza instantaneamente ou podemos manifestar um forno e todos os ingredientes para prepará-la nós mesmos. Não precisamos de ônibus, porque viajamos instantaneamente por meio do pensamento. Mas, se queremos experimentar dirigir um ônibus ou andar por aí num carro de entregas da Domino's Pizza, nós podemos.

Eu: Sim, eu imaginei que seria desse jeito.

Erik: Temos artesãos. Nós organizamos espetáculos musicais. Temos todos os tipos de grupos de que participamos.

Eu: Ok, mas não há carpinteiros ou encanadores, ou qualquer coisa assim?

Erik: Que nada! Não é necessário construir nada, porque criamos de dentro para fora. Eu poderia criar um martelo e alguns pregos e madeira para construir algo se eu quisesse, e poderia apenas martelar, mas...

Eu: Sim, entendi.

Erik: Ah, e com relação à sua pergunta sobre os socorristas, sim, temos pessoas que orientam os recém-falecidos, mas eles muitas vezes são antepassados, membros da família e amigos. Se alguém está preso a algum sistema de crenças e cria um vazio para ficar flutuando nele porque não acredita na vida após a morte, um dia alguém vai resgatar essa pessoa e ajudar a orientá-la. Normalmente, ela vem por conta própria, depois que percebe que ainda é capaz de ter pensamentos. As vibrações dela lentamente se abrem para o alto e se elevam, e esses pensamentos criam um plano espiritual para ela. A mesma coisa vale para pessoas que acreditam no inferno.

Eu: Ah, é bom que ninguém fique preso a um vazio ou a fogo e enxofre para sempre!

Erik: Ah, não! Isso nunca poderia acontecer!

Eu: Como você escolheu este trabalho, Erik? Você já foi um guru no passado ou você é apenas alguém que está aprendendo a ser um guia, aprendendo à medida que pratica?

Erik: Eles sabiam, quando eu vim, quais eram os meus dons. E você sabe que eu realmente gostava de aprender [na Terra], mas queria aprender o que me *interessava*, não o que eles queriam me ensinar.

Eu: Exatamente!

Erik: Então, para mim, [a vida após a morte] é extremamente fascinante. A vida na Terra era muito complicada, e havia tanta incoerência – pessoas que diziam uma coisa e faziam outra. Esse era um dos meus maiores problemas.

Eu (com tristeza): Sim.

[Eu sei que ele estava se referindo a seus amigos que uma hora pareciam leais, mas depois o evitavam.]

Erik: Então, eu posso ajudar. De onde estou agora, posso ajudar todas aquelas pessoas que estão justamente como eu, confusas. Mãe, eu nunca havia percebido que existem tantas pessoas que realmente se sentem como eu – quase como se não pertencessem a lugar nenhum. Eu sabia que pertencia a você e ao restante da nossa família, e eu nem sei dizer quanto isso era maravilhoso, mas eu sentia que não pertencia a esse mundo.

Eu: Eu também. De vez em quando sinto que não pertenço ao plano terreno também. Parece estranho para mim às vezes.

Erik: Sim, mas, mãe, olha o que você fez!

Eu: É verdade, gosto de algumas partes da vida aqui, é claro, mas me sinto um pouco deslocada. Eu me sinto muito mais confortável no reino espiritual, acho. Sou um desses que você citou!

Erik (com compreensão): Sim, sim. Entendo. Isso eu posso ver.

Eu: Pois é.

Erik: Voltando à sua pergunta sobre o trabalho da vida [das almas] aqui. Nós podemos optar por fazer o que quisermos. Podemos escolher o cenário, podemos optar por ser um anjo da guarda, podemos ajudar as almas que estão acabando de chegar e que não estão felizes por estar aqui e...

Eu: Bem, visto que vocês podem viajar para qualquer lugar por meio do pensamento, obviamente não existem motoristas de táxi, existem?

Erik: Como eu disse, podemos escolher qualquer coisa que quisermos. Digamos que dirigir táxis fosse algo que realmente apreciávamos no plano terreno. Podemos querer fazer esse tipo de serviço aqui pelas pessoas. Talvez algumas almas se divirtam andando por aí de táxi. Podemos optar por materializar uma coisa aqui e ali, na outra vida; podemos manifestar o que queremos, você sabe, num instante. Nós podemos viver em qualquer ambiente que escolhermos e fazer o trabalho que quisermos, então é claro que podemos conjurar um táxi e dirigi-lo por aí, e é claro que podemos chamar um táxi e rodar por aí também. Além disso, motoristas de táxi aqui têm mais educação e a corrida é grátis!

Eu (rindo): Espero que os táxis também cheirem melhor do que alguns por aqui!

[Erik ri.]

Eu: Como é que eles gostam de chamar esse lugar onde vivem e trabalham agora? "Vida após a morte", o "outro lado" ou o quê?

Erik (pensando por um momento, franzindo a testa e, em seguida, dando de ombros): Existem muitos nomes e todos eles servem, mas eu prefiro chamá-lo de "Lar". Às vezes eu o chamo de Céu, porque conheço um monte de gente que entende esse termo.

O nível da alma

Alma é tudo igual, certo? Não de acordo com Erik. Na sessão seguinte (com Kim traduzindo), ele explica a diferença básica da hierarquia das almas.

Eu: Existe uma distinção entre os níveis das almas de acordo com seu nível de iluminação? Se for esse o caso, elas têm cores diferentes? Quero dizer, como funciona essa coisa toda de hierarquia?

Erik: Às vezes a luz emitida pelas almas tem cores diferentes, mas isso não tem nada a ver com evolução espiritual. Tem a ver com as cores de que gostamos. No caso de Kim, ela irradiaria uma luz azul.

Kim: Sim, você está certo, Erik! Azul é minha cor favorita! Você está certo!

Eu: Então existem diferentes níveis de iluminação?

Erik: Diferentes níveis de iluminação, sim, claro. As almas não vivem isoladas, mas a gente fica com as almas que são do mesmo calibre que o nosso, ou com as almas que já estiveram conosco antes, por muitas vidas passadas - que tenham sido seus alunos ou seus professores. Ah, e espíritos afins também. Quer dizer, todo mundo interage com todo mundo, mas você meio que fica com almas com quem já esteve antes. Todo mundo tem um nível diferente de iluminação, e [esse nível] depende de muitas coisas, como a idade da sua alma, mas isso não significa necessariamente alguma coisa. Alguém pode ser um babaca e ser uma alma antiga. Portanto, ser uma alma antiga não significa nada. O que você fez com o seu tempo, tanto no plano terreno quanto aqui, é o que conta.

Eu: Então, se você é preguiçoso ou covarde demais para trabalhar suas questões mal resolvidas enquanto está vivo, você pode até ser uma alma antiga, mas terá um nível inferior de iluminação?

Erik: Sim, você entendeu.

Eu: Bem, como você sabe? Como você sabe qual o seu nível de iluminação ou evolução?

Erik: Quando sua alma salta para fora do corpo, ela tem uma memória completa de tudo, e então você avalia como você se saiu nessa vida. Você fez tudo o que poderia ou deveria ter feito? Você julga a si mesmo. Bem, eu não quero usar a palavra "julgar"; você avalia. Você avalia quanto foi bem e então apenas tenta fazer melhor. Quando você está no plano espiritual, não se dá ênfase à autocrítica. Aqui, todos nós percebemos que isso é um desperdício de tempo. Essa é outra diferença muito grande entre a vida após a morte e o plano terreno. Você sabe como as pessoas são autocríticas, quanto elas se depreciam no plano terreno? Total perda de tempo! Se apenas focassem essa energia para melhorar a si mesmas! Agora, não parece que eu sou um sabichão? Que sei tudo sobre qualquer coisa? Há quanto tempo estou no plano espiritual? Não muito. Mas aprendi muito e, mãe, ainda estou frequentando a terapia.

Eu: Que bom, querido! Então, você passa de um nível para outro quando você...

Erik: Ah, sim. Não são realmente níveis... É difícil explicar. Mãe, você sabe que uma das coisas mais difíceis para nós aqui é explicar coisas para vocês que ainda estão no plano terreno, porque temos de traduzir tudo numa linguagem sequencial. E como as coisas não são sequenciais aqui, às vezes a mensagem fica um pouco distorcida, mas...

Eu: Bem, vou tentar não usar o termo "nível", mas qual é a sua posição na vida após a morte, Erik? Você é algum tipo de mensageiro? Quer dizer, você parece interagir com os seres humanos com tanta facilidade, e o impacto que tem sobre todos produz um enorme efeito cascata que acaba influenciando outras pessoas. Alguns membros do blog sentem que você tem uma vibração muito mais elevada ou talvez apenas uma vibração diferente.

Erik: Bem, eu sou um guia em treinamento e nada que eu já tenha feito se parece com isso. Mãe, a gente está preenchido com essa luz, e, quanto mais eu aprendo, mais sábio me torno e mais luz brilha dentro de mim. Estamos todos trabalhando para mudar a consciência coletiva rumo à iluminação espiritual, para que a Terra não tenha que passar por uma mudança radical e traumática. Nunca pensei que estaria fazendo algo tão importante!

Eu: Isso é tão excitante! Não poderia estar mais orgulhosa. Mas, Erik, você tem um guia pessoal onde você está? Caso tenha, qual o nome dele ou dela?

Erik: Eu tenho um monte de guias.

Eu (rindo): Ah, você precisa de toda a ajuda que conseguir, né? Você e eu!

Erik (rindo): Bem, eu mais do que você agora!

Eu: Eu não acho!

[Erik ri pra valer.]

Erik: Estou frequentando a escola para aprender a trabalhar melhor com você e a me conectar com outros seres, tanto da luz e da Terra, no reino espiritual e na Terra. Vou ser um instrutor! Eu simplesmente sei!

[Dou risada do carisma e da confiança do garoto.]

Erik: Vou instruir outras pessoas recém-chegadas. Portanto, há professores, guias, anjos... Posso dar nomes se você quiser, mas é tudo energia. Todo mundo se reconhece por meio dessa energia.

Terapia

De acordo com Erik, as almas que fazem sua passagem depois de ter uma vida difícil, que sofreram mortes traumáticas e aqueles que cometeram suicídio normalmente passam por um período de terapia. Alguns espíritos são treinados especificamente para curar a energia doente dessas almas, bem como para ajudá-las a se beneficiar dos sofrimentos suportados, transformando essas provações em ferramentas valiosas para o crescimento espiritual.

Erik: Mãe, eu não teria tranquilidade e paz aqui se não tivesse passado pela terapia. As pessoas precisam saber que você não passa a sentir essa paz de espírito num passe de mágica, depois que você volta para a vida após a morte. Às vezes você sente uma dor muito mais intensa do que quando estava na Terra. Isso é o que precisamos deixar claro. Não é apenas, "Oh, eu sou um espírito! Tudo é luz e felicidade!". Não, tudo depende da cura. Você pode até fugir dessa porcaria toda aí, mas não pode se esconder. Você tem que fazer essa cura. E às vezes a cura é mais fácil de fazer na Terra, mas as pessoas não percebem isso. Então, vamos ajudá-las a perceber, não vamos, mãe?

Eu: Ótimo! Eu estou com você! Erik, você pode me falar um pouco mais sobre a terapia pela qual passou quando fez a sua passagem? É difícil imaginar espíritos deitados num divã no consultório de um terapeuta, falando dos maus-tratos que sofreram na infância e de pais rigorosos. Como é que essa terapia funciona?

Erik: Fiz terapia individual como no plano terreno, onde eu me sentava e conversava, mas é um pouco diferente na vida após a morte, porque o terapeuta fala muito mais aqui. Estou bastante familiarizado com a forma como os terapeutas falam na Terra, sabe – como eles tentam fazer o paciente falar e chegar a conclusões. Aqui, é uma troca – um dar e receber. E é individual, como no plano terreno. Eu tive sorte porque minha terapeuta é realmente uma gata.

[Dou risada, me lembrando da queda que ele tinha por mulheres bonitas.]

Erik: Mas eles também realizam terapias em grupo, que são especialmente eficientes para as almas que retornam ao espírito depois de ter cometido suicídio ou que tiveram uma morte violenta, como um assassinato ou um desastre, e também almas que tiveram uma doença fulminante. Essas [mortes] são todas elas um choque para a alma, por isso elas têm de se "reagrupar" numa terapia em grupo. É um choque para as emoções, mesmo que fosse o destino da alma morrer dessa determinada maneira. Essas almas ainda precisam de terapia para ajudá-las a superar isso, mas a terapia aqui na vida após a morte é geralmente muito rápida. As almas ficam realmente ansiosas para se curar e seguir em frente. É muito diferente da terapia no plano terreno, porque aqui nós queremos nos curar muito mais rápido e estamos dispostos a isso.

Eu: Quais são os tipos específicos de terapia que almas têm? Pode me dizer, em termos gerais, que tipo de coisas se fala nessas terapias?

Erik: Não sei sobre as terapias que os outros tiveram. Só posso dizer que tipo de coisas eu falava. [A minha terapeuta] me ajudou a ver como algumas das minhas vidas passadas afetaram minha última vida, e mãe, isso foi realmente bom! Foi muito bom para eu superar essa coisa toda. Passei muito tempo pensando nisso. Eu nem sei quantas encanações estava arrastando por aí e como tudo era pesado! É incrível como os seres humanos conseguem até mesmo colocar um pé na frente do outro e viver suas vidas, arrastando toda essa bagagem pesada atrás deles. Você não sabe quanto lixo anda carregando por aí; não sabe quanto esse fardo é pesado até você passar por regressões na Terra, ou até que venha para cá e faça terapia. É incrível a rapidez com que se consegue deixar tudo para trás – como você consegue reconhecer o que passou e, em seguida, deixar tudo para trás! Eu ainda não consigo entender isso.

Eu: Fico tão feliz que você esteja feliz e em paz agora; isso é tudo o que importa.

Erik: Sim, é verdade.

Depois de mergulhar fundo nessas conversas sobre a alma e as suas possibilidades na outra vida, ficou claro para mim que Erik já tinha conseguido encontrar o seu lugar na vida após a morte. Quando nos comunicamos pela primeira vez logo após sua morte, ele parecia confuso e desorientado. Mas agora eu sei que recuperou o equilíbrio, por causa das muitas maravilhas que tem compartilhado, e pela confiança e bem-estar que exibe como uma alma liberta. Ele não está mais em seu corpo físico, mas sabe como agir em sua forma atual e como tirar vantagem das grandes capacidades dessa forma, particularmente a capacidade de criar a sua própria realidade - para viver exatamente da maneira como ele queria, algo que nunca conseguiu enquanto estava vivo na Terra.

Desde a morte de Erik, tenho o hábito de comparar o relacionamento que temos agora com o que eu tinha com ele antes da sua morte. Em muitos sentidos, não é muito diferente, além da ausência gritante do afeto físico, de que eu sinto muita falta. Enquanto ele estava vivo, fiz tudo o que podia para orientar Erik em direção a uma vida plena, vivida com significado e senso de propósito e relevância. Todos os meus esforços pareciam em vão, no entanto, porque Erik nunca se interessou pelo seu futuro; para ele, tudo o que importava era o momento. Talvez, no fundo, ele soubesse que seu futuro estava em outro lugar. Hoje eu ainda me esforço para orientá-lo e apoiá-lo em direção à sua realização pessoal, só que agora eu faço isso ajudando-o a se expressar aqui na Terra.

8

A natureza da vida após a morte

Como eu mencionei no início deste livro, a compreensão dos conceitos e ideias da vida de Erik como alma liberta, e do que realmente significa a vida após a morte, era talvez o meu objetivo mais importante quando busquei esse novo relacionamento com meu filho. Como eu queria ter certeza de que ele estava num lugar bom e em boas mãos! Encontrei muito alívio e esclarecimento nas conversas a seguir com Erik sobre a natureza da vida após a morte. Espero que essas informações tragam tanto conforto para você quanto trouxeram para mim. O que de mais importante eu desejo a você, leitor, é que conclua de nossas conversas nesta seção que a vida após a morte é um lugar onde as possibilidades são infinitas e onde estamos verdadeiramente em casa quando deixamos nosso corpo. Erik descreveu a vida após a morte como um mar de amor incondicional, talvez o único lugar em que aceitamos de bom grado nos afogar.

Como é a vida após a morte?

Eu: Erik, como é realmente a vida após a morte?

Erik: Qualquer coisa que você queira que ela seja! Imagine a vida no plano terreno como se você vivesse usando óculos com lentes muito, muito embaçadas. Aqui, as cores são mais vivas do que você pode imaginar – cem vezes mais do que no plano terreno. [A vida após a morte] se parece com qualquer coisa que lhe agrade no momento. Onde estou agora, a grama é roxa, e é linda. Há flores em todos os lugares, e se ouve música o tempo todo. Me disseram que a música é o elo entre a vida após a morte e a Terra. Ela é vibracional. É tão legal, mãe, todas as informações que você recebe aqui! E elas fazem todo sentido! Sabe, quando eu estava aí com vocês, as coisas não faziam muito sentido pra mim: as pessoas e seus problemas, as guerras, e toda essa desarmonia – simplesmente não faziam sentido nenhum. Havia tantas contradições! Pessoas dizendo uma coisa e fazendo outra. Mas aqui é tão diferente! É realmente muito bonito. Há outras pessoas aqui que eu visito, e existem até mesmo animais. Você sabia que eu posso conversar com os animais aqui?

Eu: Nossa! Isso é maravilhoso, querido!

Erik: Sim, e eu realmente adoro isso. Sei que, com seu trabalho, você já viu a morte de perto. Então, espero que isso ajude você, sabe, a minha explicação de como é a vida aqui. Posso apenas dizer que é a coisa mais legal do mundo! Há lugares aqui, como grandes coliseus, onde você pode ir, e há música! Há amor em toda parte, e você sabe o velho ditado de que o amor cura tudo? É claro que ouvi isso quando eu vivia aí, mas agora vejo que isso é mesmo verdade.

Eu: Com certeza vai me ajudar, querido. Ok, então você está dizendo que, onde você está agora, a grama é roxa. E é só para você ou para qualquer pessoa? Em outras palavras, você e outra alma podem estar um ao lado do outro e verem uma paisagem diferente?

Erik: Bem, podemos fazer as duas coisas, mãe. Podemos ver a mesma paisagem através dos "olhos" da outra pessoa, porque, olha só...

[Ele está muito animado neste ponto da conversa.]

Jamie (rindo): Ele virou as palmas das mãos para cima.

Erik: Escute, mãe, se a pessoa está sentada ao meu lado, ela está dentro da minha energia e, quando fazemos isso aqui, podemos mesclar perspectivas e fundir a nossa consciência com a consciência do outro. Assim, se eu estou vendo a grama roxa e brilhante, então a pessoa sentada ao meu lado pode ver através dos meus olhos o que eu estou vendo - e eu posso ver através dos olhos dela.

Eu: Isso é incrível, Erik! Mas e se você e seus amigos quiserem ir surfar numa praia. Vocês têm que criar essa realidade coletivamente?

Erik: Sim, mas há muitas pessoas que têm o mesmo desejo, de modo que essas praias [já] existem, e podemos ir para esse lugar a qualquer momento.

Eu: Ah, entendi! Um amigo seu pode fazer esqui na neve enquanto você surfa, embora estejam próximos um do outro?

Erik: Isso mesmo. Você pode criar um reino sobre outro reino já criado. É incrível, mãe.

Eu: Além disso, você não corre o risco de quebrar uma perna ou ser comido por tubarões!

[Erik ri.]

O dia a dia na vida após a morte

Eu: Erik, por que a vida após a morte que você descreve é quase igual ao plano terreno, em algumas existências?

Erik: É, tem até pizza! Mãe, nossas vidas no plano terreno nos treinaram para isso. São as nossas lembranças e os nossos pensamentos, ainda querendo estar vivos. São os nossos confortos, ainda querendo estar vivos.

Eu: Ah! Ok.

Erik: E por isso nós os criamos. Criamos esses confortos com as nossas lembranças. Nem todo mundo faz isso, no entanto.

Eu: Certo.

Erik: Mas é realmente maravilhoso.

Eu: Sim. E quando você cria esse ambiente, é nesse lugar que a sua vibração está... Ela fica mais parecida com a vibração terrena?

Erik: Sim, e isso é muito bom, porque nós nunca ficamos sem espaço!

Eu (rindo): Aposto que não! Então, como você se encontra com outros seres na vida após a morte? Tem de haver algum tipo de ligação, como vidas passadas em comum?

Erik: Não, não tem de haver uma ligação do passado, porque já estamos todos ligados de certa maneira. Mas existem essas famílias de almas que reencarnam juntas. Essas famílias podem ser de qualquer tamanho, desde muito, muito grandes até bem pequenas, e você é recebido pela sua família anímica quando faz sua passagem. Claro, eles fizeram amigos e você fez amigos. Basta pensar em alguém e essa pessoa está lá. Assim como quando você pensa em mim, mãe. Então eu estou aí. Ah, ou se for alguém famoso como Michael Jackson, você pode apenas pensar nele e pedir para conhecê-lo. É como usar o telefone, mas você não precisa do número.

[Jamie e eu rimos.]

Erik: E nós temos eventos sociais!

Eu: Ah, que legal!

Erik: Temos música, como eu disse, e temos - acho que você poderia chamar de danças, mas são diferentes. Temos encontros, palestras. É como eu imagino que seria se nos sentássemos nos degraus do Parthenon, com todos os filósofos gregos sentados ao redor, falando sobre astrologia. Temos esses debates, e conversamos sobre fé e o destino da Terra, e sobre como podemos participar e ajudar.

Eu: Isso parece incrível! Certo. Vocês têm hospitais, escolas, shopping centers, restaurantes ou qualquer outro estabelecimento comercial como os que temos aqui na Terra?

Erik: Bem, não existem restaurantes, porque não precisamos de comida. Há música, coros, dança - é lindo! Temos jardins e animais, e bibliotecas em todos os lugares. Há livros de grande sabedoria, que você nem imagina! Você pode aprender sobre qualquer coisa do universo e sobre qualquer ser de outros mundos - e existem outros mundos, universos e dimensões, mãe. Não existe nenhum hospital como aquele em que você trabalha, porque nós na verdade não precisamos de cuidados médicos, mas há lugares para a cura energética, como centros de cura. Isso existe especialmente para aquelas almas que fizeram a passagem para cá como eu ou outras pessoas que morreram de uma doença súbita ou tiveram vidas ou mortes traumáticas. É mais como um lugar de descanso, com agentes de cura e anjos. Não existem cinemas, porque podemos ver tudo que precisamos ver quando observamos a Terra. Podemos ver, você sabe. Eu visito você, e isso é melhor do que qualquer filme.

Eu: Mas você e seus amigos podem criar [coisas como essas] se quiserem?

Erik: Sim, se quisermos passar por essa experiência. Temos reuniões com amigos e familiares – existem famílias aqui, é claro. Muita diversão. Escolas em todos os lugares. Todo mundo que vem para cá aprende algum tipo de ofício ou habilidade. Alguns aprender a ser agentes de cura energéticos, enquanto outros treinam para ser orientadores como eu.

Eu: Então, você diz que tem uma televisão de tela plana aí; que tipo de programação você assiste?

Erik (com um grande sorriso maroto): O que eu bem entender!

[Erik ri histericamente de sua resposta maliciosa.]

Erik: Mãe, é muito legal, porque, como eu disse, podemos assistir aos programas que queremos quando queremos.

Eu: TV Celestial *on-demand*!

Erik (rindo): Exatamente. Enquanto eu me sento e como a minha pizza.

[Erik, Jamie, e eu rimos muito.]

Eu: Vocês, na vida após a morte, comemoram feriados? Tipo, vocês têm um Dia das Mães, aniversários de morte, aniversários de nascimento, Natal, Chanukah e tudo mais?

Erik: Não, na verdade. Celebramos, no entanto. Muitas vezes nós celebramos – já que estamos tão perto da Terra – a mudança das estações da Terra, mas também comemoramos o dia em que chegamos aqui, o que seria a nossa data de aniversário, na realidade.

Eu: Sim, isso faz sentido.

Erik: Mas, lembre-se, a maioria desses feriados foi criada com um propósito comercial, mãe.

Eu (rindo): Eu sei!

Erik: Não temos comércio aqui!

[Jamie ri.]

Camadas e níveis

Como ser humano, estou acostumada a ver certas estruturas no ambiente em que vivemos, o que inclui várias regiões, como bairros, escolas e centros comerciais. Pedi a Erik para contar se a vida após a morte tem uma estrutura semelhante.

Eu: [Existem] regiões de algum tipo [na vida após a morte]? Sabe, como aqui nós temos diferentes bairros?

Erik: Toda a energia existe em camadas, mãe. No plano terreno, não existe nenhuma diferenciação entre as camadas energéticas como existe aqui.

Eu: Ok. E essas camadas se diferenciam de acordo com sua densidade, como água e óleo?

Erik: Como água e óleo, sim. Não exatamente, mas...

Eu: Então, sua capacidade de se mover de uma camada para outra, Erik, se baseia na sua densidade vibracional?

Erik: Isso mesmo. E como a minha densidade vibracional diminui de acordo com a minha evolução espiritual, posso entrar na camada vibracional que corresponde à minha. Isso permite que a minha energia se mova através de outras energias. Na minha atual densidade, posso me mover através de camadas de energia que são da mesma ou de maior densidade, mas só quando minhas vibrações aumentam é que eu posso penetrar as camadas menos densas, mais sutis. Não é uma hierarquia no sentido de superior/inferior, no entanto. É só que as coisas são assim e pronto.

Eu: Então você está dizendo que partes da vida após a morte diferem em termos de vibrações ou de energia?

Erik: Existem diferentes "áreas" da vida após a morte com intensidades e tipos de energia diferentes. Digo "área", mesmo que não se trate de fato de um reino bi ou tridimensional, mas eu tenho que usar esse termo para explicar de uma forma que você possa entender. Você pode olhar para isso em termos de níveis de vibração. Dentro de certas vibrações, sua perspectiva é estreita; em outras, é mais ampla.

Eu: Ok. Então quanto mais baixa a vibração, mais estreita é a sua [vibração pessoal]?

Erik: Sim. Vamos supor que estejamos falando de ateus; eles [optam por] não acreditar em nada. Eles têm uma vibração mais estreita; têm uma vida após a morte vibracional diferente. Mas quando chegam e dizem: "Não posso acreditar que eu pensava desse jeito", ou "Gostaria de saber onde meu cachorro está", então nós temos condições de interferir com outra energia vibracional e ajudar essa alma a perceber que existe muito mais [em termos de] existência. Mas não podemos intervir a menos que sejamos de algum modo convidados.

Eu: De que modo essa alma pode "convidá-los"?

Erik: Abrindo-se ou aumentando o seu nível vibratório.

Eu: Isso me lembra de como é difícil para vocês, espíritos, se manifestar ou se comunicar quando estamos sentindo uma tristeza profunda.

Erik: Sim! É isso mesmo! Quando você está muito triste, seu nível vibracional fica denso demais para que a gente o ultrapasse.

Eu: Li que existem sete planos entre o plano físico e a "Fonte". Isso é verdade? Vocês têm planos astrais: sete planos dimensionais, no qual o sétimo é a Fonte. É isso mesmo?

Erik (rindo): Não!

Eu: Ok, então isso não é verdade. Eu ia perguntar em que plano você está, mas...

Erik: Não, existem camadas, mas muito mais do que sete.

Eu: Legal!

Erik: Seria bom se fosse como um bolo de sete camadas...

Eu: Ahã.

Erik: ... mas existem outras dimensões entre essas. Muito mais, mãe.

Eu: Posso imaginar. Mas esse livro que estou lendo, chamado *The Lightworker's Way*, diz que Gandhi está no sexto nível, Madre Teresa também etc.[2] O plano astral é o primeiro depois do plano físico. Mas tenho a impressão de que talvez não haja níveis distintos como existem no bolo de sete camadas que você mencionou. Provavelmente não níveis da maneira como nós os concebemos no espaço físico, tridimensional.

Erik: Tem razão! E muito menos da maneira como vocês usam a sua linguagem para descrevê-lo.

Eu: Então, de que dimensão você é, Erik? Madre Teresa viveu na Terra, mas ela era mesmo um ser da sexta dimensão, como se supõe aqui?

Erik: Sim, há pessoas na Terra que vivem num plano dimensional mais elevado, mas residem no corpo tridimensional.

Eu: Ahã. Então, de que dimensão você é, Erik, se pudesse dividi-las em sete planos?

Erik: Hum, a pergunta na verdade não é de que dimensão eu sou; mas em que dimensão eu estou, porque a dimensão de onde você vem na realidade não tem relação com quem você é.

Eu: Ok. Bem, isso faz sentido [pelo menos um pouco!].

[Jamie ouve Erik por alguns segundos e então ri.]

Jamie (para Erik): Você conseguiu isso mesmo? Está quase na sexta dimensão?

Eu: Ah, ok! Então você está realmente lá em cima! E em que dimensão eu estou? Sei que não estou sempre na Terra – já disse isso a você!

[Jamie ri.]

Eu: Deus! Metade do tempo eu estou em outro lugar... Acho que estou estacionada em fila dupla na Zona da Penumbra.

Jamie (ainda rindo): Ele acha que você está entre a quarta e a quinta dimensão.

Erik: A Zona da Penumbra – bem que você queria que existisse, mãe! Algum lugar entre seu chazinho da noite e o sono profundo!

[Dou risada, concordando.]

Eu: Então, sempre que eu o colocava de castigo, estava na verdade ajudando você a subir de nível!

[Erik ri.]

Eu: Você tem que estar morta ou no plano espiritual para estar em alguns desses planos superiores, ou...

Erik: Ok, as pessoas passam por vários planos, depois que fazem a passagem. Tenho certeza de que a Terra está no plano tridimensional, por isso há locais de vibrações mais elevadas e outros de vibrações mais baixas.

Eu: Não consigo imaginar vibrações mais baixas do que as da Terra. As inferiores são bastante pesadas! Como o plano que está mais no alto é chamado?

Erik: Eu chamaria de Fonte.

Linguagem e comunicação

Erik explicou que a comunicação com o plano terreno é difícil porque a nossa linguagem é sequencial enquanto a dos espíritos, na vida após a morte, não é. Mas eu queria aprender mais sobre a forma como os espíritos se comunicam e a linguagem que eles usam.

Eu: Existe uma linguagem universal onde você está, Erik? Como as almas se comunicam no plano espiritual?

Erik: É meio como a telepatia, mas é preciso imprimir mais sentimento no que está sendo dito. Os sentimentos são a energia de base e nós somos energia, portanto... Ah, e nossas bocas não se movem.

Eu: Oh!

Erik: Bem, claro que não! Não é como se tivéssemos lábios reais e cordas vocais e outras coisas! Nós não precisamos disso. Há muito a dizer sobre – ah, deixe-me apenas mostrar.

[Longa pausa.]

Jamie: Ah! Esse é um visual muito legal! Imagine uma pessoa em pé numa sala, e todos os seus pensamentos e palavras e o modo como ela se sente girando em torno dela, como um sistema solar, de modo que, quando outra pessoa se aproxima dela, toda essa informação já está acessível. Não precisa ser comunicada.

Erik: Sim, é como se a informação fosse codificada em energia; informação é energia e vice-versa. Então, já que somos todos energia, incluindo vocês do plano terreno, toda essa informação está acessível, embora seja mais acessível ainda para quem está no plano espiritual. Como você acha que os médiuns ou videntes se comunicam ou veem o passado ou o presente? Como uma pessoa que está no carro ao seu lado num semáforo percebe quando você está olhando para ela e então se vira para olhar para você? Ela pode sentir, fundir-se com você, comunicar-se de muitas maneiras diferentes. Mas telepatia... bem, eu acho que é a melhor maneira que eu tenho de explicar isso, mãe.

Eu: Como são os sons da linguagem que vocês usam?

Erik (rindo): Não são realmente sons, mãe. É reconhecimento da alma. É algo sentido instantaneamente. Pense nos espíritos que trafegam pela Terra: nós pensamos onde queremos ir e já chegamos [lá].

Eu: Ahã.

Erik: Bem, se queremos saber alguma coisa, e nosso nível vibracional está à altura do que desejamos saber, pensamos nisso e já sabemos. Então, esses espíritos que acessam nosso campo conseguem estabelecer comunicação. Nós não falamos numa língua; não nos comunicamos por meio de conversas longas e extensas. Nós temos sons, no entanto. A energia não é silenciosa; temos tons e sons e linguagens de todos os tipos, mas tudo é compreensível. *Tudo.*

Eu: E quanto aos Registros Akáshicos?

Erik: São registros onde tudo – todas as informações – está documentado visualmente numa só linguagem.

Eu: Ok. Por quê?

Erik: É na verdade arcaico. Não precisamos de [línguas] escritas. Acessamos a energia para obter informações, mas, em algum momento ao longo da evolução do ser humano, a palavra escrita esteve presente. Consequentemente, a documentação começou.

Jamie (rindo): "Consequentemente"? Sério, Erik? *Consequentemente*?

[Erik ri.]

Erik: Então, na verdade, é uma espécie de pensamento humano, uma decisão humana.

Eu: Ok. É interessante. Então, é assim que você sabe tudo, Erik? É como uma teia a que você tem acesso – como uma teia de energia?

Erik: Sim, e não é como se ela estivesse acima ou abaixo de você, mãe. Não é algo que confine você ou que contenha você. Ela simplesmente existe, e você pode trazer a consciência para seu corpo – seu corpo espiritual – e se acalmar e absorver a informação que você está procurando. É muito suave. É fácil; não é nada abrupto. Não vem "na sua cara", sabe?

Eu: Sim, eu entendo.

Erik: Ela só vem quando você está disposto a recebê-la. E um monte de gente...

Jamie (com uma frustração simulada): Ele fala rápido demais! Devagar, Erik!

Erik: Um monte de gente, quando morre, não sabe como fazer isso e nem quer saber. Então fica nas vibrações mais baixas.

Eu: Parece que tudo tem de estar em sintonia com o nível de vibração.

Erik: Isso mesmo.

A evolução da vida após a morte

Agora que eu vejo a vida após a morte como algo dinâmico, particularmente na forma como ela é influenciada pelos sistemas de crenças, eu me pergunto se, de uma perspectiva coletiva, ela muda ou evolui ao longo do "tempo".

Eu: Erik, a vida após a morte evolui assim como nós? Eu entendo, pelo que você disse, que a vida após a morte evolui para nós como indivíduos, mas e quanto ao coletivo? Quero dizer, eles têm computadores lá agora?

Erik: Não.

Eu: Não há computadores?

Erik: Mãe, nós *somos* os computadores. Toda a vida após a morte, todo o universo, todas as dimensões do universo, e eu quero dizer *todas* as dimensões em cada universo, são feitos de informações. Ondas de informação.

Eu: Uau, isso é realmente fascinante! Então, como era a vida após a morte para os homens e as mulheres das cavernas quando eles morriam? À medida que a humanidade evolui, o que acontece com a vida após a morte?

[Longa pausa.]

Jamie: Ele está chamando alguém para ajudá-lo. Erik mencionou anteriormente que, onde ele está, tudo flui como música.

Eu: Hum! Que bom!

Jamie: Mas a maneira como ele disse isso veio acompanhada de um visual incrível. Então tudo acontece com harmonia; tudo flui como música. Nada está em conflito com nada; nada desafia a existência de nada. Ele diz que tudo o que é, é.

Eu: Ok.

Jamie: Essa é a minha nova frase favorita!

Eu: Sim, eu gosto dela! Por aqui, o certo e o errado colidem entre si, então posso entender quanto deve ser bom estar no mundo espiritual.

Jamie (saboreando cada frase): "Tudo flui como música"; tudo em harmonia. Essa é a minha frase favorita!

Eu: Sim, eu gosto dela!

Jamie: Hum, há um sujeito bem grandalhão aqui agora.

Eu (de brincadeira): Ah, talvez seja um homem das cavernas!

Jamie (rindo): Acho que os homens das cavernas eram mais baixos e atarracados. Este não vai passar pela minha porta, e eu tenho aquelas portas industriais, com mais de dois metros de altura.

Eu: Ahã.

Jamie: Então, ele tem, fácil, uns 2,20 a 2,50 metros.

Eu: Uau! Sério?

Jamie: Adam. Ele disse que o nome dele é Adam. Disse que é um nome simples, mas avisou: "Você vai preferir que ele seja simples".

[Jamie e eu rimos.]

Jamie: Eu disse: "Tudo bem". Então, o nome dele é provavelmente muito mais complicado.

Eu: Ah, sim, aposto que sim.

Jamie: Ele está dizendo "olá" para você.

Eu: Olá para você também!

Jamie: Ele disse que está conversando com Erik. "Er-ikkkk". As consoantes são muito marcadas.

[Jamie ri.]

[Longa pausa enquanto Jamie ouve Adam falar.]

Jamie: Então, a pergunta era o que os homens das cavernas viam quando morriam?

Eu: Ahã.

Jamie: Ele diz que a vida na Terra nessa época ainda era considerada nova. A Fonte de Deus não tinha se dividido de muitas maneiras. Era mais pura. Vibrações mais baixas estavam sendo vivenciadas - sobrevivência, alimentação, alegria das maneiras simples. E era uma bênção que eles tivessem um foco tão estreito - não em sua evolução, mas na sobrevivência. Dessa forma, Deus poderia experienciar [ser Deus]. Reencarnação já existia? Hummmm. Eu acho que ele está dizendo que existia.

Eu: Ok.

Jamie: Então, quando eles morriam, a Fonte de Luz os atraía para mais perto e, em seguida, os colocava de volta na vida na Terra. Era a alegria da separação que era emocionante, a empolgação – a alegria da separação e o fato de se desenvolver fora da Fonte de Luz.

Jamie (para Adam): Então, "Fonte de Luz" e "Fonte Divina" são sinônimos para vocês?

Jamie: Sim. Ele chama de "Fonte de Luz", mas sabe que usamos a palavra "Deus".

Eu: Ah, ok.

Jamie: Ele está dizendo que [a] Fonte de Luz expande-se para outras formas de vida também. Não se baseia apenas na Terra.

Eu: Sim. Isso faz todo sentido. Sabe, como "Deus" está se dividindo e se experimentando, evoluindo assim como consciência ou seja lá o que for que estiver evoluindo também.

Jamie: Ele abriu um grande sorriso, como um menino.

Eu: Bem, Adam, obrigada!

Jamie: Ah, ele está fazendo uma leve reverência; diz que você é bem-vinda, e que vai continuar à sua disposição e de Erik.

Eu: Ah, bem, obrigada, Adam!

Jamie (rindo): Ele está acenando para Erik. Erik disse "Obrigado!".

O que é de fato "real"?

Depois de conseguir tanta informação sobre a vida após a morte, fiquei me perguntando o que é real: a vida aqui no plano terreno ou a vida onde Erik está agora. Ou é tudo uma ilusão criada por nós – uma energia senciente que é autoconsciente e pode criar qualquer realidade que quiser?

Eu: Nós consideramos uma grande parte da vida no plano terreno uma ilusão. Sabemos que as pessoas que deixam a vida encarnada vão para casa e têm uma experiência de vida após a morte com base em suas crenças e expectativas – como o fogo do inferno, enxofre, purgatório e assim por diante –, e sabemos que tudo isso é ilusão. O céu é uma ilusão também? É tudo uma ilusão? Você diz que vocês fazem o que querem: pizza, televisores de tela plana, o que quer que seja. Tudo isso é apenas outra forma de ilusão, como no plano terreno? Ai, estou andando em círculos. Desculpe. Em suma, tudo na criação é uma ilusão?

Erik (rindo): Não, nem tudo pode ser uma ilusão. Você precisa ter uma base. Precisa ter o real para contrabalançar a ilusão.

Eu: Ok. Então o Céu não é uma ilusão, mas nós criamos ilusões ou elementos ilusórios dentro dele?

Erik: Tudo é real no que alguns chamam de Céu. As pessoas é que criam uma imagem do inferno para si mesmas, o inferno não existe por si só, mas elas poderão criar o fogo e o enxofre de que falam as religiões. O inferno é uma questão pessoal para elas. Não é aquele lugar onde há julgamentos e maldições. As ilusões existem apenas no plano terreno.

Eu: Alguma coisa mais que você queira dizer sobre a vida após a morte, Erik?

Erik: Ah, nós podemos falar sobre esse assunto o dia todo, mãe.

Eu: Bem, como não temos o dia todo, você pode me falar só mais alguma coisa?

Erik: Nada é fixo. Tudo o que existe, existe porque alguém acredita naquilo, não porque foi criado por uma pessoa.

Eu: Ok.

Saber em que lugar Erik vive me conforta. Ele está feliz, está crescendo, está sendo bem cuidado. No final, a vida após a morte parece ter poucas diferenças em relação ao mundo físico onde residimos. Lá, nós não temos um corpo físico e podemos criar a realidade com nossos pensamentos de modo mais instantâneo. Mas essas parecem ser as únicas grandes diferenças.

9

As almas

Erik explica um pouco mais os aspectos da própria alma. Algumas das perguntas que ele responde incluem: existe mesmo reencarnação? As almas evoluem? As almas nascem, envelhecem e depois morrem? Elas evoluem no pós-vida, da mesma forma que evoluem no plano terreno? Erik também explica sobre os tipos de almas: as das crianças, as que passaram por uma experiência de quase morte e muito mais. O que acontece com elas? Como são tratadas? Esta é apenas uma amostra da enorme quantidade de informações que Erik nos dá para nos ajudar a entender melhor quem realmente somos no grande esquema da vida e do universo.

Reencarnação

Eu: Quando é que as almas entram no corpo? Na concepção, no nascimento ou as duas alternativas estão corretas?

Jamie (rindo): Ele disse: "Alternativa D, todas as opções anteriores!".

Erik: A lição de alguns espíritos é começar desde o início, na transição para o desenvolvimento celular de um feto. Assim, seu processo começa muito antes da concepção.

Eu: Ah, uau!

Erik: Sim, [fazem isso] porque têm que passar por todo o trâmite até o plano terreno – sentir a sua vibração diminuindo até a vibração humana, a vibração celular. É um processo muito puro, muito limpo, mas bem difícil. A maioria dos espíritos que eu vi "monta a sela de lado".

[Jamie ri da descrição de Erik.]

Jamie: Essa é uma metáfora engraçada. Erik diz que eles "montam a sela de lado" na barriga da mãe até que o bebê esteja não totalmente desenvolvido, mas quase totalmente desenvolvido, para que o espírito possa se fundir com ele.

Erik: Há raras ocasiões em que o bebê nasce e o espírito não está totalmente ligado ao corpo; isso pode acontecer. Mas, principalmente...

[Há uma longa pausa. Acho que, neste ponto, Erik decidiu não terminar a sentença. TDAH espiritual!]

Eu: Acho que isso pode acontecer durante qualquer etapa do processo. Então, quando são bebês, as almas podem entrar e sair do corpo quando querem?

Erik: Sim, quando são bebês, quando são criancinhas. O que chamamos de "estado onírico", quando você pode mudar seu foco e simplesmente projetar sua imaginação, a sua intenção – essa é uma experiência fora do corpo para uma criança. Elas podem entrar e sair do corpo com muito mais facilidade do que um adolescente ou um adulto. Então, quando as pessoas ficam mais velhas, muitas vezes podem fazer a mesma coisa com muito mais facilidade do que antes.

Eu: É como se elas estivessem se preparando para ir para casa.

Erik: É, algo assim.

Eu: Agora, o que a alma sente quando volta a reencarnar num corpo? Ela adormece primeiro? Qual é a sensação? Acho que deve ser algo parecido com o que sinto quando quero voltar a entrar na minha calça jeans depois das férias. Tenho que enfiar os polegares nos passantes e dar uns pulinhos para ela subir.

[Jamie e Erik caem na risada. Tenho certeza de que Erik já me viu toda vermelha enquanto lutava para enfiar meu jeans. Será que uma garota simplesmente não pode ter seus momentos de privacidade?]

Erik: Essa é uma pergunta difícil, porque isso é algo específico de cada pessoa. A experiência muda de pessoa para pessoa. Mas, em geral, é como dormir. Não sei como descrever isso, exceto dizendo que é como um momento de simplificação. Além do mais, depende de como você está encarnando. Você vai entrar no corpo durante a concepção ou aos quatro meses de gravidez, ou aos seis, aos oito ou no momento do nascimento? Isso faz muita diferença no modo como você precisa ajustar seu espírito ao corpo.

Eu: Sobre o tema da reencarnação, os animais voltam como animais, as plantas voltam como plantas e os seres humanos voltam como seres humanos ou...

Erik: Os animais têm uma alma muito parecida com a dos seres humanos, por isso, quando uma pessoa se sente atraída por um certo animal, isso tem um motivo. Tudo é energético; tudo é energia. Portanto, eles podem voltar como animais ou podem voltar como pessoas. Se você se sente atraído por um determinado animal - quase chega a entender esse animal, como os encantadores de cavalos, é bem provável que você já tenha pertencido a essa espécie.

Eu: Ok. Então eu nunca fui uma barata. Isso é ponto pacífico.

O ciclo de vida das almas

Como seres humanos, nascemos, vivemos e morremos. Tudo segue uma sequência previsível. Por causa disso, presumimos que todos os outros seres vivos, independentemente de qual seja a dimensão em que se encontram, têm um ciclo de vida sequencial também. Mas, visto que os conceitos preconcebidos sempre me criaram um monte de problemas, decidi perguntar a Erik sobre o nascimento e a morte das almas libertas e se ambos de fato ocorrem, para início de conversa.

Eu: O espírito individual um dia nasceu da Fonte ou ele sempre existiu? Qual é a época mais distante de que um espírito pode se lembrar?

Erik: Espíritos individuais não nascem. Eles são apenas um...

Jamie (para Erik): Tudo bem. Basta explicar.

[Pausa.]

Jamie (para Erik, rindo): Não, eu não acho que exista uma palavra para isso, também! Ele disse: "Quero uma palavra que signifique pedaço - tipo 'ser um pedaço de alguma coisa', mas ainda ser parte dessa coisa". Ele estava me dizendo quanto o inglês pode ser limitado. Eu disse: "Só tente explicar" e ele falou: "Tudo bem".

Erik: O espírito humano não nasce. É apenas uma parte do todo.

Eu: Certo.

Erik (parecendo um pouco frustrado com a falta de palavras): [É como um] holograma. Não conheço nenhuma outra coisa que seja assim – algo que você possa fragmentar e pegar todas as peças, e olhar para cada uma delas e ainda ver uma imagem completa. Assim, Fonte Primal, Fonte Divina, Força Vital, seja como for que você queira chamá-la, nós somos pequenas partículas desse todo. Embora nos identifiquemos na forma humana como seres separados, nós não somos. Somos uma parte do todo; estamos todos conectados. É apenas nas camadas sutis de energia que nós não vemos essa divisão. Muitos de nós podem sentir isso, mas a maioria não consegue. Então, não nascemos realmente, porque toda a Fonte Primal, ou qualquer que seja o nome que você dê a ela, sempre existiu. Desde que época você consegue se lembrar? Hum, isso vai depender de você. Se...

Jamie (rindo): Você conhece aquele jogo *paddleball*?

Eu: Ah, sim.

Jamie: É uma corda elástica e uma bola de borracha na extremidade, e você tenta bater nela com a raquete.

Erik: Você conhece a versão infantil, que tem um elástico curto e é muito mais fácil de jogar. Mas, se você joga com a de adulto, ou com uma versão mais barata, em que o elástico tem mais de um metro de comprimento, você não consegue nem balançar a bola, porque o elástico é muito longo.

Eu: Ah, Deus... Eu nunca joguei nem com a versão infantil.

Erik: Ok, então a bola é o espírito humano e a raquete é a Força Vital, a Fonte Divina.

[Jamie ri do que Erik está falando agora.]

Erik: E a corda, o elástico, é a energia sutil que nos mantém unidos e ligados. Às vezes, logo que você se desprende da Fonte Divina, seu elástico é muito curto e você ainda tem uma conexão e lembranças intensas. E essas lembranças podem remontar a uma época bem distante...

Jamie (rindo): Hum, ele soltou um palavrão.

Eu: Epa.

Jamie: A palavra que ele quer usar é "começo", mas Erik se recusa a dizê-la, porque ela não é precisa.

[Jamie e eu rimos do dilema dele. Pobre Erik.]

Erik: Mas em nosso mundo linear, é assim que nós o chamaríamos. É o "começo".

Jamie: Ele está gritando comigo: "Essa não é a palavra certa!", E eu digo: "Eu sei, mas você não me deu outra palavra, deu?".

Eu: Ah, ele está inconsolável!

Jamie: Sim. E bravo! Uau. É um assunto que mexe com os nervos dele!

Erik: Sim! A linguagem é algo que me deixa irritado. É burra. Gostaria, se pudesse, de apenas fechar os olhos e se, você me sentir, vai captar.

Eu: Posso sentir, mas não posso escrever isso [no blog]. Mas eu posso sentir o que você está falando, Erik.

Erik: Não é linear, mas o que você chamaria de volta ao começo. Porque você é parte da Fonte Divina, você tem todas as experiências e lembranças que Deus tem.

Eu: É quase um *lugar* em vez de uma linha do tempo, certo?

Erik: Sim! Sim, sim, sim, sim! E alguns de nós têm essa corda elástica bem longa, e só queríamos chegar o mais longe possível, só porque era o que queríamos fazer. E ninguém nos julgou por isso. Nós simplesmente fizemos isso, e às vezes é difícil até pegar a bola com a raquete.

[Jamie começa a rir.]

Eu: Ok, então você consegue se lembrar da época em que nos separamos da Fonte?

Erik: Nossa, sim!

Eu: Uau! Qual é a sensação?

Erik: Eu só posso falar por mim.

Jamie (rindo): Ele vai ficar todo zen com você!

Eu: O quê?

Erik: Vou ficar todo zen com você.

Eu (rindo): Ok. Entendi.

Jamie: Só estou rindo porque o jeito como ele disse isso foi tão antinatural [para ele]! É engraçado. Ele pôs os cotovelos sobre os joelhos e está se inclinando para a frente.

Erik: É como quando a gota de chuva deixa a nuvem. É essa a sensação.

Eu: Aaaah! Espere, que sensação é essa? Não sou um pingo de chuva e não sou uma nuvem.

Erik: Talvez você devesse ser, mãe.

Eu (rindo, em tom de brincadeira): Ah, Deus, seu pestinha! Se fosse assim, eu poderia chover em você. Então, explique!

Erik: Bem, não é na verdade uma sensação. Não é empolgante nem assustador nem nada disso. Não é como dar à luz nem doloroso ou...

Eu: É como um sopro?

Erik: Sim, como quando você expira, sabe, o ar que deixa seu corpo tão facilmente quanto entrou. Odeio desapontá-la, mas não tem nada de extraordinário.

Eu: Bem, eu não chamaria de decepcionante. Você pode ferir os sentimentos da Fonte, sabe.

Erik (rindo): Não, eu não poderia! A Fonte não julga!

Eu: Só estou brincando, seu bobo! Como são as novas almas criadas? Se é que são criadas. Suponho que poderiam ter sempre existido, sem que houvesse um ponto de partida.

Erik: Não sei a resposta para essa pergunta, então vou perguntar aos seus guias.

[Pausa,]

Erik: Ok, ok. Eis o que eles me disseram: as novas almas são criadas pela entidade todo-poderosa que vocês às vezes chamam de "Deus", a Fonte, a Luz. Eles estão me mostrando que, quando você tem uma alma já existente, ela pode ser dividida, várias e várias vezes, em muitas outras almas, que são como que a prole dessa alma. Deus, ou a Fonte, facilita esse processo.

Eu: Ok. E quem decide quando isso vai acontecer?

Erik: A Fonte todo-poderosa.

Eu: Será que esse ser todo-poderoso continua criando novas almas?

Erik: Sim.

Eu: Existirá um tempo em que o ser todo-poderoso, seja Ele ou Ela, vai parar de criar almas?

Erik: Bem, essa é uma pergunta sobre o tempo, mas em poucas palavras a resposta é não, não que eu saiba.

Eu: Então é quase como galhos se ramificando ou tentáculos? É assim que eu vejo.

Erik: É exatamente assim. Se puder, tente imaginar um feixe de luz se tornando um novo óvulo fertilizado; ele se divide em dois; em seguida, em três; depois, em quatro. É a Fonte se fragmentando e se tornando uma alma, quando chega a hora certa; numa outra alma, em duas outras almas...

Eu: Essa alma original tem alguma coisa a ver com as nossas vidas paralelas?

Erik: Não, cada alma assume uma personalidade diferente e um nível diferente de iluminação.

Eu: Ah! Então, a alma não parte do nível da iluminação do qual ela veio?

Erik: Não. É como quando os seres humanos dão à luz. São [os filhos] exatamente como os pais? De jeito nenhum!

Eu: Ah, interessante! Ok.

Erik: E cada [alma] está por sua própria conta. Além disso, novas almas virão de cada uma [dessas] almas à medida que amadurecem.

[Como já tinha perdido Erik uma vez, eu não podia suportar a ideia de perdê-lo novamente. E se as almas pudessem ser destruídas? E se elas pudessem morrer? Com grande temor, prossegui com as perguntas.]

Eu: Quando os Estados Unidos lançaram as bombas nucleares em Hiroshima e Nagasaki, muitas pessoas morreram nessas explosões. Como uma alma pode sobreviver a um ataque como esse se tudo em torno dela é vaporizado?

Erik: Assim parece que estamos comparando a alma ao corpo, como se ela fosse um pedaço de vidro que pode se quebrar. A alma não se quebra.

Eu: Ok. Então a alma nunca pode ser destruída?

Erik: Não. A única coisa que a alma pode fazer é se entregar e ser absorvida pela Fonte de onde ela se origina. Esse seria o desaparecimento final.

Eu: Ok.

[Não tenho certeza se gosto dessa ideia no que diz respeito a Erik.]

Erik: Mas isso não é necessário, e não é o mesmo que iluminação – sabe, fundir-se com a Fonte através da iluminação suprema. É diferente.

Eu: Você perde a sua consciência individual quando isso acontece?

Erik: Sim.

Eu: Ah, rapaz, isso não é nada bom. Eu não quero nunca mais perder o meu senso de eu, e certamente não quero perder você e o seu eu.

Erik: Mas, mãe, você continua sabendo quem você é, e ainda por cima ganha toda a consciência de massa. Você simplesmente não vive mais como se estivesse separada [da Fonte]. É difícil explicar, porque isso não aconteceu comigo. Estou apenas dizendo o que eu ouvi.

Eu: Só tenho um problema com essa coisa de perder o sentido de eu. É como morrer.

Erik: Mãe, pelo que entendi, não é assim. É tão difícil explicar usando a linguagem humana! E voltando à sua pergunta sobre se a alma se vaporiza – a energia da alma pode ser como que dilacerada por certos traumas. Não sei como explicar isso melhor, mas, como você sabe, nós temos agentes de cura aqui que restauram a energia e lhe devolvem a integridade.

Eu: Você precisou ter sua alma curada pelo fato de sua morte ter sido tão traumática e violenta?

Erik: Na verdade, não. Deixei o corpo antes que a bala entrasse no meu crânio. Tive que passar por algum tipo de terapia para me orientar, me ajudar a compreender totalmente, e para fazer uma conexão entre as minhas vidas passadas e as questões emocionais que eu tinha na minha última vida.

[Lembrei-me disso de uma sessão anterior.]

Eu: Bem, existe um momento em que perdemos a nossa personalidade única quando estamos totalmente evoluídos e absorvemos todas as ramificações de nossos vários eus ao voltar para a Fonte? [A personalidade] "Erik" vai desaparecer para sempre quando isso acontecer?

Erik: Mãe, como eu disse, quando você opta por voltar para a Fonte, se for isso que desejar, você ganha a consciência do todo. Ainda tem as lembranças de si mesmo. Eu, por exemplo, ainda teria as minhas lembranças de Erik, mas estaria completamente na presença de Deus, o...

Jamie para Erik (rindo): "O Poderoso Chefão", sério, Erik? Você realmente disse isso?

[Jamie e eu rimos.]

Erik: Sem querer deixar as garotas em segundo plano, nem nada.

Eu: Sim, que tal "A Poderosa Chefona"?

Erik: Só estou usando uma expressão!

Eu: Então, você consegue o melhor dos dois mundos, é o que está dizendo? Ou, quando volta para a Fonte, você tem que sacrificar seu sentido de eu?

Erik: Bem, você meio que sacrifica seu sentido de eu, porque não há ação independente que você possa executar quando volta para a Fonte, porque você é a Fonte. Mas você na verdade não perde a sua identidade.

Não há nenhuma perda; só há ganho. Se você quer voltar para a Fonte Divina, abre mão do seu direito de ser uma alma reencarnante. Você é parte da Fonte.

Eu: Um *pool* coletivo.

Erik: Sim. Vamos fazer uma comparação entre você estar sozinho e você ser um dos muitos alunos de uma escola. Você ainda é uma personalidade, Elisa, mas também faz parte de um grupo de colegas de classe, de toda a escola.

Eu: Você pode mudar de ideia e deixar esse *pool* coletivo, como se saísse do time de hóquei da escola?

Erik: Claro, nada é permanente aqui. O livre-arbítrio reina em toda parte.

Eu: Então você pode definitivamente voltar – tipo, se separar da Fonte?

Erik: Bem, qualquer coisa é possível, mas geralmente, quando você volta, esse é o lugar em que você mais quer estar.

Eu: Ok, então é como estar se divertindo num parquinho coberto e ver que está chovendo lá fora. Por que alguém iria querer sair do parquinho e ficar lá fora na chuva?

Erik: Exatamente. Mas, só para esclarecer, uma alma nunca perde a sua personalidade única; nós contribuímos para o todo. Mãe, nós somos as partes *e* o todo ao mesmo tempo, como um holograma.

Eu: Ah, ok. Certo!

Erik: Não se trata de todo mundo se tornando o Uno; trata-se de muitas almas diferentes evoluindo para o mesmo nível, no seu próprio ritmo. Mas cada uma tem uma personalidade original e experiências originais. Assim, elas podem tornar-se um todo, que é um todo muito mais iluminado do que seria se todas fossem cópias umas das outras. A singularidade das peças é muito, muito importante para a iluminação das outras partes e do todo. O todo é muito maior do que a soma das partes.

Eu: Ah!

Erik: E almas nunca se deterioram nem envelhecem. Elas amadurecem, mas não se deterioram nem envelhecem.

[Claro, meu primeiro pensamento foi: "Está brincando? Minha alma se sente como se tivesse sido pisoteada por uma manada de búfalos em disparada".]

Eu: Muito bom. Então, elas não envelhecem, a menos que queiram?

Erik: Sim. Adquirimos conhecimento e informação, mas não envelhecemos; não envelhecemos nem enfraquecemos.

Eu: Mas você pode escolher a idade que quer aparentar, obviamente. Erik, provavelmente você tem a aparência de 20, 21 anos, mas poderia com a mesma facilidade aparecer como uma pessoa de 80 ou uma criança de 10.

Erik: Sim, sim.

Eu: Você pode se casar, por assim dizer; e pode ter filhos, mas não pelo processo de reprodução biológico, é claro. Conte-me sobre isso. Até que ponto isso é diferente da Fonte se dividindo em várias almas?

Erik: Pelo que eu sei a respeito, se uma alma decide que quer experimentar a gravidez aqui, ela pode.

Eu: Humm! Eu passei por seis gravidezes e tudo o que posso dizer é: "Deus, quem iria querer passar por isso?".

Erik: O que muitas almas vão fazer é apenas manifestar um bebê ou uma criança pequena.

Eu: Uau, uma alma de verdade?

Erik: Sim! Manifestar uma outra alma no mundo espiritual.

Eu: O quê? Mas, se a Fonte Divina é a única responsável pela criação de novas almas, como é que isso funciona? Como podemos manifestar um bebê?

Erik: Ah, sempre existem almas por aí querendo ter uma mãe ou um pai. Muitas gostam de ser cuidadas na vida após a morte e no plano terreno.

Eu: Ah, então esses filhos são uma alma já existente, não uma nova!

Erik: Sim, isso mesmo.

Eu: Mas eu acho que é possível que seja uma alma nova, se a Fonte criar uma nova. E então você manifestará a forma infantil por ela, certo?

Erik: Correto.

Eu: Muito interessante. Muito legal, Erik!

Erik: Vamos falar mais sobre a ideia de uma nova alma. Francamente, nós não somos novos de fato, porque todos viemos da Fonte Divina, e Deus não é novo.

Eu: Você está me dizendo que Deus já está ficando grisalho?

[Erik e Jamie dão risada.]

Erik: Se você está perguntando em termos de a alma estar ou não vindo para a Terra pela primeira vez...

Eu: Ou talvez apenas quando a alma se individualiza ou se separa da Fonte. Droga, eu realmente não sei o que estou perguntando! Me ajude aqui, amigão! Me diga o que eu estou perguntando!

[Começo a rir de minha própria confusão.]

Erik: Bem, pense nisso, mãe. Todos temos [uma] memória coletiva consciente.

Eu: Ok.

Erik: Bem, talvez devêssemos chamá-la de memória coletiva *subconsciente*. Então, a definição de "novo" não se encaixa.

Eu: Que tal um galho irrompendo da Fonte Divina, então? Ainda faz parte do velho tronco, mas é nova pelo fato de ser um galho, certo?

Erik: Certo. Porque, mesmo se a alma estiver passando pela sua primeira experiência, ela não é nova. Então talvez possamos perguntar se ainda há espíritos que estão tendo experiências pela primeira vez na Terra.

Eu: Ok.

Erik: Podemos dizer que sim, existem. A população está crescendo. Mas pense, ao mesmo tempo, na quantidade de árvores que estão sendo derrubadas. Essas são, todas elas, almas que estão voltando para a Fonte. E, claro, existem almas que querem vir para o plano terreno. Essas almas podem tomar a forma humana, animal – nós vamos amadurecendo.

Eu: Uau! Então vou perguntar de novo: será que os animais sempre voltam como animais, as plantas como plantas e as rochas como rochas?

Erik: Não, isso é como dizer que uma pessoa negra só pode voltar como uma pessoa negra. Nós não estamos confinados a uma raça.

Jamie: Ah. Então, Erik, você está colocando insetos, animais, árvores e os seres humanos todos no mesmo nível, e os está considerando quase como simples raças diferentes?

Erik: Sim!

Eu: Ok. Então, esses novos galhos da Fonte estão se projetando na Terra porque eles como que aceleram a experiência do próprio Deus?

Erik: Isso mesmo.

Eu: Porque temos mais corpos para...

Erik: Para preencher.

Eu: Digamos que uma família inteira morra num acidente de carro. Será que os pais podem continuar vivendo com seus filhos e criá-los [no mundo espiritual]?

Erik: Sim, mãe. Eu sei o que você quer dizer, e a resposta é sim. Você pode manter uma unidade familiar, e pode viver a vida exatamente como você a vivia na Terra.

Eu: Ok.

Erik: O único momento de fraqueza em que eu consigo pensar é quando uma pessoa morre na Terra – bebê, criança, adolescente, adulto, idoso, o que quer que seja...

Jamie (rindo): Ele vai citar todas as idades para nós!

Erik: Então, em qualquer idade, existe esse momento de fraqueza quando as almas chegam [ao mundo espiritual] e partem [daqui]. Você sabe, "Posso saber onde eu estou, mas como isso funciona? O que eu estou fazendo?".

Eu: Sei.

Erik: E é nesse momento que nós nos unimos e dizemos: "Me deixe mostrar a você, me deixe levá-lo pra dar uma volta por aí; me deixe abrir a sua mente".

Eu: Entendo.

Erik: Mas só somos capazes de fazer aquilo que estamos dispostos a aceitar ou até mesmo ouvir, e, quando é muito para a nossa cabeça, não conseguimos seguir em frente.

Eu: Isso me lembra de como todas as crianças têm que descobrir as coisas por si mesmas – cometer os mesmos erros que cometemos na idade delas –, porque elas não querem ouvir os conselhos que vêm da nossa experiência. Elas têm que reinventar a roda.

Como as almas evoluem após a morte

Como seres humanos, as influências resultantes das nossas experiências e das experiências das outras pessoas são cruciais para a nossa evolução. Mas os espíritos evoluem também na vida após a morte? Se evoluem, como ocorre essa evolução? Erik compartilha sua visão.

Eu: Leva algum tempo para que a pessoa falecida se acostume com a mudança do tempo terreno para a atemporalidade, e com a mudança de emoções humanas para as emoções das almas libertas?

Erik: Sim. Sim, sim, sim.

Eu: Sim, deve ser estranho. Qual é a sensação de mudar do tempo terreno para a atemporalidade?

Erik: Na verdade, isso é até fácil, porque não é algo em que você esteja realmente pensando no momento. Tanta coisa está acontecendo! É como ir para a Disney World ou para Las Vegas, você está tão entretido e está tão feliz e tão ocupado – sem contar que não há relógio em lugar nenhum –, que só se dá conta quando já está com fome [e se pergunta] "Que horas são?". Há uma necessidade interna de saber. Aí, você procura descobrir que horas são. Quando morre, você não tem essa fome que o impele a ter esse tipo de preocupação com o tempo. Você está ocupado com a sua vida e com o que aconteceu e com o seu funeral e com as pessoas da sua vida e em aprender e se expandir, e então você se dá conta, "Ah, é assim que [o tempo] é!". Então, é um pouco mais fácil. A única coisa que confunde você...

Jamie (rindo): A expressão dele ficou realmente engraçada agora! Ele está apontando o dedo.

Erik: Ah, a única coisa que confunde você é o modo como as pessoas te tratam e o fato de você estar constantemente se sentindo bem. Isso realmente vai fazer você pirar, porque você fica esperando a hora em que vai despertar daquele sonho. Você fica pensando, "Quando isso vai acabar? Quando isso tudo vai parar?". E não para! Então você aprende a se sentir confortável com aquilo, e acaba se surpreendendo ao ver como você quer reagir ao que as outras pessoas dizem ou fazem.

Eu: Espere aí. Como assim?

Erik: Ah, vamos dizer "espíritos" em vez de pessoas.

Jamie: Obrigada.

Erik: Então, uma outra alma chega, e ela têm os seus próprios conflitos, e você se aproxima dela, e, normalmente, como ser humano, tem vontade de...

Jamie (rindo): O quê?

Erik: Dar um colinho pra ela e tudo mais.

Jamie: Ele está rindo. Você quer dizer "cuidar dela", Erik?

Erik: É. Cuidar dela. De repente, você simplesmente não sente mais necessidade de fazer isso. É porque você sabe com certeza que ela está bem. Não existe aquela compulsão para fazer alguma coisa - como um "bom ser humano", sabe –, porque a compaixão é natural. Você não tem que provocá-la para senti-la. É muito legal. Ainda fico surpreso com algumas bobagens que eu deixei de fazer.

[Jamie e eu rimos.]

Eu: Então, o que tem mais a dizer sobre a mudança de emoções humanas para as emoções de almas libertas, sejam elas quais forem? Conte mais.

Jamie: Ele está rindo.

Erik: Se você olha para as pessoas que ama na Terra e vê que elas estão tristes – quando você estava vivo, você ou se sentia culpado ou ajudá--las –, quer dizer, vai querer fazer alguma coisa. Mas agora, quando elas ficam tristes, você entende por quê. Você não tem nenhuma dúvida de que não é por causa de alguma coisa que você fez. Sabe instantaneamente que elas precisam reagir dessa maneira para entender a lição pela qual estão passando. E isso é muito legal. Mas, então, você começa a ver que os seres humanos são na verdade seres puramente emocionais; essa é na verdade a essência do tipo de criaturas que somos. E quando você se mostra espiritualmente à sua família humana, e eles reagem a você com emoção, isso é muito legal; porque, quando você estava vivo, quando entravam no cômodo em que você estava e viam você, eles logicamente reagiam e diziam: "Ei, o que você está fazendo? Onde você vai?". Eles queriam uma informação em vez de saber como você estava se sentindo. Agora isso é bem mais legal e diferente. É por isso que às vezes é duro quando ficamos perto da nossa família humana e eles choram quando nos sentem, porque se lembram de que partimos.

Eu: Ahã.

Erik: Às vezes isso é mais difícil de encarar do que qualquer outra coisa. Nós na verdade queremos que eles reajam sorrindo e digam, "Ah, eu me lembro do dia em que ele foi um babaca, mas eu sinto tanta falta dele!".

[Jamie e eu rimos dessa observação inesperada.]

Eu: Ok, então vocês podem ficar tristes?

Erik: Sim. A gente pode ficar triste, mas é muito diferente. Não é que a gente vá se sentar junto com um grupo de almas tristes e conversar sobre isso. É apenas uma experiência interior, e você não a alimenta. Como eu disse antes, é realmente difícil manter vibrações mais baixas. É como manter o fogo aceso na chuva. Você tem que realmente se esforçar para mantê-lo aceso. Assim que você deixa de fazer esse esforço, ela desaparece. A tristeza some. A felicidade é realmente o meio-termo aqui.

Eu: Você disse que os seres humanos são seres emocionais e os espíritos não são humanos, mas eles ainda assim são seres emocionais, não são?

Erik: Com certeza.

Como as almas se comunicam

Erik explica em termos gerais como espíritos se comunicam, mas eu quis saber como eles se comunicam uns com os outros.

Eu: Como as almas preferem se comunicar? Descreva isso em termos do que fazemos, dos símbolos que nós... Minha nossa, como vou explicar isso? Não faço ideia! Quer dizer, eu sei que existe a telepatia, mas vocês se comunicam em blocos de ideias, em símbolos? Vocês usam linguagem linear como nós? Como é? Como vocês se comunicam lá?

Jamie (rindo): Erik está olhando para mim e dizendo: "O que há de errado com esta mulher? Ela está com diarreia?".

Eu (firmemente): Não, Erik, é a minha pergunta. Então, pare com isso agora, mocinho.

[Nós todos rimos.]

Eu: Posso tomar um remédio para diarreia se isso ajudar.

Jamie: Ah, meu Deus, ele está morrendo de rir!

Eu: Às vezes você precisa de um remédio desses também, Senhor Verborreia. Mas sério, como vocês se comunicam uns com os outros? Não comigo, mas entre si? Sei que já tocamos nesse assunto, mas eu gostaria de saber mais.

Erik: Nós não abrimos a boca. Nós nem sequer temos que estar perto uns dos outros. Não se chama telepatia porque não é uma atividade de cérebro para cérebro. Pense nisso mais como a forma como um sistema de computador se comunica, sabe, através do ar, por meio da antena parabólica e, então, para a fonte à qual direcionou a mensagem. [Acho que ele quis dizer "alvo", mas ele esclarece isso depois.] Pense nisso mais matematicamente - que o meu corpo energético, o meu espírito, no momento em que está pensando ou sentindo um conceito, está sendo imediatamente direcionado para a fonte do que estou pensando ou sentindo, e essa fonte está experimentando isso simultaneamente. Aliás, isso não é nenhuma novidade, porque é exatamente como funciona o corpo humano; só que em diferentes níveis vibracionais. Mas é exatamente como funciona o corpo humano, e é exatamente como a telepatia.

Eu: Só que, em vez de irradiar para a fonte, nós estamos irradiando para o cérebro? É isso que você está dizendo?

Erik: Sim.

Eu: Ok.

Erik: Atividade de cérebro para cérebro, mas não há nenhuma antena parabólica para refletir os sinais. Só pura energia da Fonte. Energia divina. Força vital. Isso é o que realmente está transmitindo ou motivando - dando movimento - a forma como nos comunicamos. Não temos que ligar para alguém e marcar um encontro; não há como ocultar [informações] aqui. Eu não posso ter um pensamento sobre você e você não saber. Nós somos todos livros abertos. E, mesmo que eu tivesse um pensamento [sobre você] que você normalmente não julgaria bom, você ainda assim o vivenciaria, mas não teria nenhum desejo de me julgar por isso. Essa é uma qualidade humana – o desejo de julgar e avaliar e separar.

Eu: Sim, infelizmente.

Erik: Você apenas saberia que aquela era a minha verdade e era o que eu sentia. Você não teria uma grande necessidade de reagir emocionalmente com amor instantâneo ou desaprovação, ou o que quer que seja. Simplesmente é assim. E essa liberdade de não ter nenhum julgamento ou reação instantânea, é daí que vem toda compaixão...

[Pausa.]

Jamie: Ele está à procura de uma palavra.

Erik: É um espaço incrível este onde eu existo no momento.

Jamie (rindo): Ele parece tão insatisfeito que simplesmente usou a palavra "incrível"!

Erik: É por isso que algumas pessoas que têm aquelas experiências de quase morte não querem mais voltar. Mesmo que isso signifique deixar o amor da vida delas para trás ou alguém que dependa delas, elas não querem mais voltar. Sabem que vai ficar tudo bem. Não sei se expliquei isso direito. Eu me enrolei todo.

Eu: Ah, você explicou muito bem, Erik! Mas, quando você se comunica, o que é transmitido para a antena parabólica, por assim dizer? A mensagem vem em palavras, blocos de ideias, símbolos?

Erik: Não, é como receber imagens, emoções e palavras, tudo de uma só vez.

Eu: Humm. Confuso. Isso é o que se chama de multitarefa.

Erik: Não, na verdade é um jeito muito claro [de receber informações], porque você capta a emoção exata que está por trás. Você não tem que adivinhar como faz quando lê um e-mail. Você consegue ver o que a pessoa está criando ou pensando, sabe, então há mais detalhes no visual do que existe na simples descrição em palavras, e então você capta o palavreado que acompanha isso. E não é na verdade como o inglês, sabe. Não é como o espanhol ou qualquer outra língua. É uma língua diferente. É como essa linguagem nuclear que você entende, e é com ela que você se comunica. Mesmo com forças alienígenas, outras nações que vêm [para esta dimensão], somos capazes de nos comunicar. Nós não precisamos de um tradutor aqui.

Eu: Ok, então você está dizendo que são palavras?

Erik: Sim. São palavras.

Eu: Como vocês chamam essa língua?

[Pausa.]

Eu: Nessa língua. Diga o nome do idioma nesse idioma.

Jamie: Nós estamos num pequeno impasse aqui. Ele está dizendo: "Cristo! Eu não sei! Porque, quando você morre, não é como se você fosse para a escola e aprendesse a falar essa língua".

Erik: Você só sabe instantaneamente como ela é. Simplesmente faz parte de você. É como uma linguagem emocional, mas ela tem palavras. Não tem muitas regras e conjugações. Você não tem que se sentar e aprender. Não é um idioma estrangeiro.

Eu: Como você diz, "Como você está?".

[Longa pausa.]

Jamie (para Erik): Não.

Jamie (para mim): Ele olhou para mim; arregalou um pouco os olhos, colocou as palmas para fora e disse: "Sacou?".

Eu (Rindo): Ah!

Jamie: Não é? O máximo que entendi foi: "Eu te amo".

Eu: Ah! Então você pode falar essa língua, Erik, mas não conseguimos captar.

Jamie (para Erik): Ah, então eu entendi como uma emoção. Como amor.

Eu: Ah!

Jamie: Mas então eu traduzi para as palavras "eu te amo", em vez de apenas receber amor.

Eu: Que interessante...

Erik: Sim, porque, se você está perguntando como alguém está, você está mostrando que se importa; você está demonstrando amor por essa pessoa.

Eu: Tudo isso é tão fascinante! Ok, se eu disser, "Como é que o Universo realmente funciona?".

[Pausa.]

Jamie: Ei, essa comunicação/mensagem veio na verdade de mim! Uhuuu!

[Dou risada.]

Jamie: É fácil receber mensagens e me comunicar com Erik agora. Eu vi esta imagem na minha cabeça – uma imagem da unidade completa. Eu ainda estava na minha própria pele, mas me relacionava com tudo ao meu redor, não apenas com a sala ou com a cidade ou o país ou com a Terra. Era algo maior – sistemas solares e assim por diante. Parecia uma teia de aranha elétrica que tinha uma fonte de luz. Tinha uma trama intrincada e era muito tridimensional. Não era como uma imagem plana, mas eu sentia como se estivesse olhando para ela de uma fonte externa. Eu não estava nela, porque Erik estava tentando me passar a imagem, mas ele disse que, se eu tentasse sustentá-la um pouco mais, teria captado mais dos conceitos que ele estava tentando me transmitir.

Eu: Você conseguiu captar algum sentimento ou emoção junto com isso, ou você não tentou por tempo suficiente?

Jamie: Não, a sensação era simplesmente a unidade completa, completa aceitação, que não havia nada que fosse antinatural ou fora do lugar ou forçado.

Eu: Ah, isso é incrível! Que sorte a sua!

Jamie (dando uma risadinha): Ele apontou para mim e disse: "Isso acontece até mesmo com a sua dor".

[Erik estava se referindo à dor que Jamie sentia no pescoço por causa de um acidente de carro que ela sofrera havia cerca de um ano.]

Eu: O quê? Você sente essa mesma unidade com a sua dor? Isso é péssimo! Você precisa se livrar dessa teiazinha! Pode fazer isso?

[Jamie ri.]

Erik: Você pode se desprender dela, mas não pode destruí-la, nem alterá-la. Se você colocá-la em outro lugar, talvez ela seja a alegria de alguém, não a dor de alguém. Nem sempre ela causa a mesma reação.

Eu: Ok. Você tem mais alguma coisa que queira nos dizer sobre comunicação?

Erik (rindo): Adoro o assunto, mesmo que seja difícil traduzi-lo. Os seres humanos estão meio presos à ideia de que têm que usar a voz para se comunicar. Isso é bobagem.

Eu: Bem, isso é difícil, *realmente* difícil, mas eu entendo o que está dizendo. Eu realmente entendo, Erik, porque, quando conversamos, há componentes visuais e emocionais na nossa comunicação. Mas a pessoa na Terra só recebe as palavras. Uma certa inflexão e o tom de voz podem transmitir alguma emoção, mas não toda. E podemos descrever alguns elementos visuais, mas não todos e não completamente. Outras pessoas da nossa vida não conseguem entender o que vemos. Então, é frustrante, mesmo aqui.

Jamie: Ele está sorrindo e concordando com a cabeça.

Almas de crianças

As crianças são diferentes dos adultos por muitas razões. Uma delas é que, quando são bem pequenas, ainda não foram influenciadas por fontes externas e, portanto, não têm noções preconcebidas. Como são os nossos sistemas de crenças que determinam a nossa morte e a nossa vida após a morte, eu me pergunto como a falta dessa influência afeta tais almas.

Eu: Ok, agora, Erik... Me fale sobre as crianças. Elas realmente não têm um sistema de crenças arraigado, então como é a experiência delas após a morte? Você pode me falar mais sobre isso?

Erik: Bem, na maioria das vezes, as crianças sabem de antemão que vão morrer. Não há medo com relação ao assunto, então, para elas, a perspectiva da morte é muito clara.

Eu: Isso é bom.

Erik: Pense, mãe. O medo faz parte de um sistema de crenças e ele turva muito a nossa perspectiva. O medo resulta de uma expectativa de como [a morte] tem que ser, mas ela não acontece de acordo com essas expectativas. É por isso que alguns adultos têm medo quando fazem a passagem. Mas, com as crianças pequenas, não existe medo. O medo é o reverso da crença, mãe.

Jamie: Ah, ele me deu um visual legal para isso. É como, eu acho, a barriga de um animal - como a barriga de uma vaca muito gorda - mas ela é vermelha, como o fogo. Esse é o medo, como se fosse o lado de baixo da crença.

Eu: Uau!

Jamie: Foi apenas uma imagem rápida, mas legal.

Erik: Então, as crianças não têm isso. Elas fazem a passagem sem medo, sentindo-se completamente seguras.

Eu: Ah, isso é muito bom!

Erik: Sim, é mesmo. Elas ficam de olhos arregalados; olhando tudo ao redor. A Luz está presente e Deus é sentido em tudo, em todos os lugares. Quem diabos teria medo de alguma coisa?

Eu: Tem razão.

Erik: E, então, normalmente, se elas conhecem ou reconhecem um membro da família, essa pessoa vai estar lá. Se são bem pequenas, mãe, elas se lembram dos espíritos que estavam presentes para encaminhá--las quando estavam prestes a ir para a barriga da mãe. E se estavam indo porque a gravidez não seria levada a termo por qualquer motivo, essa é uma lição muito difícil. Então o espírito desse bebê recebe uma prévia da situação. Essas crianças estão fazendo isso, às vezes, para aprender elas mesmas uma lição, sabe, sobre não conseguir completar o processo. Ou elas estão, realmente, fazendo um sacrifício de verdade. Elas fazem isso para que a mãe e outros membros da família possam aprender uma lição. Nesse caso, é muitas vezes para aprender sobre a perda. Cada vez é uma coisa diferente. Mas é [tudo] parte do plano.

Eu: Faz sentido.

Jamie: Eu já me comuniquei com muitas crianças que vão partir em breve, e muitas vezes são as crianças que estão doentes ou muito feridas que tranquilizam seus irmãos mais velhos ou os pais ou avós de que tudo de vai ficar bem. Elas têm uma capacidade muito maior de ver o seu anjo da guarda, de sentir, de intuir com muita clareza o que está acontecendo e por quê – que tudo vai ficar bem. Elas vão voltar para o Céu, vão estar com os seus anjos, vão estar com Deus, vão estar com outros entes queridos que ainda estão na vida após a morte. E por isso, elas têm uma experiência muito diferente da morte; se tiverem uma lesão ou uma doença, são muitas vezes capazes de fazer a passagem, não em todos os casos, mas muitas vezes, com muita calma, com a alma deixando o corpo. Essa pode ser uma experiência muito agradável, mesmo que elas estejam sofrendo [de] dor.

Eu: Bom. Isso faz todo o sentido.

Erik: Agora, as crianças que sofrem mortes violentas, a passagem delas não é tão agradável. Em outras palavras, se as crianças sentem que têm mais controle sobre a sua passagem, como no caso de um ferimento ou doença, elas têm pessoas à sua volta para cuidar delas. Mas se elas têm um adulto que as maltrata, elas sofrem até que a sua alma salte para fora do corpo. E então elas são como todo mundo. A alma alegremente retorna para o céu e retoma a sua vida lá. Não é uma morte tão livre de dor quanto a das crianças que morrem depois de um período feridas ou doentes. Se a morte é súbita, como num acidente de carro ou algo assim, não há muito tempo para sentirem dor.

Eu: Por que as crianças são capazes de contar seus sonhos para nós, ter amigos imaginários - o que eu tenho certeza apenas significa que elas podem ver e se comunicar com seus guias espirituais - e veem mais [facilmente] as pessoas falecidas? Por que isso acontece?

Erik: Porque a parte do cérebro que descarta tudo isso não tomou conta ainda; [ele] não se tornou a força dominante, a força que dirige o ser. Essa é apenas uma razão. Depois de um tempo, elas se dão conta de que os adultos não veem espíritos com tanta frequência, então dizem, "Espera aí. Pode ser que eu seja meio tan-tan". Então essa capacidade é reprimida.

Eu: Sim, e é também porque leva alguns anos até que elas se envolvam totalmente com esse corpo? Leva tempo para se conectarem completamente e se ancorarem nesse novo corpo?

Erik (rindo): Bem, algumas pessoas nunca chegam a fazer isso!

Eu (rindo): E eu acho que sou uma delas!

Erik: Haha! Sim. Algumas pessoas nunca chegam a se sentir confortáveis no corpo e veem o plano terreno como algo totalmente estranho, e vivem num corpo físico como se ele fosse totalmente estranho.

Eu: É isso aí.

Erik: E adivinhe só? Ele é mesmo! Passamos a maior parte do nosso tempo aqui no Céu, em espírito.

Eu: Sim, é verdade! Então por que é que, quando nos tornamos adultos, paramos de ver espíritos? Por que não seria perfeitamente normal que a gente visse *você*, me diga. O que há de errado em nós, seres humanos, sermos capazes de ver todos os seres espirituais?

Erik: Mas, mãe, vocês podem!

Eu: Eu sei, eu sei, mas por que não é mais fácil? Por que não é tão fácil quanto ver a torradeira no balcão da cozinha? Por que não pode ser tão simples quanto o dia – como você abrindo a porta da frente à vista de todos e dizendo: "Oi, mãe, cheguei em casa!"

Erik: Mas pode ser assim.

Eu: Ah, eu tinha receio de que você fosse dizer isso. Não sou capaz de viver essa experiência – ainda.

Erik: Se um ser espiritual opta por se materializar e se um ser humano desenvolve sua capacidade de receber energia elétrica, pode ser desse jeito, mãe. Isso é tudo que eu posso dizer. Você sabe que seres espirituais vibram numa frequência mais alta, certo?

Eu: Sim, como você disse.

Erik: E essa frequência não está na parte visível do espectro eletromagnético – quero dizer, a parte visível para os seres humanos. Então, como eu já disse, temos de baixar a nossa frequência e vocês têm que elevar a sua para conseguir a manifestação visual que estão buscando. De volta às crianças e às suas habilidades especiais, acontece o mesmo quando morremos. Leva tempo até o humano em nós se desgastar – para nos ajustarmos à nossa nova condição e nos lembrarmos das nossas habilidades. Nós já conversamos sobre essa fase de transição antes. É o mesmo que acontece com as crianças. Elas nascem e leva um tempo até se ajustarem a essa nova existência vibracional restrita e de vibração inferior.

Jamie (com uma risadinha): Ele disse isso com uma voz tão entediada e monótona.

Eu: Você está parecendo Ben Stein, Erik!

Erik: E outra coisa: as crianças já estão vindo [para a Terra] com essas memórias espirituais, porque elas estão ajudando na evolução do plano terreno. E essas crianças não vão perder completamente a memória de como se comunicar com o mundo espiritual. Vai ser algo corriqueiro para elas.

Eu: Ah, que ótimo! Mas nós reprimimos as habilidades e memórias espirituais delas, dizendo coisas como: "Não existem amigos imaginários!".

Erik: Sim, mãe. Exatamente. Mas agora que mais pais estão passando por essas mesmas experiências, eles olham para os filhos com mais respeito.

Eu: Ótimo!

Erik: E agora em vez de pensar: "As crianças devem ser vistas e não ouvidas", eles pensam: "As crianças devem ser ouvidas e respeitadas".

Eu: Sim, com certeza. Ok, se fazemos planos de vida e contratos antes de encarnar, antes desta encarnação, então o espírito obviamente não era um bebê antes de vir para cá. Por que, então, quando voltam para o mundo espiritual, os espíritos ainda são bebês? Não faz sentido para mim, especialmente porque não existe tempo no mundo espiritual. Então eu me pergunto: quando os bebês morrem, eles vão para o Céu - ou para o Outro Lado ou seja lá como for que você queira chamar - e ainda são bebês, muito embora tenham crescido em muitas outras vidas passadas? Como isso funciona?

Erik: Ok, veja bem, isso pode acontecer por vários motivos. Digamos que uma família perca um filho de 2 anos e a criança não queira reencarnar; ela queira continuar pertencendo àquela família e crescendo. A criança se limita a se comportar como um ser humano e a crescer [do mesmo jeito que faria se estivesse com a sua família terrena].

Eu: Ah! Entendi.

Erik: Então, ela ainda serve como um elo que falta naquela família, embora não num corpo físico. Há casos em que a criança faz a passagem e volta a reencarnar na mesma família ou em outra e, portanto, para a família original, é como um instantâneo na história: a criança tem 2 anos, a criança sempre terá 2 anos. Os membros da família anterior têm sonhos e a criança se mostra como se tivesse 2 anos. Meu Deus, mãe, existem tantos motivos! Tudo depende das necessidades da família envolvida e da alma envolvida!

Eu: Tudo bem. Então as crianças podem crescer no plano espiritual se quiserem, mas também podem ficar simplesmente com a idade que tinham quando desencarnaram.

Erik: Isso mesmo! E, quando desencarnam, podem adotar o corpo de 30 anos que tinham numa vida passada. Os espíritos são pura energia. Sua aparência realmente não significa nada em termos de quem eles são, mas significa tudo para vocês que estão na Terra.

Eu: Ah!

Erik: E muitas vezes...

[Jamie ouve.]

Jamie: Isso é verdade, Erik?

[Jamie ouve um pouco mais.]

Jamie: Foi através de você? Bradley – sério? Vou dar uma olhada.

Eu: Do que vocês estão falando?

Jamie: Bem, eu fiz uma leitura esta semana em que uma senhora queria se comunicar com o neto...

Eu: Ahã. Espere, você está falando de Brady? Aquele garotinho que...

Jamie: ... morreu, sim.

Eu: Ela é um dos membros do blog!

Jamie: Sim, eu sei. Falei com ela esta semana e Erik está dizendo que Brady... ele morreu muito novinho, só com alguns meses de vida.

Eu: Ahã.

Jamie: E agora, quando você olha para Brady, ele está com cerca de 3 anos de idade.

Eu: Ok.

Jamie: E a razão por que ele adotou a aparência de uma criança de 3 anos de idade é que ele pode tipo fazer uma "contagem regressiva", porque vai voltar nessa família, com a mesma mãe, daqui a cerca de três anos. Então, adotando essa idade, ele vai "diminuindo de idade" e vai se preparar novamente para criar o seu corpo e depois nascer.

[Jamie e eu achamos graça.]

Eu: Então Brady só tem mais três anos para ficar na vida após a morte? Isso é o que você está tentando dizer, Erik?

Erik: É isso aí.

Eu: Muito legal!

Almas não humanas

Eu sempre adorei meus cães e gatos. Quando eles morriam e faziam a passagem para a vida após a morte, ficava me perguntando se estariam lá para me receber quando eu fizesse a minha. Eu também queria saber qual era a diferença entre a alma dos animais e a humana.

Eu: Nossos animais de estimação ou, melhor dizendo, nossos companheiros do mundo animal, vão nos encontrar quando fazemos nossa passagem?

Erik: Sim!

Eu: Sim!

Eu: Ah, que interessante! Uau! Então nossos companheiros do reino animal ficam conosco. Os peixes e outros animais que estão na vida após a morte são produto dos nossos pensamentos ou eles são formas separadas de consciência que já fizeram sua passagem?

Erik: Cada um deles é uma alma.

Eu: Ah, ok. Então não é como se criássemos cada peixe que pegamos quando vamos pescar [na vida após a morte]. Eles são almas separadas.

Erik: Sim.

Eu: Os animais alguma vez já reencarnaram como seres humanos ou vice-versa? E pergunto o mesmo com relação às plantas e pedras: elas são intercambiáveis quando se trata de reencarnação?

Erik: Sim. Agora, pense, mãe. Se você acha a minha resposta estranha, é porque está se julgando melhor do que uma pedra.

Eu: Oh! Bem, sim, eu entendo o que você quer dizer.

[Lembrete para mim mesma: buscar na internet adoção de pedras de estimação resgatadas.]

Erik: Não existe uma força vital que seja melhor ou pior do que outra, então, sim, existe esse intercâmbio. Pode haver uma alma como a humana e inteligência num companheiro do reino animal ou numa árvore do seu jardim.

Eu: Ah! Então, Erik, você pode voltar como uma árvore, se quiser?

Erik (rindo): Sim!

Jamie (dando uma risadinha): Ele arqueou as sobrancelhas!

Eu: Ou você pode colocar parte da sua alma numa árvore e então...

Erik: Sim, e ainda estar vivo, com sabedoria espiritual, para me comunicar e ser quem sou!

Eu: É mesmo? Puxa! Pode fazer isso como um cachorro também? Um companheiro do reino animal pode ter uma parcela de alma humana nele?

Erik: Sim, mas, mãe, dizer "uma parcela" sugere que ele faz parte de um todo. Quando nos dividimos, mesmo as partes divididas são completas; elas são um todo. Lembre, são como um holograma.

Eu: Sim.

Erik: Então precisamos prestar atenção quando usamos nosso vocabulário.

Eu: Exatamente.

Erik: Porque, mesmo quando nos dividimos, nós nos dividimos em parcelas completas.

Eu: Então, não significa que o "Erik" se cortou em dois. É como se agora existissem duas almas de Erik.

Erik: Certo, e cada parte é tão poderosa quanto as outras. Voltando ao seu exemplo, quando a minha vida como um companheiro do reino animal acaba, então essa alma se funde com aquela que eu já tenho. Nós todos voltamos juntos. Não é como se nos dividíssemos e continuássemos a nos expandir e nos dividir.

Experiências de quase morte

Eu: O que acontece, do ponto de vista energético, quando uma alma teve uma experiência de quase morte e depois voltou para o corpo?

Erik: Isso acontece quando a alma não se separa do corpo físico.

[Longa pausa.]

Jamie: Desculpe. Ele está me passando imagens.

Erik: Existe uma experiência fora do corpo e a pessoa viaja entre as dimensões, de volta para Casa. Ela tem permissão para viajar e ver o que está acontecendo lá. Mas, como não é o momento mais apropriado para ela fazer sua passagem, é guiada de volta para o corpo e empurrada de novo para ele.

Jamie: Legal. "Empurrada de volta." Impelida.

Eu: Como os japoneses quando são empurrados para dentro do metrô lotado. Não é nada confortável!

[Jamie ri.]

Eu: Ei, volte para o corpo! Mas ela ainda está ligada no nível celular, não é?

Erik: Sim, isso mesmo.

Eu: Então, quando a pessoa viaja para outra dimensão, para Casa, a alma está ligada a outras células... Eu não captei essa imagem.

Erik: A alma deixa o corpo, mas não se torna um espírito. É como quando você tem uma experiência fora do corpo. A única diferença entre uma experiência fora do corpo e uma experiência de quase morte é que [no último caso] uma equipe [médica] está presente, alguém está monitorando o corpo físico e dizendo que o coração não está mais batendo, que a pessoa não está mais respirando. Então, [a pessoa] é declarada morta. Mas existe um cordão e uma ligação, e essa ligação com o corpo não foi cortada.

Eu: E com a experiência fora do corpo, você obviamente ainda tem sinais vitais e ainda existe um cordão, mas a alma ainda está conectada no nível celular nos dois casos. É isso que eu estou tentando entender. Como acontece essa ligação no nível celular?

Erik: No caso da experiência fora do corpo, a alma está sempre conectada a cada célula. Mas, no caso da EQM, na verdade depende do tipo de trauma ou de estresse pelo qual o corpo está passando. Se o corpo foi privado de oxigênio, então já existe uma reação química pela qual o corpo está passando e [que puxa] a energia para fora. Se existe um sangramento, é diferente. Se há um trauma na cabeça, é diferente também. Sabe como é, o processo químico no corpo vai ajudar a estabelecer quais células vão ficar em contato com a alma e quais células não vão. Mas, no geral, se você quer menos detalhes, pode ser explicado deste jeito: mesmo na experiência de quase morte, você ainda tem o cordão; você ainda está ligado ao corpo pelo cordão.

Eu: Só na morte de verdade você não está mais ligado pelo cordão?

Erik: Sim. Você está completamente separado. Não há como levar sua alma de volta para o corpo.

Eu: É como um telefone celular – nada de fio.

Erik: Isso mesmo. Cortou-se o fio, mas você ainda pode se comunicar.

Eu: Exatamente. E eu estou feliz por isso.

A cada conversa que eu e Erik tínhamos, me sentia mais confiante de que ele e eu estávamos entendendo cada vez mais a maneira como as coisas funcionam para as almas libertas. À medida que eu continuava minha investigação sobre como Erik é agora, ele começou a me desafiar com informações cada vez mais atordoantes. Passei a notar que ele estava cada vez mais inteirado do seu novo ambiente e aprendendo como extrair informações da rede agora disponível para ele. Como você verá na Parte 3, descobri quanto ele ampliou sua visão para incluir conceitos mais amplos, como a natureza da consciência, do tempo e do espaço, da própria realidade e muito, muito mais. Quando eu comecei a fazer a Erik perguntas "maiores", e continuamos desenvolvendo a nossa relação além do véu, meu ceticismo começou a vir abaixo, deixando em sua esteira uma mente curiosa e aberta, e um coração disposto a se abrir. Sempre me senti orgulhosa do meu filho, mas agora um sentimento de assombro me assalta sempre que eu penso em tudo o que ele pode oferecer ao mundo. Ele tem perspicácia. Tem sabedoria. Ele é um professor. Nas conversas a seguir, sugiro que você aperte o cinto enquanto Erik leva a sua mente a um passeio de montanha-russa como você nunca viu antes.

Parte III

O quadro maior

10

A natureza da consciência

Na minha busca constante por conhecimento e entendimento, investiguei várias teorias sobre o que essa coisa que chamamos de "existência" realmente é, e me fiz várias perguntas ao longo do caminho. Por exemplo, quais são as origens da consciência? De que ela é feita, se é que é feita de alguma coisa? Como ela se relaciona com a forma física? Ela é separada da mente ou é uma parte dela? Ela é, numa só palavra, "nós"? Nas minhas conversas com Erik, descobri que todas as coisas tem o que chamamos de "consciência" – às vezes autoconsciência, às vezes não. Como seres humanos, não somos nada mais nada menos que energia sensciente autoconsciente. Também descobri que a consciência está ligada ao corpo físico no nível celular do qual ele é feito. Além disso, Erik se dedicou a um estudo profundo da ciência por trás da natureza da consciência, que ajudou muito a satisfazer a curiosidade da cientista dentro de mim.

Não parou aí, no entanto. Na conversa a seguir, Erik descreve a consciência dos animais, das plantas e da matéria inanimada. Para mim, essas revelações foram surpreendentes, pois me forçaram a me reinventar e a redefinir o meu ambiente, vivo e não vivo, e a ampliar meu entendimento da vida. Agora, eu não me considero mais uma mulher com um corpo, um cérebro e um espectro inteiro de emoções, todos separados entre si. Agradeço ao meu filho o fato de agora saber que sou muito mais do que isso.

O que é consciência?

Eu: Erik, "consciência" é a mesma coisa que "alma"?

Jamie (com uma risadinha): Erik está murmurando alguma coisa. Está dizendo algo como "Essa pergunta é boa". Ele apoiou os cotovelos nos joelhos e está sentado nas costas do sofá. Enquanto pensa, bagunça o cabelo.

Eu (dando uma risada): Ah, sei, como se já não fosse bagunçado o suficiente! Ele costumava fazer isso o tempo todo. Acho que tenho até uma foto dele fazendo isso.

Jamie: O cabelo dele está sempre arrepiado, na verdade!

Eu: Eu sei! Ele tinha rodamoinhos!

Jamie: É por isso?

Eu: Sim, e ele não era muito de passar um pente nos cabelos!

Jamie: Achei que fosse só ondulado.

Eu: Ah, bem, é ondulado também. Ele foi premiado. Tem redemoinhos e cachos.

Jamie (rindo): Que engraçado!

Erik: Nem me fale.

[Pausa.]

Erik: A consciência é como se fosse uma ramificação da alma, mas, em si mesma, definida por si mesma. Digamos que você tenha uma loja e a loja seja a alma.

Eu: Ok.

Erik: As portas da frente são a consciência. Elas abrem e fecham. Agora, as portas fazem parte da loja, mas elas têm a sua própria função. Essa é mais ou menos a ideia que eu quero transmitir. A consciência pode abrir (*puf!*) ou fechar e, quando ela está fechada, você tem o subconsciente por trás dela, dentro da loja.

Eu: Interessante. Li algo sobre microtúbulos dentro das células que seriam a origem da consciência. Isso é verdade? E a consciência tem substância?

[Microtúbulos são tubos minúsculos no interior das células que têm diversas funções. Eles mantêm a estrutura celular, ajudam no transporte entre as células e desempenham um importante papel na divisão celular.]

Erik: Bem, energia é substância, então, sim, ela tem substância. Mas a ciência quer que "substância" seja uma vibração muito baixa e tangível. Agora, esses microtúbulos, eles podem conter os padrões energéticos de como a consciência se enraíza no corpo físico, porque eles estão ao longo do corpo todo nas células.

Jamie: Ah, estão? O que eles são? Ah, deixe pra lá. Não preciso fazer as perguntas.

Eu: Não, vá em frente! Então você está dizendo que esses microtúbulos não são a origem da consciência, mas talvez ancorem a consciência nas células?

Erik: [O microtúbulo é] um receptáculo.

Eu: Ele contém as raízes da consciência, de modo que ela se conecte com o corpo, ou... Eu não sei...

[Jamie ri.]

Erik: Sim, há muitos cientistas que acreditam que o interior oco dos microtúbulos não tem nenhum propósito no corpo, nenhuma função. Ou, quando eles testam esses espaços ocos, aí veem que eles têm uma função que não conseguem definir. É aí que a espiritualidade e a ciência se encontram. Elas vão começar a entender que toda energia é matéria e que toda matéria é energia, e vão criar instrumentos de medição para descobrir isso.

Eu: Então, os microtúbulos são...

Erik: São uma espécie de sistema de ancoragem. É como a alma ou a consciência se ancora no corpo físico.

Eu: Ok, aqui está uma pergunta de um dos membros do blog: "Qual é a associação entre a alma, o corpo e a mente?".

Erik: Bem, essa pergunta pode ser interpretada de algumas maneiras. Será que ele está se referindo a uma associação física ou a uma associação energética?

Eu: Hmm. Não sei. Física, talvez? Ou ambas?

[Jamie ri muito com Erik antes de traduzir sua resposta.]

Jamie (para Erik, ainda rindo): Ah, sério? Isso não é piada, Erik?

[Ela continua a rir até que recupera o fôlego e consegue me transmitir o que ele disse.]

Erik: É o umbigo.

Eu: Ah, ok!

Jamie: Fiquei olhando para ele como quem diz, "Como é que é?".

Eu (rindo): Ah, então é por isso que tem gente que só olha para o próprio umbigo. Tudo faz sentido agora! A chave para todas as respostas no universo está no umbigo!

Erik (rindo): Bem, tudo está ligado ao umbigo. O cordão umbilical parte dele; essa é a primeira fonte de alimento; é onde o útero [está ligado]. Ou, como afirma o hinduísmo, existe um chakra bem atrás dele – a base da alma.

Eu (brincando): Ah, então é *por isso* que é tão importante limpar o umbigo de tempos em tempos.

Erik: Bingo! Além disso, o cérebro é como uma caixa de armazenamento que você aluga e deixa no quintal. Você guarda coisas lá dentro. Ela ainda está na sua propriedade e você está armazenando coisas úteis lá, mas ela não dirige todo o espetáculo.

Jamie: Então, ele está dizendo que, se tivesse que apontar para um lugar físico (onde o espírito e o corpo se conectam), seria a barriga.

Eu: Ok. E quanto à associação energética da alma dentro do corpo e da mente?

Erik: Troca de energia entre o corpo, a mente e a alma, isso acontece em todos os níveis, em todas as células. A troca de energia entre os três acontece o tempo todo. Não é que uma porçãozinha de energia vá vazando aos poucos, passando por uma artéria ou veia e alimentando diferentes áreas. Ela abrange todo o ser, desde o nível intracelular.

Eu: Então, a conexão energética se difunde entre os três?

Erik: Sim, porque, lembre-se, é tudo energia. Tudo é energia – a mente, o corpo e a alma.

Eu: Você faz isso parecer tão fácil, querido!

Erik: E é, mãe. Tudo é muito simples, na verdade. Requer apenas uma maneira diferente de olhar as coisas.

Neutrinos

Eu: Vamos falar sobre os neutrinos. Dizem que essas são as partículas da consciência, que são as portadoras de todas as informações. Isso é verdade? E se não é, do que a alma e a consciência são feitas?

Erik: Bem, a alma e a consciência...

[Longa pausa.]

Jamie (para Erik): Belas imagens, mas você tem que colocá-las em palavras para mim, Erik.

Erik: A alma e a consciência têm que sofrer uma metamorfose para se ajustar à dimensão em que estão, seja ela qual for. Não existe uma embalagem única que funcione em todas as dimensões. Para a vida humana, como você mencionou, mãe, é o neutrino. No mundo espiritual, ele tem uma terminologia diferente.

[Pausa.]

Jamie (para Erik): Certo, porque lá não pode ser uma frequência vibracional mais baixa, como a da partícula física.

Eu: Então o neutrino é diferente no mundo físico e no mundo espiritual?

Erik: Sim.

Eu: De que maneira? Lá é mais um padrão de onda do que um padrão de partícula?

Erik: Onda me faz pensar em som, mas eu estou falando em termos de vibração.

Eu: Ah, ok. Então ele tem uma vibração mais elevada. E o que é importante sobre o neutrino? O que o torna especial?

Erik: Assim como a alma, é uma das únicas coisas que passam da vida tridimensional para a vida após a morte. Ele continua sem ser danificado ou destruído, ao passo que o nosso cabelo não; nada no corpo físico continua.

Eu: Ok. E dizem que ele pode atravessar qualquer coisa, até mesmo chumbo, de modo que deve ser por isso que você pode atravessar paredes quando está em espírito. É isso mesmo, Erik?

Erik: Correto.

Eu: Então, eles são os blocos de construção da consciência, da alma. É o que você está dizendo?

Erik: Sim.

Eu: Como funciona um neutrino?

Erik: Funciona exatamente como um fio. Ele mantém tudo junto, não existe nenhum buraco ou lacuna na existência.

Eu: Mas no nível da partícula propriamente dita, como é que funciona? Ele cria algum tipo de energia, por exemplo?

Erik: Não, ele não cria nenhum tipo de corrente elétrica. É mais como uma cola. Ele não tem informações ou dados nele, mas os guarda.

Jamie (para Erik): Mas, isso, meu amigo, não faz sentido.

Erik: Ele não possui energia. Ele carrega energia. Ele cria essas conexões semelhantes a uma cola e carrega informação.

Eu: Ah. Então ele não é a informação em si.

Erik: Não, é como um transmissor.

Eu: Ah, ele transmite informações?

Erik: Sim, como, sabe, Bluetooth.

Eu: Ah!

Erik: Como o Bluetooth do seu carro.

Eu: Ah, entendo.

Erik: Ele não tem todas as informações, mas, por meio dele, você pode encontrar todas as informações.

Eu: Então, nós somos a informação? Somos energia senciente, por assim dizer?

Erik: Sim.

Eu: É tão interessante o que é a consciência, não é?

Erik: Sim. Somos informação com autoconsciência.

Eu: E os neutrinos - ondas no mundo do espírito e partículas aqui - carregam não só a autoconsciência, mas todas as informações que acumulamos de diferentes vidas?

Erik: Bingo!

Eu: Uau! Então, o neutrino é a tecnologia Bluetooth que nos transmite as informações de que precisamos, incluindo a nossa própria consciência de nós mesmos.

[Erik concorda com a cabeça.]

Eu: Ufa! Meu cérebro está prestes a explodir. Ok. Então aqui vai uma do seu pai: "Onde a alma reside no corpo e que forma ela tem? Ela está na cabeça? No coração? Onde?". Acho que ela é, provavelmente, muito maior do que o corpo físico.

Erik: Você está certa. É maior, porque a nossa energia se estende além do corpo. Você pode pensar nela como um cubo de gelo na água. O conteúdo é o mesmo, certo? Mas o gelo está solidificado, e então ele vira água e depois vapor. Portanto, o gelo seria o corpo. O grosso da alma está lá, e ela se espalha por cada veia, cada célula, até a ponta dos dedos. Não está toda compactada na cabeça; não está escondida atrás do coração. Ela abrange a coisa toda, porque ela extravasa para fora da pele, muda de forma um pouco e cria esse campo energético. Então ela extravasa mais um pouco - como o vapor - e tem um campo energético diferente.

Eu: Muito legal. Seu pai também queria que eu te perguntasse isto, e eu achei a pergunta uma graça: "Se você amputa uma mão, o que acontece com aquela parte da alma que ocupava a mão?".

Erik (com uma risadinha): Ela ainda existe na forma de mão. Ainda se mexe como a mão se mexeria, e está ainda ligada ao cérebro e receberá aqueles sinais e se comportará daquela maneira.

Eu: Ah, é por isso que você pode ter dor no membro fantasma, aposto!

Erik: Com certeza! Você sacou!

Animal, vegetal, mineral

Eu: Pelo que vejo, tudo tem alguma forma de consciência? Mesmo animais, plantas e objetos inanimados?

Jamie: Erik está erguendo as mãos e dizendo: "Hellooooo, eu sei! As pessoas se esquecem de perguntar o que acontece com o espírito das plantas".

Eu (com um risinho): Ei, o que aconteceu com a minha linda buganvília que morreu congelada no ano passado? Quero saber! Eu tinha aquela planta fazia vinte anos!

Jamie: Ah, coitadinha...

Eu: Pois é. Então, tudo tem algum tipo de consciência? Até uma pedra? As rochas têm alguma forma de consciência primitiva?

Erik: Bem, sim, mas... O que tem consciência? Essa é a pergunta que eu acho que você está fazendo, e que inclui coisas que podem produzir uma energia vital mais complexa. Elas precisam de alimento, elas se reproduzem, elas crescem. É aí que estão as almas. Rochas e coisas desse tipo têm apenas uma consciência primitiva, inconsciente. Mãe, existem tantos tipos diferentes de forças vitais na Terra, mas por muito tempo fingimos que somos os únicos.

Eu: Os seres humanos podem ser tão rudes!

Erik: Eu sei!

[Jamie ouve Erik enquanto ele fala num ritmo rápido demais para ela poder traduzir. Ela então reproduz com suas palavras o que se lembra.]

Jamie: Ele está falando sobre essas aves que têm funerais. Não consigo acompanhar o ritmo dele, está falando rápido demais! Está falando sobre pardais e corvos e melros que trazem galhos e choram e colocam os galhos sobre o amigo emplumado que morreu.

Erik: Isso vem acontecendo há séculos; não é nada novo. Nós é que finalmente vimos. Acho que o que está acontecendo é que os seres humanos pensam que eles já fizeram todas as descobertas, certo? Eles já rotularam, já rotularam tudo, então agora podem, com seus próprios olhos, ver a espiritualidade inerente a tudo que rotularam.

Eu: Em que a consciência das rochas, plantas e animais se compara com a consciência humana? Você pode descrever isso um pouco mais?

Erik: Bem, rochas são diferentes de plantas e animais.

Eu: Ok.

Erik: Plantas e animais têm uma fonte viva, uma fonte vital, como eu disse. Eles criam alimentos, energia vital, hum...

[Pausa muito longa. Jamie cantarola com uma impaciência simulada.]

Erik: Descrever isso?

Jamie: Sim, como cor ou forma, seja o que for.

[Pausa.]

Jamie (rindo muito): Descreva, Erik!

[Pausa muito longa. (Essa pergunta deve ser difícil mesmo.)]

Jamie: Ele está tentando com todo empenho encontrar palavras. Ele quer falar sobre as rochas primeiro.

Erik: Rochas e minerais – é energia que *existe*. Não há muito do que você chamaria de consciência, mas elas têm uma força vital primitiva inconsciente nelas. Plantas e animais possuem uma força vital de vibração mais alta, mais complexa, por isso mudam e crescem e se movem.

Eu: Interessante!

Erik: Então, quando olhamos [para as plantas e animais], [a energia] tem uma pulsação. Ela tem movimento, ao passo que a energia de uma rocha não tem esse movimento. É como energia estagnada. Rochas têm uma energia estagnada.

Eu: Ah, ok.

Erik: Mas algo como a madeira, que um dia foi uma força vital sustentável - sabe, antes de ser cortada, fazerem móveis com ela e assim por diante -, ela contém toda a memória de quando estava viva; ela contém essa fonte. Mas, assim como quando algo morre, ela deixa de ter movimento. Torna-se uma força vital que simplesmente "existe". Então, acho que essa é a principal diferença: energia estagnada em vez de energia em movimento.

Eu: Uau! Já estou até acariciando a minha mesa aqui. [Para a minha mesa] "Oh, eu lamento tanto que você tenha sido cortada!" Então, Erik, acho que as plantas têm sentimentos, sentimentos sensoriais. Será que elas têm emoções?

Erik: Sim! Elas ficam felizes, ficam com medo, apavoradas. Sentem dor. Quando produtos químicos são colocados nelas, por exemplo, elas se retraem - a energia delas se retrai. Elas se comunicam entre si por movimento e pelo sistema de raízes.

Eu: Ahã.

Erik: Elas até brigam!

Eu: Uau! E quanto à consciência animal comparada com a das plantas ou outro tipo de vegetação.

Erik: Podemos ligar os animais com a nossa própria energia pessoal, porque eles têm mais de um... hum...

[Longa pausa.]

Jamie (rindo): Calma lá, Erik, porque você tem que usar as nossas palavras descritivas.

Eu: Ha!

Jamie: Ele está falando que não quer dizer que as plantas sejam formas de vida inferiores a nós, mas eu acho que é a única maneira que ele encontrou de dizer isso – que os animais têm mais consciência pensante, mais capacidade de solucionar problemas para a sobrevivência...

Erik: Mas, veja bem, as plantas têm isso também, mas é uma estrutura completamente diferente.

Eu: Então, a consciência dos animais é apenas mais complexa, não necessariamente melhor?

Erik: É isso aí. Gosto dessa ideia.

Eu: Como exatamente você consegue se comunicar com os animais? Até que ponto as conversas entre você e os animais podem ser específicas?

Erik: Eles têm aqueles "balões de pensamento" energéticos. Posso me fundir com eles ou acessá-los, mas não temos que nos limitar aos animais; plantas têm balões de pensamento também. [Nós, seres humanos,] simplesmente não temos instrumentos para medi-los e medir a atividade delas. Mas há um monte de artigos escritos sobre animais como seres espirituais – eles têm crenças? Sim. Operam pelo mesmo sistema moral...

Jamie: "Moral", Erik?

Erik: Ah, "conduta". Eles operam pelo mesmo sistema de conduta.

Eu: Então, como exatamente você se comunica com os animais por meio da telepatia?

Erik: Tente imaginar um tradutor invisível sentado entre você e um cão. Você diz algo, isso é traduzido e em seguida enviado para o cão. É a mesma sensação de quando você sabe que alguém está olhando para você. Você sabe que consegue sentir esse olhar, certo? Então você se vira para olhar e descobre que é verdade, alguém está mesmo olhando.

Eu: Sim, com certeza. Parece que já falamos sobre isso, mas, sim, isso acontece comigo o tempo todo quando estou dirigindo. Posso sentir o motorista do carro ao lado num semáforo olhando para mim. Devo ter uma cara engraçada.

Erik: Isso tem a ver com fusão de energia, e ter percepção de toda informação nesse campo de energia. Só não acho que os seres humanos ainda reconheçam essa percepção. Essa é a parte de nós que vai despertar. Então, sentar-se com seu cão e enviar pensamentos e receber sentimentos vai ser uma coisa comum.

Eu: Que ótimo! Então nossos pensamentos são traduzidos e transmitidos para o animal, e depois? Como isso funciona?

Erik: O animal se comunica mais com emoções. Podemos usar palavras, e elas são traduzidas em sentimentos. Então, o cão pode usar o latido, sua expressão ou suas imagens interiores, e isso se traduz para nós em emoção. Algumas pessoas podem entender e imaginar o que as emoções do animal estão explicando.

Eu: Se a comunicação é com emoções, até que ponto a conversa pode ser específica?

Erik: Ah, pode ser muito específica. Você pode falar de Deus e da morte. Os animais podem falar sobre a aparência do ladrão que invadiu a sua casa.

Eu: Ah, uau!

Erik: Claro que sim! Eles podem participar de maneiras muito úteis na vida. Só não sei por que as pessoas ignoram tanto os animais.

Eu: Ah, isso é uma vergonha. O que os animais têm a dizer sobre os seres humanos? Ah, meu Deus, essa resposta não vai ser bonita, hein?

Erik: Os animais nos veem como pessoas que fazem o mundo "funcionar". Eles não reconhecem isso, mas nos veem mais como máquinas individuais do que seres emocionalmente conectados. Eles estão mais ligados à consciência coletiva, por isso estão à frente de nós.

Eu: Ah, aposto que estão mesmo. Eles parecem mais espirituais e são capazes de amar tão incondicionalmente!

Erik: Sim, porque as estruturas deles são diferentes, mãe. Eles não têm as exigências e pressões que nós, como seres humanos, criamos para nós mesmos. Quero dizer, nós, seres humanos, criamos dificuldades para os animais, mas os animais não criam dificuldades para eles mesmos, isso com certeza. Fomos nós que criamos esta vida estressante. Nós podemos sair disso também, mas as pessoas têm muito medo de sair do padrão ou se mudar para um país diferente, ou basicamente, fazer qualquer mudança radical. As pessoas sentem como se não pudessem sobreviver a isso porque essa é a maneira como foram programadas.

Eu: Existe mais alguma coisa que os animais gostariam que nós soubéssemos?

Erik: Os animais têm uma maneira de absorver a nossa energia negativa. Se o seu animal de estimação está doente, você precisa imediatamente apontar o dedo para si mesmo.

Eu: Ah, eu posso ver isso. Eu posso.

Erik: E, mãe, os animais podem ver almas libertas, guias espirituais e coisas assim; e eles veem tridimensionalmente, assim como veem espíritos, porque os animais são muito abertos. Eles não têm um cérebro que funcione como o nosso. Eles não têm aquela parte do cérebro que pode ser negativa, pessimista ou analítica. Eles não podem ser autocríticos.

Eu: Sim, às vezes é um saco ser humano.

Erik: Eles não ficam preocupados, deprimidos e...

Eu: Porque eles não estão aqui para passar pela experiência humana, para evoluir espiritualmente, como nós, certo?

Erik: Certo. Eles não estão aqui para resolver problemas. Assim, a parte do cérebro que atrapalha tanto os seres humanos, os animais não têm. E eles não são criados de acordo com religiões que negam ou criticam coisas espirituais. É o mesmo que acontece com as crianças pequenas! Elas ainda não têm um sistema de crença rígido para doutriná-las. As crianças pequenas podem se comunicar com animais e seres espirituais telepaticamente também.

Eu: Não sabia disso!

Erik: E os animais podem visitá-la em sonhos enquanto você está dormindo, se fundindo com o seu campo de consciência ou movendo a energia elétrica deles para dentro do seu campo de consciência.

Às vezes você absorve mais informações visuais dos seres espirituais à noite, quando está dormindo, do que quando está acordado.

Eu: Que legal! Muitos membros do blog querem saber por que há tanto sofrimento e crueldade envolvendo animais. Qual o propósito disso? Por que eles têm de suportar tanta dor?

Erik: Bem, há várias razões para os animais voltarem para o plano terreno, mãe. Em primeiro lugar, alguns vêm para serem membros da nossa família, como animais de estimação...

Eu: Não gosto muito de chamá-los de "animais de estimação". Prefiro "membro da família" ou "companheiros do reino animal".

[Erik limpa a garganta, fazendo de conta que está irritado com a minha interrupção.]

Erik: Os escolhidos para estar conosco como companheiros do reino animal são designados para nós. Suas almas são designadas para nós assim como acontece com os anjos da guarda.

Eu: Que fantástico!

Erik: Então eles às vezes vêm até nós duas, três, quatro vezes durante a nossa vida, em diferentes corpos animais. Eles morrem, voltam para o Céu e esperam e esperam e esperam por nós até assumirem o corpo de outro animal. E então a alma deles vai para aquele corpo. Muitos dos animais que interagem conosco no plano terreno são animais que conhecemos em muitas vidas passadas. Às vezes eles são um falcão ou um cavalo, ou talvez um crocodilo ou uma grande cobra, ou um cão ou um gato. Eles podem vir na forma de qualquer animal. Um golfinho.

Eu: Isso é tão incrível, Erik!

Erik: Eles vêm na confiança de que vamos tratá-los bem, mas entendem que isso pode não acontecer. Ah, e às vezes espíritos de animais vêm para pessoas que eles sabem que vão maltratá-los, assim como escolhemos nos relacionar com seres humanos que sabemos que podem nos tratar mal, para aprender com isso.

Eu: Por quê? Por que os animais escolhem isso?

Erik: Bem, o animal não faz esse tipo de escolha para aprender alguma coisa. Os seres humanos fazem essas escolhas para aprender, para ensinar ou ambos. Os animais escolhem estar com os seres humanos que os maltratam para ensinar, para nutrir, amar, apoiar, incentivar ou apenas para nos fazer rir.

Eu: Então, já sabemos sobre a alma dos companheiros do reino animal, mas e o que dizer dos animais que vão ser utilizados para alimentação ou usados para fazer casacos de peles ou coisas assim? E o que acontece com os animais que vivem no mundo selvagem?

Erik: Os animais que vivem no mundo selvagem escolhem voltar ao plano terreno puramente para curtir o seu tempo lá. Nada para aprender, nada para ensinar uns aos outros; apenas para desfrutar.

Eu: E os animais que usamos como alimento ou roupa?

Erik: Essas almas específicas vão para o plano terreno [com esse propósito] e, antes de serem abatidos, suas almas saem do corpo e voltam ao plano celestial. Eles deixam seus corpos com facilidade porque não veem sua morte como uma experiência a vivenciar. Às vezes queremos vivenciar uma morte dolorosa, mas eles nunca fazem isso.

Eu: Ah, isso é um alívio.

Erik: Às vezes as almas dos animais migram para o plano terreno para ficar a serviço dos seres humanos.

Eu: Por algum tipo de acordo mútuo?

Erik: Sim.

Eu: Mas por que não tratá-los com mais respeito? Será que é porque nós simplesmente não evoluímos o suficiente ainda?

Erik: Sim, mãe. No plano terreno, algumas pessoas ainda estão maltratando os próprios filhos! No plano terreno, você sempre vai ver gente meio "cabecinha".

[Jamie e eu rimos.]

Jamie: Essa palavra é diferente.

Erik: Bem, achei que você gostaria de uma novidade, em vez do "babaca" de sempre.

[Nós todos rimos.]

Erik: Existe muita gente bem arrogante; essas pessoas veem a vida humana como se fosse superior a outras formas de vida. Mas você também sempre vê gente que respeita a vida, quer se trate de um animal ou de uma planta ou de um inseto ou outro ser humano; essas pessoas respeitam a vida. Agora, quando as pessoas invadem o território de um animal, ele pode ferir o ser humano; uma vespa pode picar você, um jacaré pode morder ou devorar você. Mas não é desrespeito; é sobrevivência. Quando os animais são maltratados além do simples abate por causa da sua carne ou da sua pele, como quando são usados em testes de laboratório cruéis ou em outros atos que causam sofrimento em massa...

Eu: Sim?

Erik: Isso é quase sempre para elevar a consciência – para ensinar a humanidade sobre respeito mútuo, humildade e amor incondicional. Geralmente é um esforço conjunto entre os espíritos humanos e animais. Eles trabalham juntos para manifestar essas atrocidades como experiências de aprendizagem para a consciência coletiva.

Eu (caçoando): Atrocidades? Bela palavra para um rapazinho!

Erik: Ei, meu vocabulário está melhorando. Depois que cortei a maioria dos palavrões, tive que preencher o vazio com alguma coisa.

Eu: Uau! Você deve ter um vasto vocabulário, agora!

[Erik e eu rimos.]

Erik: O grande ego humano [e] a falta de conexão [com] e respeito [por] todas as coisas vivas – é isso que está por trás de toda a crueldade que os animais sofrem, que todas as criaturas vivas sofrem, na verdade. Vamos ser bem técnicos. As plantas estão vivas. Pare um instante e pense nas árvores da Amazônia.

Eu: Sim.

Jamie: Ah, ele está bem exaltado agora!

Erik (infeliz): Mãe, você deveria ver as emoções! Ah!

Eu: Que horrível!

Jamie: Ah, isso fez o meu estômago se revirar.

Erik: Você tem que ver a emoção quando as árvores estão sendo cortadas e ceifadas e queimadas. Há níveis de gritos que vocês não ouvem.

Eu: Ah, eu tenho certeza.

Erik: Tudo o que vem daquele lugar [(a Amazônia)].

Eu: Que horrível, Erik! Há momentos em que eu tenho vergonha do ser humano. E é tudo para ter uma mobília exótica e coisas assim.

Erik: Sim, e pasto, terras para o gado. Isso precisa parar. [Ao mesmo tempo], o que muitas pessoas chamam de Deus não é um Deus que julga. Nós simplesmente julgamos nós mesmos. Por isso, se algo não parece certo para você, como comer carne ou cortar árvores, você nunca dever fazer isso; nunca vá contra o seu próprio julgamento.

Eu: Ok, então, basicamente, se você não se sente bem com algo, então não faça.

Erik: Certo, é assim que Deus age através de nós.

Eu: Existe algum tipo de contrato espiritual entre os animais e nós quando os comemos?

Erik: É um ciclo vital. Não é que não deva ser feito, mas precisa ser feito com consciência. Não deve ser feito com sofrimento. É tudo uma questão de respeito e compaixão por todos os seres vivos.

Eu: Adoro esses tipos de pergunta. O que acontece quando os animais hibernam? O que acontece com o espírito deles? Ou das plantas – o que acontece com o espírito delas quando morrem no inverno antes de retornar na primavera? Será que saem viajando por todo o planeta ou o universo, como se fizessem uma pequena pausa ou tirassem férias?

Erik: Bem, a morte das plantas e a hibernação dos animais são a mesma coisa. Eles se recolhem profundamente dentro de si mesmos para um momento de descanso. As plantas se recolhem em suas raízes ou no núcleo da haste, mas a alma não deixa a planta nem o animal quando fazem isso. É mais como um estado onírico mais prolongado.

Depois de ouvir as ideias que Erik transmitiu, minha perspectiva se expandiu. Saber que não existe uma hierarquia entre todas as forças vitais e descobrir que até mesmo objetos inanimados têm alguma forma de consciência faz com que eu me sinta conectada – ligada com tudo ao meu redor e com a vida. Compreender a natureza da consciência também me dá uma perspectiva mais ampla de mim mesma. Sou mais do que o meu corpo e o meu cérebro, mas eles estão intricadamente ligados e definem quem somos.

11

Tempo e espaço

Aqui, Erik nos guia em um safári através da natureza do tempo e do espaço. O que ele compartilha está curiosamente de acordo com as descobertas de físicos de renome internacional dos quatro cantos da Terra. Às vezes, tenho dificuldade para entender esses conceitos, provavelmente porque é difícil descrever conceitos não lineares usando linguagem linear. Recomendo que você deixe um comprimido para dor de cabeça ao seu alcance enquanto embarcamos nesta viagem alucinante e ao mesmo tempo elucidativa.

Como o tempo funciona... Já não era sem tempo!

Eu: Como funciona o tempo por aí [na vida após a morte], Erik?

Erik: Ele não existe. Não existe essa coisa de tempo. Só me lembro do tempo. Bem, eu me lembro todos os dias quando estou com vocês aí no plano terreno. Como não existe fome ou necessidade de sono, o tempo é mais como um círculo sem fim, em vez de um tempo linear em que você diz, "Estou com fome, é hora do almoço" ou "Estou com fome, é hora do jantar" ou "Estou cansado, deve ser hora de dormir". Acho que é o constructo ou as restrições que precisamos ter a fim de conseguirmos lidar com coisas como essa do plano terreno. O tempo nos ajuda a conceituar mudanças de estado, sequências, causa e efeitos, e outras coisas relacionadas ao tempo que são uma parte necessária da experiência humana.

[Estou tão orgulhosa de meu geniozinho!]

Eu: Bem, como *você* percebe o tempo, e como é que isso se encaixa no nosso conceito de tempo, no nosso constructo? Como conciliar vidas passadas e futuras?

Jamie: Ele se encolheu – está parecendo uma daquelas molas de brinquedo – e está se esticando e se encolhendo, se esticando e se encolhendo – como uma grande mola.

Eu: Legal!!

[Longa pausa enquanto Jamie escuta.]

Jamie (rindo): Ele está simplesmente despejando todo tipo de coisa! Erik, vá mais devagar! Fale bem devagar, porque isso confunde a minha cabeça.

Erik: Tudo bem. Quando...

[Pausa.]

Jamie: Simples, Erik! Mais simples!

[Pausa.]

Jamie (rindo): Ele só está rindo de mim! Não, não, não, Erik. Quanto mais simples você for, mais fácil vai ser escrever sobre isso, e então você pode ir deixando mais complicado à medida que avançamos.

Eu: Sim, por favor. Deixe mais fácil para nós.

Erik: Dentro de cada dimensão, há diferentes medidas de tempo. Vamos começar por aí.

Eu: Ok.

Erik: Quando somos humanos, o tempo para nós é ensinado num padrão linear. Vamos usar a linguagem verbal como exemplo. É através da linguagem humana, muito linear, que as sequências são possíveis. Ela nos permite organizar eventos e ações sequencialmente. Com essa linguagem sequencial, momentos presentes se cercam de momentos passados e momentos futuros. Então, é uma invenção humana. Pense em todos os tempos que usamos: passado, presente e futuro.

Jamie: O que é isso, Erik? Ele está dizendo: "De A para B, *tic, tac, tic, tac*", e ele está fazendo um relógio com a mão.

Erik: Você seres humanos não retrocedem. Vocês só vão para a frente e numa determinada velocidade. Agora, na dimensão em que residimos como seres humanos, há uma medida que não é aplicada, e isso acontece com todos nós – quando o tempo se acelera e desacelera. É como a respiração: você pode inspirar profundamente e segurar a respiração e diminuir o ritmo cardíaco; ou você pode respirar rapidamente e acelerar o ritmo cardíaco. Isso acontece, por exemplo, quando entramos no carro e sabemos que estamos atrasados, mas não corremos muito e mesmo assim chegamos a tempo, talvez até um pouco mais cedo. E então nós queremos saber como isso aconteceu!

Eu: Ah!

Erik: Porque você parou em todos os faróis vermelhos como sempre faz, você parou nos cruzamentos, deixou os pedestres passarem na sua frente, e ainda assim chegou a tempo.

Eu: Isso mesmo. Isso já aconteceu comigo muitas vezes.

Erik: E existem aqueles que acham que têm tempo de sobra. Elas recolhem as suas coisas, o que deveria levar apenas um minuto, mas dez minutos se passam. O tempo se acelera.

Eu: Ou como quando você está trabalhando num projeto e fica realmente absorto, totalmente imerso nele, então olha no relógio e o que parecia uma hora acaba sendo três.

Erik: Sim. "Totalmente absorto." É disso que vamos falar, porque esse é um estado emocional de ser.

Jamie: E ele está apontando o dedo como quem diz: "Estou falando uma coisa importante".

Eu: Ah, então é melhor prestar atenção!

Jamie (dando uma risadinha): Ele ainda está com o dedo levantado.

Erik: É um estado emocional. Com alegria - não com felicidade -, como você acha que o tempo passa? Acelera ou desacelera?

Eu: Desacelera? Ah, Deus, não sei. Provavelmente depende do lado do tempo em que você está. Depende do seu ponto de referência. Estou tão confusa!

Erik: Isso é verdade. Na maioria das vezes, com alegria, há expansão. E nessa expansão, o tempo parece meio indefinido - mas ele acelera.

Eu: Ah, ele acelera! Depois que você sai da situação, vê que o tempo acelerou. Enquanto você está nela, parece ...

Erik: Que se expandiu, se prolonga.

Eu: E, então, depois que acabou, você pensa: "Uau! O tempo passou e eu nem vi!".

Erik: Sim, pense no seu casamento, mãe: você vai se casar, você está entrando na igreja - tudo parece extraordinário. E então, quando a noite acaba, você sente como se tivesse se passado só meia hora.

Eu: Sim. Ok.

Erik: Agora pense na tristeza - um estado de espírito amargurado.

Eu: Ah, cara. O tempo parece que não passa.

Erik: Parece. De fato fica limitado. É como ficar olhando para os próprios pés. E o tempo passa muito lentamente.

Eu: Então, isso é que é a mola que você estava mostrando? Você está dizendo que, se fosse uma formiga andando pela mola enquanto ela está estendida, iria parece que a distância de uma extremidade a outra é mais longa; mas como a mola não aumentou em comprimento, ela não ficou de fato mais longa. É isso? E o oposto ocorre quando a formiga está andando pela mola quando ela está comprimida?

Erik: Sim! É assim que o nosso estado emocional afeta o tempo – o constructo humano de tempo. Portanto, a linguagem dá forma ao tempo, e as emoções podem expandi-la ou contraí-la.

Eu: Fascinante!

Erik: Mãe, você já notou que, quando as pessoas estão sofrendo ou passam por dificuldade ou desafios, elas envelhecem mais rápido?

Eu: Sim, porque eu envelheci dez anos no ano passado. E basta olhar para todos os presidentes e ver como eles ficam grisalhos de uma hora para outra!

Erik: Mas quando as pessoas estão alegres, seus corpos permanecem jovens.

Eu: Sim.

Erik: Isso é tempo. Essa é uma medida de tempo.

Eu: Uau, que interessante!

Erik: Então, na dimensão terrena, o tempo é uma função de linguagem, movimento e emoção. A linguagem e o movimento criam a sua percepção de tempo, e a emoção o expande ou o contrai. O tempo existe somente na consciência. Fora da consciência, não [existe].

Eu: Nossa! Isso é de fundir a cuca, Erik!

Erik: Agora, quando você vai além da dimensão em que vivem – tudo bem, da Terra –, descobre que o tempo pode ter diferentes medições. Ele pode ter – tenha só mais um pouquinho de paciência – um lado da frente e um lado de trás. A parte da frente pode ser aquela em que você está focado. Você se concentra nela; você a cria. Você se concentra na expansão, pode fazer isso. A parte de trás é quando não há nenhum foco, quando não há medição. O tempo pode ser visto assim. Isso é quando tudo acontece ao mesmo tempo.

Jamie: Oh! Estou discutindo com ele um pouco, porque ele diz que, na verdade das realidades que podemos compreender, o tempo é tudo acontecendo de uma só vez. Não existe futuro, não existe passado. Existe apenas o "é", e isso é basicamente como o tempo é para eles lá na dimensão de Erik.

Eu: Ok.

Jamie: Então minha pergunta para ele foi: "Você está realmente tentando me dizer que algo maior, como o ciclo da Terra, está sendo criado, vivido e destruído, tudo isso ao mesmo tempo?".

[Pausa.]

Jamie: Ele olha para mim, ri e diz: "Sim".

Eu: Então estamos vivendo nossas vidas passadas e futuras, ao mesmo tempo que vivemos nossa vida presente, suponho?

Erik: Sim, isso mesmo!

Eu: Ok. Então, quando as pessoas de lá reencarnam, elas ainda estão lá no Céu, vivendo essa nova vida?

Erik: Sim, isso mesmo, mãe. Exatamente.

Eu: Isso é tão interessante! Então o que é o tempo lá? É apenas um ponto? É uma teia, um *looping*? Estou falando sobre o todo, a grande escala de passado, presente e futuro.

Erik: Entendo o que você está dizendo. Se você precisa de uma imagem, pense numa teia, coloque algumas ondas nela e faça cada linha ter uma interseção. Assim, você pode viajar para *qualquer* local que quiser: qualquer dimensão ou qualquer ponto no futuro ou passado ou presente. É tudo um ponto no tempo. Está tudo acontecendo ao mesmo tempo.

Eu: Ok. E o que são essas interseções?

Erik: Vidas. Interseções de vidas. Temos de falar em termos de vidas passadas porque, como seres humanos, o tempo é linear, e você não acredita no futuro até que passe por ele. Então, nós nem sequer falamos sobre vidas futuras; isso parece ficção científica. Mas logo o termo "vida futura" vai ser tão comum quanto o termo "vida passada". Onde você acha que Leonardo da Vinci se inspirou?

Eu: Ah! Claro!

Erik: Quando você olha para os esboços e desenhos de Da Vinci, fica claro que ele estava viajando através do tempo e das dimensões, e depois registrando suas experiências.

Jamie (com uma frustração simulada, como um professor severo diante de um aluno indisciplinado): Erik! *ERIK!* Mais devagar!

Erik: Você também pode olhar para suas vidas passadas, presentes e futuras desta forma. Pense na roda de uma carroça. Sua alma é o centro e cada vida que você está vivendo é um raio. As vidas se retraem de volta para o centro da roda quando você morre – quando aquele pedaço de vocês é reabsorvido – e se estendem pelo raio quando você nasce e vive a sua vida. E a roda está rolando na lama, criando um sulco. Esse sulco é a sua percepção do tempo. Todas as suas vidas estão acontecendo ao mesmo tempo, mas para você, elas parecem progredir de forma linear.

Eu: Isso é muito legal, Erik. Você é tão bom em simplificar as coisas com analogias! Tenho mais algumas perguntas sobre o conceito de tempo. Sabe, parece que quando fazemos uma pergunta, mais três ou quatro vêm na sequência. Aqui estão algumas delas: O tempo existe apenas em função do movimento? Ele é criado pelo movimento? Então, se tudo no universo estivesse parado e então começasse de novo, não haveria maneira de determinar por quanto tempo ele ficou interrompido, certo? Em outras palavras, o tempo existe apenas como uma função da energia em movimento?

Erik: Sim.

Eu: Alguma coisa mais sobre isso?

Erik: Não, só que [o tempo é] um constructo humano criado pelo movimento ao longo de uma série de criações. Um momento é criado, em seguida outro, depois outro; e a consciência – a energia que é consciência – move-se de momento em momento de criação. É assim que a ilusão do tempo é criada.

Eu: Então, quando você olha para nós, parece que estamos seguindo em marcha lenta ou parece que estamos congelados no tempo? E, quando vemos você, parece que você está se movendo mais rápido? Estou apenas tentando chegar a uma compreensão do ponto de vista de ambos os lados do véu.

Erik: Quando nos comunicamos com os seres humanos, nós nos movemos em seu plano, em seu reino.

Eu: Ok.

Erik: Sim, nós podemos nos mover na velocidade da luz, por isso podemos estar na porta da frente e, quando você se vira, podemos estar na porta dos fundos.

Eu: Ok. Uau! Então, quando você olha para nós, parece que estamos nos movendo realmente *beeeem* devagar, visto que vocês podem se mover mais rápido?

Erik: Pode-se dizer que vemos vocês assim.

Jamie: Ele está rindo!

Erik: Não que eu prefira assim, normalmente, porque não é nada bonito.

Eu: Ah, Deus, aposto que não!

Erik: Mas é divertido assistir esportes dessa maneira. Nós não precisamos de câmera lenta.

Eu (rindo): Bem, sim, tem razão. Então você pode nos ver assim como via quando estava vivo?

Erik: Sim, isso mesmo. Podemos vê-los do jeito que quisermos – em qualquer velocidade, mas geralmente preferimos a velocidade do tempo terreno.

Eu: Ok, Erik, você diz que está aprendendo - você aprende coisas novas -, mas aprender é um tipo de ação linear, não é? A princípio você não conhece uma determinada informação e depois a aprende.

Erik: Sim.

Eu: Então, como é que isso acontece num lugar onde não existe tempo?

Erik: É como quando você usa o tempo para se fundir com algo que você já experimentou antes. É quando você compreende. É quando aprende sobre isso. Então, não é como se sentar para ler um livro, virando as páginas, uma após a outra.

Eu: Mas, se você aprende, isso significa que não sabia alguma coisa antes e, se você tem um "antes" e um "depois", isso significa que existe um tempo, uma sequência.

Erik: Bem, não veja a ideia de aprender como ter uma nova experiência. Se você se imaginar...

Jamie (rindo do que ele está dizendo): Inteligente!

Erik: ... empilhando pratos, o prato de cima vai ser o que você mais vê. Vai ser aquele com que você interage; que você usa mais. Mas aprender, para nós, significa que já conhecemos todos os pratos, mas estamos pegando o prato de baixo e colocando no alto da pilha. Então você pode escolher o que quer saber, trazer isso para a superfície, e um dia essa informação vai se tornar o segundo prato da pilha, em vez do primeiro. Depois ela passa para o terceiro lugar na pilha, e assim por diante. A simplicidade consiste em focar o prato de cima da informação lembrada.

Eu: Ah, que brilhante!

Erik: Nós só estamos trazendo essa informação para mais perto. Lembrando. Trazendo-a para mais perto da superfície.

Eu: Essa é uma maneira surpreendente de explicar isso!

Erik: Sim, então, de certa forma, pode-se ver o tempo como uma pilha vertical de pratos, todos eles estando num determinado ponto, não numa fileira horizontal de pratos, na qual você salta de um para o outro, do passado para o presente para o futuro. Com a pilha vertical de pratos, você não tem que se mover numa sequência linear de tempo; mas com a pilha horizontal, você tem.

Eu: Ok, eis uma outra pergunta em que eu estava pensando. Deve ser muito difícil para você, Erik, se comunicar e interagir conosco e nos observar, sendo que somos lineares e você não. Como você faz isso?

Erik: Na verdade, não é tão confuso!

Eu: Ah, eu fiquei confusa só de fazer a pergunta!

Erik: É como ter uma tartaruga de estimação.

[Jamie e eu rimos pra valer. Erik e suas metáforas!]

Erik: Você a coloca no chão e pode correr e fazer, digamos, mil e uma coisas – entrar no seu carro, dar partida e arrancar e olhar outras coisas, assistir a um filme e depois voltar, e sua tartaruga só andou um pouquinho.

Eu (com uma risadinha): Oh, não! Somos suas tartarugas de estimação!

Erik: Ver os seres humanos numa trajetória linear é mais ou menos assim.

Jamie (rindo muito): Isso é brilhante, Erik!

Eu: Sim, isso é muito bom! Gosto disso! Erik, você é tão esperto, querido. Mas não esqueça de limpar a nossa gaiola. Quando eu era pequena, tive uma tartaruguinha de estimação, e às vezes eu me esquecia de limpar o aquário dela, e não ficava nada bonito! Odiaria pensar que esse vai ser o primeiro animal de estimação que vai me dar as boas-vindas quando eu fizer a passagem. Aquela coisa verde viscosa com algas e uma água horrível e suja, cheia de espuma, ao redor dela, e ela dizendo: "Por que você não limpava o meu aquário?".

[Erik ri.]

Eu: E o que me diz do espaço? Existe espaço onde você está? O que é o espaço, na verdade? Não o espaço sideral, sabe, mas...

Erik (rindo): Definitivamente existe espaço. Temos o espaço sideral; temos o espaço...

Eu: Então, é claro, o espaço existe de fato. Ele é uma tela em que pintamos nossas realidades ou...

Erik: Ele continua indefinidamente.

Eu: Ah, sim. Infinito.

[Longa pausa.]

Eu: Mais alguma coisa?

Jamie (rindo): Ele está me mostrando uma imagem. Nem sei como descrevê-la! É como uma caixa quadrada - uma caixa de vidro. É muito pequena, e ele está sentado numa prateleira numa sala com um monte de outras pequenas caixas de vidro. Quando você chega perto da caixa, vê uma luz nela.

Erik: Nós nos acostumamos a pensar que podemos colocar a nossa existência e o que sabemos numa caixa - que temos parâmetros e limites. Então, quando as pessoas falam sobre espaço e o "*continuum* espaço-tempo", isso despedaça a caixa de vidro delas, e para as pessoas é muito desconfortável fazer isso.

Eu: Aposto que sim.

Erik: E por isso as pessoas preferem dizer: "Ah, eu não preciso saber isso aqui". Quer saber de uma coisa? Elas estão certas. É por isso que viemos à Terra. Viemos para restringir mais; viemos para simplificar; viemos para ganhar essa imagem da "caixa de vidro". Então, se você quiser falar sobre a natureza do espaço, acho que realmente precisamos nos sentar e perguntar: "O que você quer apresentar? O que está tentando mostrar?". Acho que a melhor lição é a seguinte: É ótimo ter uma visão estreita enquanto podemos, porque a vida é curta. Claro que você pode refletir sobre a natureza infinita do espaço e uma perspectiva mais ampla, mas você não pode viver a partir dessa perspectiva se isso significa que não conseguirá cumprir seus contratos espirituais e aprender as lições que deveria aprender no plano terreno. Você tem de viver a vida a partir da perspectiva de um ser humano. Melhor dizendo. Vocês tem que viver a vida como um ser espiritual vivendo uma experiência humana e não como um espírito eterno "livre como um pássaro". Você não vai aprender porcaria nenhuma assim.

Eu: Sim, temos de nos concentrar nas lições que viemos aprender aqui, usando a dualidade do plano terreno da melhor maneira possível.

É muito difícil criar essa dualidade – esse contraste –, quando temos a perspectiva expansiva de uma alma liberta, nossas realidades infinitas e probabilidades e dimensões e eus.

Jamie: Ele levantou o dedo no ar.

Erik: Você tem razão! Temos de nos concentrar numa perspectiva mais estreita quando estamos no físico, e qual é a coisa mais importante em que nos concentrar quando estamos no físico? Honra. Esse é um conceito do amor.

Eu: Ah!

Erik: Comunicação aberta de um ser humano para outro.

Eu: Ok.

Erik: E isso significa amor por uma planta, uma árvore, um inseto, um animal, qualquer ser vivo.

Eu: Amor pela vida, ponto final. Quero dizer, existe todo tipo de amor. Agora, quando estamos neste pequeno palco, fazendo este teatrinho de escola chamado experiência humana, o que você está dizendo é que temos de nos concentrar no jogo em si e nos papéis que temos de desempenhar nele. Precisamos restringir as coisas e nos concentrar na tarefa à mão?

Erik: Isso mesmo. Essa é a glória simples da vida.

Eu: Ok, então, podemos voltar a falar de como é o "espaço" onde você está? Sei que não é totalmente igual ao espaço em que vivemos aqui no reino tridimensional, mas...

Erik: Bem, é um pouco assim aqui também. É um pouco dos dois, e eu sei que é difícil compreender. Grande parte dele é feito de luz e energia, mas ele tem também um aspecto tridimensional. Temos casas aqui, como você sabe, além de beleza e natureza e coisas assim. É como o amor, e o amor tem uma energia própria. Você se sente como alguém se sentiria no espaço sideral. Não existe gravidade, então há uma sensação de pura leveza – nenhum peso. E quando você olha para os anjos, consegue ver através deles. É apenas luz, tudo luz.

[A pergunta seguinte pareceu um pouco fora do tema, mas, em última análise, ela tinha a ver com a natureza do tempo.]

Eu: Uau! Ok. Vamos ver, esta é uma pergunta que eu já fiz antes, de outra forma, Erik, mas muitas pessoas têm essa mesma dúvida. Por que às vezes obtemos respostas diferentes para a mesma pergunta dependendo do comunicador e do tradutor espiritual, ou mesmo diferentes respostas para a mesma pergunta do mesmo comunicador?

Jamie: Respostas diferentes para a mesma pergunta do mesmo tradutor espiritual?

Eu: Sim, digamos, por exemplo, que você pergunte qual é o seu destino ou como foi a sua última vida. Você pode obter respostas diferentes de diferentes tradutores espirituais, e respostas às vezes diversas do mesmo tradutor em duas sessões diferentes.

Erik: Você precisa lembrar que não somos sempre iguais, mãe. Os seres humanos gostam de pensar que são, porque eles estão focados no linear. Mas, não, estamos sempre mudando. O seu livre-arbítrio – ou o livre-arbítrio de um estranho a dois mil quilômetros de distância –, pode fazer você tomar uma nova direção.

Eu: Então podemos mudar o futuro. Podemos mudar o passado também?

Erik: Isso mesmo. E cada vez que você faz uma pergunta a comunicadores espirituais diferentes, ou mesmo quando você faz a pergunta ao mesmo comunicador, é um momento diferente.

Eu: Ah, ok!

Erik: Então as respostas têm variáveis, ainda que, na Terra, os seres humanos queiram acreditar que as respostas sejam sólidas ou fixas.

Eu: Ok.

Erik: E às vezes você pode procurar outro comunicador em qualquer outro lugar e a resposta vai ser a mesma!

Eu: Isso mesmo, porque sua intenção está focada naquele passado ou futuro provável.

Erik: Exatamente. E uma vez que todos os tradutores espirituais são seres humanos e seres humanos têm filtros criados por sua mente analítica, às vezes eles podem se enganar.

Eu: E Jamie não tem filtro nenhum.

Erik: Quase isso! Além do mais, ela me permite xingar e ser quem eu sou. Adoro isso nela.

O que eu concluí das informações que Erik transmitiu sobre o tempo e o espaço? Nós, seres humanos, criamos constructos para ambos, a fim de tirar o máximo proveito da nossa experiência na Terra. Temos de concentrar nossa perspectiva em cada frase, em cada página do livro da vida, em vez de focar o número infinito de livros guardados na nossa estante.

12

Matéria e realidade

À medida que nos aventuramos um pouco mais em nossa exploração dos mistérios que definem a vida e a nossa existência, nós nos aprofundamos na natureza da própria realidade. Pode-se dizer que este ponto de passagem é na verdade o Santo Graal da nossa busca, porque a matéria a que estamos acostumados em nossa realidade tridimensional nada mais é do que luz congelada, e a realidade é tudo – toda abrangente e ainda assim elegantemente simples.

Tudo sobre a matéria

Eu: Tenho lido muito sobre como a matéria é criada, como a realidade é criada, e existem algumas teorias sobre as quais tenho lido. Uma delas é a Teoria da Estrutura Ondulatória da Matéria, que tem a ver com ondas esféricas que interagem entre si; e a outra é a Teoria do Vórtice, que afirma que os elétrons, prótons e nêutrons são buracos no espaço, conectados por vórtices no espaço tridimensional e quadridimensional.

Nossa! É tão complicado entender isso! Então, existe alguma verdade nessas duas teorias?

Jamie: Quando você falou de vórtice, [Erik] fez um biquinho como se fosse assobiar, mas só fez um som de sopro.

Eu: Ok.

Erik: Esse sopro é apenas para levantar a sua saia.

[Jamie e eu rimos.]

Erik: É uma ideia brilhante, mas nunca poderá ser provada.

Eu: Ah, sério?

Erik: Sim, e você verá que, nos próximos cinco ou seis anos, a ciência será capaz de identificar muito do que estamos vivenciando. A [Teoria da] Estrutura Ondulatória da Matéria tem mais solidez, mas nenhuma teoria do plano terreno capta o quadro todo com precisão.

Eu: Certo.

Erik: Sou da seguinte opinião: acho uma loucura as pessoas pensarem que criam só porque "brincam" de fazer ciência ou porque fazem coisas ou as juntam!

Eu: Sim!

Erik (fingindo um ar de pompa e superioridade): HOMEM, o CRIADOR! Quanto mais eu paro e olho para esse HOMEM, O CRIADOR, não entendo, porque [um dia] pensei: "Eu posso destruir isso e posso criar aquilo", mas isso não é absolutamente verdade. É uma mentira, pior do que usar óculos de lente cor-de-rosa. Os seres humanos pensam que são o centro da criação, num certo sentido, mas a energia não pode ser criada nem destruída, lembra?

Eu: Sim, isso é Física para iniciantes. Então, na verdade é a nossa percepção que cria e destrói.

Erik: Você pode destruir e criar suas percepções também.

Eu: Ah!

Erik: O único poder que vocês têm, como seres humanos, é manipular, mover, moldar.

Eu: E a nossa consciência, os nossos pensamentos e o nosso livre-arbítrio é que fazem isso?

Erik: Sim. Nossa intenção focada em alguma coisa é capaz de manipulá-la. Não a cria nem destrói, na verdade; só a modela. A realidade molda as nossas intenções, e as nossas intenções moldam a nossa percepção dessa realidade; uma coisa afeta a outra. Há uma comunicação entre natureza e ser humano, realidade e ser humano.

Eu: Ah!

Erik: É só pensar, mãe: quando você faz um passeio numa floresta e olha para cima e vê aquelas árvores magníficas, isso é de tirar o fôlego. Apenas aquele espetáculo, aquele aroma, aquele sentimento, essa experiência muda você. Muda a maneira como você respeita o lugar: ela muda a forma como você fala sobre isso com as outras pessoas. Ao mesmo tempo, esse deslumbramento, essa experiência que você tem – as árvores, as plantas, o solo –, a Terra sente e absorve. Nossas plantas e nossa natureza são as melhores recicladoras de energia. Pense em toda a negatividade e todas as guerras que existem; e a poluição - quanto você acha que a natureza está reciclando agora?

Eu (com tristeza): Sim, é uma vergonha. Um leitor faz estas perguntas: "Então, a natureza da realidade é basicamente como ondas? Elas ligam e desligam numa determinada sequência? A realidade é como um rio que flui e faz curvas, acompanhando os contornos dos bancos de areia? As ondas energéticas respondem a estímulos externos?". Sabemos que as ondas respondem a estímulos externos - que nossos pensamentos, nossa intenção e nossa atenção as manipulam, certo?

Erik: Certo.

Eu: Então, o que é essa "coisa" que estamos manipulando?

Erik: Ondas. Ondas de energia. Vibrações energéticas. Ondas de alta frequência, ondas de baixa frequência - isto é o que nós modelamos como a argila que o escultor modela numa estátua. É o nosso alimento. Pode afetar o crescimento, a vida, o ar. Ela pode afetar as emoções de uma pessoa. Um pensamento, nosso mero pensamento - a coisa mais simples que fazemos - cria uma mudança e manipula as vibrações de energia em torno de nós.

Eu: Fascinante!

Erik: A única coisa que nos liga é o nosso sistema de crenças.

Eu: Sim, nossas percepções.

Erik: Exatamente. Percepções. Nos ensinaram a percepção de que a mesa é sólida. Você põe o copo, e o vidro para em cima da mesa. Isso é um conceito fixo para os seres humanos, e é muito difícil para um pai não ensinar a um filho essas coisas.

Eu: Ah, Deus, sem dúvida! E a consciência coletiva molda essas percepções e sistemas de crenças também, provavelmente.

Erik: Sim!

Eu: Então, nós sabemos que o pensamento cria a realidade, e [o processo é] imediato na dimensão espiritual. O pensamento manifesta as coisas instantaneamente.

Erik: Isso mesmo.

Eu: Você tem que parar e se concentrar constantemente para manter uma manifestação como uma casa ou uma campina? Como pode a casa, por exemplo, continuar sendo real por tanto tempo? Seria desgastante se fosse preciso pensar constantemente "uma casa, uma casa, uma casa" para manter a existência dela. Você tem que fazer isso para que ela continue se manifestando?

Erik: Vamos olhar para isso do jeito contrário: se eu parar de pensar na casa, a casa vai deixar de existir? É isso que você quer dizer?

Eu: Sim. É exatamente o que estou perguntando. Isso exige uma concentração enorme.

Erik: Não, você acha que exigiria porque é muito mais difícil manifestar aí no plano terreno. Então você acha que seria necessário muito esforço, muito tempo, mas não é assim. Enquanto estamos usando [a casa] e pensando nela, ela continua existindo.

Eu: Ok.

Erik: Mas, se não estivermos mais pensando nela ou usando-a – se ninguém estiver pensando nela nem a usando, ela não é necessária e não existe. Então, tão logo se lembram dela outra vez, ela volta a existir. A casa reaparece. Quando não está existindo, não é destruída; ela simplesmente não ocupa espaço. O pensamento cria a realidade através da energia. Um mais um é igual a dois. Então você tem pensamentos mais energia criando uma nova realidade.

Eu: Você pode explicar mais?

Erik: Os pensamentos são projeções da sua energia elétrica, por isso, quando você está pensando, também está se comunicando. Você está construindo sua usina de energia elétrica e determinando quanto dela você pode movimentar através do seu corpo.

[Percebi que ele queria dizer que pensamentos, projetados como intenções, são formas de energia que criam matéria e, portanto, realidade, de acordo com a fórmula de Einstein: $E = mc^2$.]

Eu: Ok, digamos que eu esteja andando por uma trilha. Isso é uma ilusão, certo? Sou eu manifestando constantemente a trilha diante de mim à medida que avanço? Estou, constantemente, manifestando de forma instantânea cada momento em que eu dou um passo?

[Longa pausa.]

Jamie (rindo): Ele está fazendo toda aquela encenação de "esfregar o queixo e pensar".

Eu: Ok, digamos que exista uma trilha de um quilômetro, mas eu não veja os últimos quinhentos metros à frente, porque na verdade eu não criei a trilha por mim mesma. Esses últimos quinhentos metros então não existem até que eu os crie com meus futuros passos em momentos subsequentes? Estou constantemente atualizando a extensão dessa trilha à medida que avanço?

Erik: Sim, você está constantemente atualizando a trilha, mas, se está compartilhando o espaço com outras pessoas que tenham a mesma visão - elas estão nessa mesma trilha de um quilômetro. Como talvez haja alguém uns quinze passos adiante, isso é algo que essa pessoa está criando. Como vocês estão seguindo na mesma dimensão, você pode ver o que ela criou. Portanto, é uma universalidade - um ponto de unidade. Não é apenas um feixe de luz individual.

Eu: Como você cria realidades em conjunto com outras almas? Deve haver algum tipo de cooperação, então - ter muitas almas vivendo no mesmo ambiente criado pelo pensamento, por exemplo.

Erik: Concordamos em cooperar telepaticamente, mas há ressalvas. Vocês podem transformar em realidade apenas aquilo que se encaixa perfeitamente em seu destino. Se não estiver de acordo com o seu destino, você não pode criar.

Eu: Não consigo imaginar por que as pessoas iriam querer criar algo que não faça parte do seu destino.

Erik: Ah, um monte de gente faz isso!

Eu: Bem, por que não funcionaria? Por que você não pode criar a sua realidade independentemente do seu destino?

Erik: Quando vamos para o plano terreno, temos um projeto espiritual. Nossos pensamentos e nossas ações devem contribuir para realizar o que está nesse projeto espiritual. Se concluirmos esse projeto, podemos realizar mais. Digamos, por exemplo, que uma mulher seja casada com um sujeito rico e seja infeliz e queira se divorciar, mas sabe que vai ter que trabalhar o dia inteiro caso se divorcie. Ela pode pensar: "Eu não quero. Não posso simplesmente ganhar na loteria?". Isso não vai acontecer, porque não importa quanto tempo, energia e paixão ela invista nos jogos da loteria, ela não vai ganhar; porque isso iria atrapalhar seu progresso espiritual, que inclui cultivar sua independência e força pessoal, conseguir um emprego de período integral e deixar o Sr. Ricaço.

Eu: Ok, entendi. Mas, certamente, as regras do jogo são diferentes na vida após a morte. E as pessoas que estão do Outro Lado - como você, Erik? Você pode muito bem criar qualquer realidade que queira, certo?

Erik: Sim, não há ressalvas.

Eu: Isso é muito útil. Ok, então o que é matéria escura?

Jamie: Ele quer deixar mais claro - é da matéria escura ou da matéria cinzenta que você está falando?

Eu: Não, é da matéria escura. Você sabe, existe energia escura e existe matéria escura. É uma coisa da Física.

Jamie: Bem, ele está me dizendo que está tentando descobrir em que contexto você quer a resposta, porque você pode considerar a matéria escura como sendo uma entidade - um espírito - ou a matéria escura no caso de não ser uma entidade.

Eu: Não estou falando de uma entidade; é algo que existe no universo, algo que compõe uma grande parte do universo como nós o conhecemos.

Erik: É uma força compactada, quase como um vácuo.

Jamie: Do jeito que ele está mostrando, existe tanta energia no universo que parece que ele está vazio ou escuro.

Eu: Ahã.

[Fiquei perplexa ao ver como essa ideia do vácuo infinitamente denso está em sintonia com a teoria de campo unificado do físico Nassim Haramein, algo que descobri meses depois dessa sessão.[4]]

Jamie (para Erik): O que você quer dizer? Como quilos por... A densidade dela, sim. Pesada, densidade pesada.

[Longa pausa.]

Erik: É como uma força magnética. É atraída para si mesma, e por isso é como se gestasse. Ela puxa as coisas – suga-as e as mantém ali.

Eu: Ok, eu li em algum lugar que não existe na verdade nenhuma "partícula de Deus", e nós precisamos parar de tentar encontrar a menor unidade. Em vez disso, precisamos ver que existe um padrão de divisão infinita – infinitamente grande e infinitamente pequeno. A maior parte da realidade é espaço. A matéria não define o espaço; o espaço define a matéria. Isso é verdade?

Erik: Com certeza. Está certo.

Eu: Dizem que todos os universos são diferentes membranas em forma de folhas e rosquinhas e cilindros – e assim por diante –, e que talvez, às vezes, essas membranas colidam umas com as outras e os pontos de colisão criam matéria. Isso é algo que seja possível?

Jamie (rindo muito): Erik está rindo.

Erik: Absolutamente possível, mãe, mas saber como as coisas são construídas não vai dar a você mais compreensão do lugar onde vive.

Eu: Ah, sim, eu sei. Apenas achei esse assunto interessante.

Erik: Por que as pessoas estão tentando concentrar toda a sua energia em desvendar mistérios como esse em vez de compreender por que estão onde estão? Temos que olhar para isso.

Eu: Ah, tudo bem. Então você quer que eu deixe tudo isso para os físicos?

Erik: Sim, exato.

Eu: Ok, aqui vai outra: Os "não sencientes" - sabe, consciência não pensante, incluindo os elétrons - criam matéria ou realidade também? Quero dizer, ele é uma consciência, afinal, mesmo que seja uma consciência inconsciente.

Erik: Vou fazer a minha primeira pergunta! O que faz você pensar que não é uma consciência pensante...?

Eu: Bem, talvez seja - eu não sei! Elétrons podem pensar, então?

Erik: Que coisa triste... Nós tentamos fazer tudo pensar como nós.

Eu (rindo): Ah, droga, será que nós, seres humanos, não fazemos nada direito?

Erik: Tente novamente. [Os elétrons] pensam; eles compreendem. Eles têm ações e reações, e...

Eu: Bem, eles são autoconscientes, ou são mais como você descreveu as rochas - seres com uma "consciência primitiva, inconsciente"?

Erik: Eles são autoconscientes apenas quando estão perto de outra coisa, mas não da maneira como você pensa. É difícil explicar de uma maneira que você possa compreender.

Eu: É por isso que o emaranhamento [da física quântica] funciona?

Jamie: Não li nada sobre isso. Do que se trata?

Eu: Depois que dois elétrons interagem, eles vão continuar a influenciar um ao outro, mesmo que estejam a anos-luz de distância. Pelo menos é assim que eu entendo.

Jamie (surpresa): Sério?

Eu: Sim, acho que Einstein chamou de "ação fantasmagórica a distância".[5] Ele não entendia completamente por que os elétrons se comportavam dessa maneira. Então eles podem resolver problemas?

Erik: Sim.

Eu: Sério? Mas eles podem criar matéria assim como nós, com os nossos pensamentos? Elétrons e outras partículas podem criar sua própria realidade?

Erik: Ah, eles podem resolver problemas conscientemente, então, se podem resolver um problema, então, sim, estão criando matéria. Mas pensar nisso como, sabe, matéria que você pode tocar com a mão...

Eu: Ahã.

Erik: Não é esse tipo de matéria, mãe, e a capacidade deles de resolver problemas não é como a dos seres humanos.

Eu: Uau! Aposto que também seria difícil me explicar algo além disso!

Erik: Sim, porque vocês, na verdade, não têm palavras para isso.

Eu: Ok, digamos que haja um copo em cima da mesa e ele seja visto por três observadores. Cada observador cria o seu próprio espaço tridimensional com um copo completamente diferente? Cada consciência senciente e cada consciência não senciente, incluindo os átomos ou elétrons da mesa, das cadeiras e assim por diante, criam isso também – de modo que a realidade do copo realmente exista no espaço multidimensional, num número infinito de dimensões, compostas de cada espaço, de cada consciência, a partir de cada observador?

Jamie: Ele está rindo.

Eu: Ah, Deus, estou tão confusa! E, então, ele é definido como um copo sobre a mesa só porque esse é um acordo mútuo, porque nós o comunicamos assim entre nós?

Erik: Ok, sem querer ser desmancha-prazeres, mas o foco e a consciência têm que estar no copo quando ele é feito, como numa fábrica. Então ele é realmente criado e trazido para o plano tridimensional. E apenas porque um copo está num balcão, numa mesa ou num armário fechado, isso não significa que ele desapareça, porque já foi criado. Então, não é preciso foco para que ele exista.

Eu: Ah, ok. Então você não precisa ficar pensando em algo para que essa coisa continue existindo.

Erik: Certo. Tudo que você tem a fazer é saber que ela existe.

Eu: Ok. Garoto, isso exigiria muito mais trabalho do que eu seria capaz.

Erik: Agora, dê um passo para trás e olhe para isso da seguinte forma: acho que seja quem for que tenha trazido à baila toda essa coisa de “copo sobre a mesa” queria concentrar seu foco. Não queria focar coisinhas como cortinas e paredes e pisos. Queria se concentrar em toda a ilusão de realidade.

Eu: Ah, entendi.

Erik: Agora, é isso que leva todo mundo ao jogo de focar e cocriar a realidade que você conhece como plano terreno. E depois que entra nele, você tem parte do controle; e dentro desse controle podemos criar e destruir, mover e alterar. Criamos um banco feito de concreto, podemos destruir o banco feito de concreto. Mas não é preciso o esforço de um pensamento consciente para que o banco de concreto passe a ser real. Já fizemos isso, porque acreditamos em todo o sistema formatado. Você entendeu?

Eu: Não, estou tão confusa!

Erik: Não conheço nenhuma outra maneira de explicar isso. Tudo tem consciência. É por isso que as pessoas curam com cristais e certas pedras que carregam energia. As plantas também. Tudo na Terra carrega uma consciência. Quando entra numa casa, você consegue sentir uma energia característica dela, porque a casa suga a energia de todos que vivem lá. Então os lares têm até uma consciência. Ok, o mesmo com relação aos elétrons e átomos - sim, eles podem criar matéria, mas é preciso a alma do ser humano para ajudá-los.

Eu: Então, eles podem criar a matéria, mas precisam da consciência de uma alma para ajudar?

Erik: Isso mesmo.

Eu: Isso é como a teoria da Física segundo a qual você precisa de um observador - acho que é consciência neste caso - para transformar uma onda numa partícula. Isso tem um paralelo com transformar pensamento em realidade. Massa e energia. $E = mc^2$. Uau! Está tudo fazendo sentido.

Erik: E cada observador vê de uma forma diferente. Lembre-se, tudo flui. Tudo é energia, e ela flui e desacelera para criar a matéria; e essa matéria vibra para fora e para dentro da existência, como uma ondulação ou uma onda no oceano. Existe, não existe; ela está sempre mudando. O copo nunca é o mesmo de um instante para outro.

Eu: Então, deixe-me ver se você aprendeu alguma coisa sobre essa questão desde que perguntei um tempo atrás. Qual é a nossa "verdadeira realidade", aqui ou onde você está? Quando estamos vivos e quando estamos sonhando?

Erik: Não há diferenciação, mãe. Você está viva na Terra; você está viva na vida após a morte. Em qualquer lugar para onde a alma vá – em qualquer lugar que ela esteja –, ela está viva. A alma pode viajar para outros planetas; ela não tem que vir apenas para a Terra. Nós podemos viajar por todo o universo com os alienígenas, se quisermos.

Eu: Então, a "verdadeira realidade" é...

Erik: Onde quer que a alma esteja no momento. E quando uma alma está aqui no mundo espiritual, isso não significa que o plano terreno não exista. É ainda uma realidade de outra dimensão; é apenas uma questão de perspectiva. Nossa "verdadeira realidade" é onde quer que estejamos no momento.

Eu: Mas onde é o nosso verdadeiro lar, então?

[Só queria confirmar o que ele tinha dito antes.]

Erik: Aqui, no mundo espiritual. Nós vamos para o plano terreno quando saímos de férias.

Eu: Erik! Férias?! Quero o meu dinheiro de volta! Preciso de um novo agente de viagens!

Erik: Adivinha, mãe: você é seu próprio agente de viagens! Nós somos o nosso próprio agente de viagem. Nós decidimos o que vamos viver!

Eu: Bem, se é assim, então estou demitida!

Erik (rindo): Então não ganhou o prêmio de funcionário do ano?

Eu: Não, sem chance!

Erik (ainda rindo): Acho que muitas pessoas se sentem assim também!

A natureza da morte

Quando entendi o processo de antes e depois da morte, passei a querer saber mais de um ponto de vista científico, tanto a visão macro quanto a micro.

Eu: Nassim Haramein, um físico que ajudou a desenvolver a Teoria do Campo Unificado, define a realidade de uma forma que realmente faz sentido para mim. Ele disse algo, particularmente, que despertou meu interesse: que existem buracos negros em átomos, e existem buracos negros em simplesmente quase tudo, do infinitamente pequeno ao infinitamente grande. Ou seja, estamos basicamente vivendo num buraco negro, e é por isso que tudo o que vemos no espaço é escuro. Mas, se cruzássemos o horizonte de eventos, veríamos uma bela luz branca.[6] Bem, gostaria de saber se a morte é apenas uma questão de cruzar o horizonte de eventos de um buraco negro para um buraco branco.

Erik: Tenho uma experiência em primeira mão aqui, mãe. É exatamente assim. Você permanece num corpo físico por um tempo; é como um período de ajuste. Você não é imediatamente "sugado" - e isso é exatamente o que é, uma sucção. Mas você pode ver. Você pode ver. Ainda está no plano terreno e pode ver sua família e amigos. Pode olhar para o seu corpo e então ter uma sensação de liberdade. Sem gravidade. É uma leveza que é difícil explicar. É como se você começasse a ser sugado para dentro desse túnel de luz brilhante, passando através da densidade da Terra. E você sai do outro lado. É lindo. É leve.

Eu: Então eu realmente acho que esse cientista está na pista certa. Você cruza um horizonte de eventos.

Erik: Sim, isso mesmo. E é o que dizem quando se referem a "cruzar o véu". É um véu muito fino. É só um tênue véu que separa os dois lados, mas ele é denso, particularmente à medida que se aproxima da Terra.

A física da morte

Eu: O que acontece no momento da morte do ponto de vista energético? Algo acontece com o padrão de onda ou a frequência da nossa energia? A nossa energia entra num buraco branco? O que acontece da perspectiva da Física?

[Pausa.]

Jamie (para si mesma): Do ponto de vista da Física.

Erik: Bem, hum...

Eu: Em poucas palavras. Você não precisa dizer nada muito elaborado, porque talvez nem saiba e nós podemos nem entender se você disser. Mas o que acontece energeticamente no momento da morte?

Jamie: A imagem que vem com isso é [ele] me mostrando um corpo que acabou de morrer, e a energia se separando da matéria.

Erik: A energia está se separando da matéria que ela criou.

Jamie: Na minha cabeça, vejo isso como se fosse no nível celular, e existem aquelas faíscas – como quando você esfrega os pés no carpete, e, em seguida, toca em alguém e, Ai!, dá choque!

Eu: Ahã. Ok. As faíscas estão em cada célula? Vêm de cada célula?

Jamie: Sim. *Poc, poc, poc, poc.* Assim essa energia pode escapar da matéria que ela criou, e é dessa forma que a matéria é deixada para trás. Não é com esse êxodo em massa espontâneo, de, hum, como...

Erik (para Jamie): O que você está fazendo?

Jamie (para Erik): Não tenho ideia! Só estou tentando assistir! Eu não sei, mas me sinto extremamente limitada hoje enquanto você está me mostrando imagens e falando!

Jamie (para mim): O que ele está dizendo é que... ele está quase fazendo uma pergunta. Se a energia deixa o corpo – se a alma deixa o corpo –, por que o corpo simplesmente não desaparece por completo?

Eu: Ah, Deus! Sim!

Jamie: Certo? Porque era a energia da alma...

Erik: Bem, essa é a diferença! Isso é o que estou tentando dizer. Há esse tipo de faísca – esse tipo de separação – e a energia que criou o corpo, criou as células, criou os músculos, criou os ossos está deixando o corpo. Essa é a ideia de morte – [a energia criativa] não quer mais o corpo que criou e vicejou. É por isso que se torna uma casca.

Eu: Ah, é como mudar de pele!

Erik: Porque, quando o corpo está vivo, está intrincadamente ligado em todos os níveis. Essa é a primeira coisa que acontece. Separação instantânea. *Pa-pa-pa-pa-pow*! Acho que aqui está a resposta para a combustão espontânea. São aquelas pessoas cuja energia não conseguiu deixar seus componentes materiais para trás, por isso criou faíscas tão violentas e fortes que na verdade... POW! – explodiu. Essas são as pessoas que têm dificuldade para se desapegar de tudo. Até do corpo. Depois disso, a energia se recolhe; essa é a energia da alma. E, quando a energia da alma consegue se separar completamente do corpo, ela pode ser identificada como espírito. E ainda usa as lembranças e o conjunto de características que criou ao longo dessa vida para sua viagem de volta ao Lar. Então, se ela acredita no túnel – se acredita nos espíritos, em demônios ou em qualquer outra coisa –, é por isso que ela terá que passar por esse processo antes de chegar em casa. Isso é alimentado por ela até que chegue em casa, quando então poderá ser exposta a um certo tipo de verdade.

Eu: O que você quer dizer com "exposta a um certo tipo de verdade"?

Erik: Seria uma verdade compatível com a compreensão desse espírito. Em outras palavras, quando a alma chega, ela ainda está tão ligada à compreensão humana que temos de expor conceitos de uma maneira que ela possa entender. Mas, então, depois que o espírito compreende onde está e tem uma aceitação mais ampla do conhecimento, podemos alimentar [o espírito] com verdades mais profundas – verdades e conceitos mais amplos que são maiores que o corpo em si. É por isso que continuo dizendo que, quando você morre, não apenas ganha as chaves da cidade. Você não apenas passa a saber tudo instantaneamente, mas o ritmo [pelo qual passa a saber] vai depender da sua vontade. Do seu livre-arbítrio. Em termos de tempo terreno, algumas pessoas levam anos, [enquanto] outras levam três minutos. Então, não existe certo ou errado aqui.

Eu: Quando você diz, "Nós podemos alimentar o espírito com verdades mais profundas", quem somos "nós"?

Erik: Somos *nós!* Eu só estou tentando falar de forma geral, os guias que aparecem e ajudam. Seriam os guias ou anjos pessoais dessa pessoa ou, se houver um conselheiro espiritual que tenha se dedicado a essa pessoa, é ele quem irá aparecer. Podem ser os membros falecidos da família.

O que Erik compartilhou sobre a natureza da morte de um ponto de vista energético, científico, foi difícil para eu entender inicialmente. Em resumo, foi de fundir a cuca, mas eu sinto que é verdade. Além disso, uma explicação para o "mito" da combustão espontânea foi um bônus!

13

Amor e medo

Tudo se resume a duas emoções profundas: o amor e o medo. Essa é a essência da dualidade que define a experiência humana e impulsiona o nosso crescimento espiritual. Ambos têm seus propósitos fundamentais. Ambos são inevitáveis. Mas, no fim, nós escolhemos o amor em vez do medo, porque nós somos amor, e nós nos esforçamos para nos tornar amor incondicional. Agora, vamos investigar essas duas emoções antagônicas, com Erik como nosso guia.

A natureza do medo

Eu: Por que o medo existe e como essa energia foi criada? De onde ela vem? Nós planejamos ter medo na vida como parte da nossa personalidade, para que, ao chegar aqui, possamos superá-lo? É o ambiente deste planeta que nos faz sentir medo ou simplesmente o desenvolvemos com o tempo a partir das experiências que vivemos aqui?

Erik: O medo se desenvolve através do ambiente, e ele simplesmente *existe.* Todos os seres humanos têm algum tipo de medo; [ele ocorre] quando não temos uma conexão com o amor numa situação ou num problema. O medo é a ausência de conexão espiritual, ou seja, é a relativa ausência de amor, ou seja, é a relativa ausência de luz. É parte dessa dualidade que é tão importante na experiência humana. Quando superamos o medo, redescobrimos o amor; redescobrimos nossa divindade espiritual. E, quando passamos através desse ciclo de medo, superando o medo, encontramos o amor uma vez mais, em todos os problemas que enfrentamos. Bem, é disso que se trata a iluminação espiritual, não é?

Eu: Sim, eu acho que a eliminação dessa camada de medo revela o amor e nossa conexão com o espírito, não é?

Erik: Isso mesmo. E, como seres humanos, vocês não seriam capazes de ver essa conexão com o espírito sem algum componente de medo. É como se tivessem que ter medo para que pudessem retirar essa camada, e *tã-tã-tã-tã*! Lá está o amor! Lá está a minha conexão com o espírito! É como um mágico agitando o lenço e fazendo aparecer um vaso de flores.

Eu: Sim, eu acho que temos que dar esse passo a mais para ter um contraste, mas às vezes a dualidade é um aborrecimento.

Erik: Eu sei. Ela pode tornar a vida um martírio, às vezes, mas é realmente uma ferramenta poderosa.

Eu: Gostaria que pudéssemos ter apenas óculos especiais da verdade para ver o que precisamos ver. Seria bem mais fácil.

[Erik ri.]

Erik: O medo vem do ego; não é uma coisa no nível da alma. E há muitas razões para os seres humanos terem medo: medo de não ser bom o suficiente, medo de não ser capaz de fazer algo bem. O medo ajuda a desenvolver o ego e o ego ajuda a desenvolver o medo. Eles formam um círculo vicioso. O medo é geralmente uma ausência de ligação com o espírito – não uma ausência completa, obviamente, mas uma ausência relativa numa questão em particular. Mas a razão do ego é dupla: precisamos de um elemento do ego para sobreviver fisicamente. Além disso, para chegar ao amor, às vezes nosso ego tem de crescer a ponto de destruir a si mesmo; é assim que chegamos ao fundo do poço. Nosso ego sai do controle, se autodestrói e dá passagem ao espaço interior: a consciência consciente, o verdadeiro você. Com o ego fora do caminho, você abre espaço para o amor.

Enquanto eu estava me comunicando com Erik na minha caminhada diária por um bosque, ele me pediu para compartilhar um exercício para qualquer um que quisesse experimentá-lo.

Pegue uma folha de papel e divida-a em duas colunas: a coluna do *medo* e a coluna do *amor*. Na coluna do medo, escreva todas as emoções baseadas no medo de que você consiga se lembrar:

abandono
irritação
agitação
raiva
aborrecimento
ansiedade
apatia
arrogância
competitividade
insegurança
confusão
desprezo
negação
depressão
inveja
orgulho
frustração
gula
ganância
tristeza
culpa
impaciência
indiferença
condescendência
intimidação
ciúme
julgamento
falta de fé
paranoia
pessimismo
racismo
raiva
rejeição
remorso
ressentimento
resignação
vingança
autopiedade
egoísmo
vergonha
timidez
teimosia

desespero
decepção
desânimo
desgosto
dúvida
temor
embaraço
preguiça
solidão
manipulação
negatividade
obsessão
opressão
pânico
superioridade
suspeita
indiferença
indisposição
preocupação
inutilidade

Para mim, o luto pertence às duas colunas, porque você tem medo de ficar sem o que você perdeu, mas também tem amor pelo que perdeu.

Na coluna do amor, escreva as emoções que você acha que sejam baseadas no amor:

aceitação
excitação
deslumbramento
beleza
calma
carinho
certeza
alegria
conforto
compaixão
confiança
contentamento
coragem
determinação
empatia
entusiasmo
fé
fascínio
perdão
generosidade
gratidão
pesar
felicidade
harmonia
honestidade
esperança
humildade
humor
força interior
inspiração
interesse
alegria
bondade
saudade
lealdade
estímulo
receptividade
otimismo
paciência
tranquilidade
espirituosidade
positividade
poder
orgulho (no bom sentido)
relaxamento
alívio
respeito
satisfação
amor-próprio
partilha
estabilidade
força
surpresa
simpatia
confiança
compreensão
unidade

Erik prefere que você faça as suas próprias listas, é claro. Então circule as palavras baseadas no medo que mais afetam você, e pense em todas as diferentes áreas da sua vida, passada ou presente, em que elas se aplicam ou se aplicavam. Se quiser, você pode pensar nessas áreas primeiro, e depois fazer suas listas de emoções baseadas no medo e no amor.

Agora, escolha como você pode substituir sua emoção baseada no medo por outra da coluna do amor. Por exemplo, se você sentir raiva de alguém que feriu seus sentimentos (este é o exemplo de Erik, por sinal), então você pode escolher pensar nessa pessoa com bondade; você pode escolher perdoá-la. Eu faço isso enviando luz rosa para o coração dessa pessoa e vendo no olho da minha mente a expressão facial dessa pessoa se transformar de uma carranca num sorriso amoroso. Também ajuda fazer essa afirmação diária: "Tenho abundância em todas as coisas que honram meu mais elevado propósito". Isso abrange praticamente tudo: amor, alegria, oportunidades, riqueza e assim por diante. Então, lembre-se, quando você perceber que está enfrentando uma emoção baseada no medo, identifique-a e a substitua por outra baseada no amor. Quando estiver numa encruzilhada, escolha o caminho do amor em vez do caminho do medo. É preciso prática, mas, no final das contas, é por isso que estamos aqui. Nós estamos destinados a nos *tornar* amor incondicional. Melhor ainda, estamos aqui para lembrar que já *somos* amor incondicional.

14

A natureza dos poderes superiores

A crença numa divindade – ou divindades, no plural – é um aspecto integrante da maioria das religiões do mundo. Um tempo atrás, perguntei a Erik se ele tinha conhecido alguma divindade, e ele disse que, logo que fez sua transição para a vida após a morte, ficou meio na dele, mantendo o máximo de discrição. Não queria chamar atenção, porque estava com medo de ser punido por ter tirado a própria vida. Depois que ele percebeu que não existe julgamento ou punição do outro lado, ele me prometeu que iria procurar saber mais. Como a existência de Deus (que vamos chamar de "Deus" só para facilitar as coisas, pois "Deus" é apenas um dos muitos nomes para o conceito de um poder superior) é uma parte bastante importante de muitas vidas, eu queria ver se Erik tinha feito sua lição de casa como tinha prometido. Portanto, Deus estava no topo da minha lista de perguntas para esta conversa. Jamie e eu fomos surpreendidas pelas descobertas de Erik.

Sessão sobre Deus

Eu: Então, me diga, Erik, você já teve chance de encontrar Deus?

Jamie: Ele está me mostrando isso no olho da minha mente. Erik chamou de "reuniões", nas quais os seres espirituais podem assistir a palestras ou conferências dadas por Deus. Humm, eu nunca vi isso antes. É interessante.

Eu: Acho que ele deve ser um orador e tanto, hein?

Jamie: É fascinante.

[Erik ri.]

Jamie: Você não está me zoando, está, Erik?

Erik (enfaticamente): NÃO! NÃO! Isso realmente acontece. Eu não estou brincando!

Eu: Então, como você vê Deus, Erik? Você vê Deus como uma luz? Vê Deus como um ser que tem uma energia masculina ou feminina?

Erik: Como uma luz. Uma brilhante luz branca, meio prateada.

Eu: Como é que você sabe que é Deus? Para fazer uma pergunta interessante, o que faz você ter tanta certeza de que essa luz é Deus?

Erik: Porque, quando você está no mundo do espírito, existem coisas que você sente e sabe. A gente não questiona tudo como vocês fazem no plano terreno, com o cérebro.

Eu: Ah, ok!

Erik: Sentimos e sabemos a verdade.

Eu: Então você sentiu isso?

Erik: Sim. Não fui a nenhuma audiência pessoal ainda, mas já estive na presença de Deus, não só da energia do Céu. Já tomei conhecimento das mensagens transmitidas por Deus que servem para todos nós como um todo. Acredito que essas mensagens são mais proveitosas principalmente para os espíritos que estão se preparando para voltar para o plano terreno.

Eu: Interessante. É como se Ele enviasse mensagens através do botão "All Call" de um interfone?

Erik (rindo): Sim, exatamente.

Eu: Deus tem uma energia masculina ou feminina, Erik?

Erik: Andrógina. Tanto masculina quanto feminina, mas você não chamaria de feminina ou masculina.

[Numa sessão posterior.]

Eu: Então, você já se encontrou com Deus pessoalmente, Erik? Ou já se encontrou com a representação verdadeira de Deus?

Erik: Bem, nós somos todos uma representação verdadeira de Deus. Então você está perguntando se eu conheci a Fonte pura dele?

Eu: Ahã.

Erik: Com certeza. Você não iria querer fazer isso também?

Eu: Ah, sem dúvida!

Erik: Quer dizer, nem todo mundo quer; não entendem. Mas, sim, eu queria me sentar com ele. Queria respostas.

Eu (com uma risadinha): Ele se senta num trono e tem uma longa barba branca?

[Jamie e eu rimos.]

Erik: Não, não num trono. E, repito, não existe masculino ou feminino quando se trata de Deus.

Eu: Ok.

Erik: Mas é como o sentimento de que você tem muitas perguntas e quer ver essas coisas resolvidas. Sabe, eu fui lá com todas essas coisas, essas curiosidades. Então, assim que encontrei Deus cara a cara, fiquei de frente para... Era uma luz, uma luz muito vasta. Não é uma forma que eu possa descrever, como a forma de um coração ou de uma pessoa. Mas posso dizer que era muito mais alto do que eu.

Eu: Ok.

Erik: E logo que cheguei à presença de Deus, queria me aproximar cada vez mais. Todas as minhas emoções vieram à tona, e eu as aceitei. Não queria esconder nada; não queria me proteger. Apenas queria ficar mais perto dele, e então a minha lista [de perguntas] e tudo que eu queria saber começou a parecer tão infantil... Ela parecia tão irrelevante, porque, quanto mais perto você chega da Fonte, [mais] você sabe que é isso [que importa]. E, no entanto, quando você se afasta Dela, quando você se separa apenas um pouco – suas perguntas voltam. As minhas voltaram.

Eu: Ah! Interessante!

Erik: E, então, quando você vai embora, pensa "Ah, por que eu não perguntei?". Mas então você lembra a si mesmo, "Bem, eu não preciso saber isso, porque, quando eu estava lá, tudo estava em perfeita harmonia", [você sabe que] a vida é assim, e que existe essa rede de segurança da qual as pessoas não querem falar a respeito – nem mesmo das coisas negativas que estão acontecendo. Está tudo bem. Tudo vai ficar bem.

Eu: Sim, eu acho que todos nós temos um final feliz. Então, é isso que todos nós ansiamos fazer? Um dia voltar para a Fonte? Esse é o ponto final?

Erik: Sim, nós já conversamos sobre isso antes, e você pode. Você pode se render completamente, se fundir, mas isso é feito de acordo com o seu livre-arbítrio. Se for esse o seu objetivo de iluminação, então é isso que você vai fazer.

Eu: Mas você pode se separar novamente? Quer dizer, depois que entra lá, depois que você...

[Percebi, depois de fazer essa pergunta, que eu já tinha perguntado isso. Ainda assim, esperava pela confirmação e os detalhes.]

Erik: Deus vai libertá-la novamente. Ele já fez isso uma vez. Deus não é controlador.

Eu: Então Deus não é maníaco por controle, hein?

Jamie: Erik está morrendo de rir.

Eu: Então, do que Deus é feito e o que é Deus, *na realidade*?

Erik: Eu realmente não sei o que responder, exceto que é como olhar para o sol – apenas luz. Você não consegue sequer olhar sem sentir amor total, como se nada mais que aconteça afete você. Essa é a única explicação que eu poderia dar para que você possa entender.

Eu: Sim, por favor me diga quanto sou tapada! Mas Deus tem alguma consciência senciente, certo? A Fonte Divina pode se comunicar com você e você com Ela?

Erik: Ah, sim, e é muito, muito claro, mãe. A informação vem como uma pulsação maravilhosa de uma energia incrível que tem uma consciência. Você só é atraído para ela, e, quanto mais se aproxima, mais você só sente amor. Não posso colocar em palavras mais do que isso. Deus é energia. Energia é uma fonte vibrante de vida que se dividiu e se propagou como se fosse algum tipo de contágio...

Jamie (com uma frustração simulada): Ele usa o termo "doença contagiosa".

Eu: Ah! Melhor tomar cuidado, Erik, para que Deus não castigue você – seja lá o que isso signifique.

Erik: Você está julgando a palavra, mãe. Você está achando que doença é algo negativo.

Eu: Ah, sim, estou mesmo!

Erik: A doença pode ser extremamente positiva! Ela serve como um grande catalisador para muitas pessoas. Mas eu só quis usar a palavra "doença contagiosa" porque a energia se espalha por toda parte! Sem a existência dela, nós não criaríamos. Nós não teríamos criado a nós mesmos. Digo isso porque Deus está em todos nós.

Eu: Sim, exatamente.

Erik: Há um certo estigma na palavra "Deus". Eu realmente gostaria que pudéssemos apenas apagar isso e ir além.

Eu: Sim, acho que ela implica que Deus é uma coisa separada, e não é.

Erik: Tem razão, não é! Então essa pergunta poderia muito bem ter sido "Do que *eu* sou feito?".

Eu: Sim, sim. Então, você já me disse alguma coisa a respeito disso quando falou [do seu encontro] com Deus. Algo mais?

Erik: Sim.

Eu: Ok, como foi? Vocês simplesmente bateram papo, como se falassem do campeonato de basquete ou dissessem: "Como vai o time dos Yankees?".

Erik (rindo): Não, não. Nós todos apenas nos sentamos num sofá de veludo vermelho e fumamos charutos. Isso é o que fazemos.

[Jamie e eu rimos.]

Erik: Sim, Jesus, Deus, Krishna – todos nós.

Eu: Uau, é uma festa e tanto!

Erik: Talvez a gente volte a se encontrar para jogar pôquer. Mas, sério, as conversas que você tem com Deus não são como uma chamada telefônica, em que você sabe para quem está ligando e conhece a voz que vai ouvir do outro lado da linha. Quando você se conecta à Fonte de energia pura, Ela se comunica com você de uma maneira que você entenda. Ela pode mudar e se transformar em qualquer coisa de que precise para deixar você à vontade, para que possa se sentir em paz com

Ela. Então, quando você se conecta com Deus e tem conversas com Ele, um dia você pode precisar daquele Deus firme - o que apenas lhe diz "sim" ou "não". E depois de alguns dias, você pode precisar do Deus que só quer cantar para você, abraçar você, eu não sei, apenas estar com você.

Eu: Isso tem alguma coisa a ver com sintonizar as frequências vibratórias? Existe uma física por trás de como Deus se transforma? Quero dizer, se você tem um daqueles dias em que acha que precisa de um empurrão para seguir no caminho certo, a sua energia vibracional tem algo a ver com o modo como...

Erik: Sim. Quando você altera o seu estado emocional, isso muda os seus pensamentos, sua energia vibracional.

Eu: Ahã.

Erik: E, quando você entrar em sintonia com a Fonte pura - vamos apenas lembrar que a Energia Pura, ou Deus, não tem julgamento, por isso não importa como você venha, a Fonte não vai olhar para você e dizer: "Não, você não vai entender o que eu vou dizer, porque você está com raiva, ou está numa vibração muito baixa, ou não está vendo isso da mesma maneira que eu vejo". Isso nunca acontece. Simplesmente esqueça isso. Não importa como você chegue - [com qualquer nível de] vontade de se ligar com a Fonte Pura, com Deus -, Deus será compatível com o modo como você está, mas não vai diminuir a informação.

Eu: Ah, ok. Uau!

Erik: Enfim, de volta às minhas conversas com Deus. Depois que eu apareci por aqui, depois que tomei coragem, fui de fato falar com Deus. Ele me disse que poderia optar por ser uma dádiva para a Terra agora e que eu poderia ajudar a muitos. Na verdade, fiquei em êxtase. Descobri que sempre tive livre-arbítrio e que era amado. Essa sensação é diferente de qualquer coisa que alguém já possa ter experimentado na Terra. Me mostraram quanto eu realmente sou grandioso, mas não havia nenhuma arrogância ou ego. Isso simplesmente é. E eu me senti humilde ao mesmo tempo.

Eu: Você pode me falar mais sobre como Deus se comunica com as massas lá?

Erik: Normalmente não é como uma mensagem genérica para as massas, como, "Querubins com harpas, corredor três". A comunicação é [projetada para] cada ser individual. Isso é que é tão incrível.

Eu: Uau! Então Deus é algum tipo de multitarefa!

Erik (rindo): Sim!

Eu: Então, qual é o papel que Deus desempenha em nossas vidas como seres humanos?

Erik: Quando você reconhece o que eu estou dizendo, e acredita na consciência de Deus, então a sua vida muda. Deus zela pelo mundo – zela pela consciência do mundo todo – e pode destruí-lo ou preservá-lo com um estalar de dedos. O próprio mundo tem consciência disso. Ele está lá no topo, e isso é aceito pelas pessoas lá.

Eu: Aqui está uma pergunta de um dos membros de blog: "Acabei de ler a parte do blog em que Erik fala de outro tipo de energia além de Deus. Você pode pedir a ele para explicar isso um pouco mais? Achava que Deus era a única energia. Esses seres sombrios de que fala Erik, de onde eles são? De um nível diferente? Erik pode falar mais sobre essa outra fonte de energia que não é a Fonte Divina? Será que esses seres precisam conhecer a Luz de Deus? Será que precisamos evitar esses seres a todo custo?".

Erik: Bem, peça desculpas a ele, porque eu não tive a intenção de fazer parecer que essas energias mais sombrias estão separadas ou apartadas de Deus.

[Estou pensando em como é interessante que ele tenha percebido que o membro que fez a pergunta era do sexo masculino.]

Eu: Ok.

Erik: O que eu quis dizer é que elas estão o mais *afastadas* possível de Deus. Isso não significa que estejam separadas de Deus.

Eu: Ah! Ok! São simplesmente parte do espectro, então?

Erik: Isso. Tudo é energia da Fonte Divina. Não é possível se separar dela.

Eu: Então, se sempre se diz que Deus é amor e tudo mais, como parte dessa energia da Fonte pode ser ruim? É ruim, de fato? Você a chamaria de maligna ou...

Erik: Veja só, o problema é que, quando olham para a definição de "mal" dos seres humanos, [vocês] acham que ela está tão completamente separada de Deus que tem uma identidade própria.

Eu: Ah! Ok.

Erik (animado): Ok, olha só. Deus é a sala, esteja a luz apagada ou acesa. Mesmo com a luz apagada, a sala ainda está lá, não está?

Eu: Sim. Entendi.

Erik: Deus é a sala. São só diferentes variações de luz e escuridão. Explique para as pessoas dessa forma, mãe. Acho que elas vão conseguir entender.

Eu: Isso é muito interessante, Erik! Ótima analogia! Você explica as coisas muito bem.

Erik: A maioria das pessoas gosta de ficar na sala com as luzes acesas. Algumas pessoas gostam de viver na total escuridão, mas elas ainda estão dentro da sala.

Eu: Sim, e pense na economia na conta de luz! Só que, vagando na escuridão, você pode dar uma topada com o dedo do pé num sofá ou coisa assim.

Erik (rindo): Sim, claro! Elas veem menos da sala, portanto acham que Deus não está lá.

Jamie (para Erik): Ah! Isso é tão... Parabéns pela analogia, Erik!

Eu: Sim! Isso foi absolutamente incrível, Erik! Eu particularmente gosto quando você diz "portanto". É tão bonitinho!

Erik: Ah, para com isso.

Eu: Ok. Agora, estou curiosa para saber sobre Jesus.

Erik: Jesus era "o cara".

Eu: Erik! Bem, acho que ele era, mesmo.

Jamie (rindo): Não, a maneira como ele disse, "Jesus era 'o cara'".

Eu: Ahá! O segredo foi revelado!

[Jamie ri.]

Eu: Então, qual era o propósito dele?

Erik: Imagine... Ok, vamos usar "Deus", por falta de uma palavra melhor.

Eu: Ok.

Erik: Você sabe, Deus envia porções da [sua] própria energia, e uma porção dela entra nas plantas [e] insetos; alimenta a Terra, a alma da Terra; e uma parte vai para as pessoas quando nascem de novo num corpo. E um pouco dela fica; não vem para a Terra. São aqueles que consideramos anjos, ou santos ou espíritos puros, porque não macularam a sua energia, optando por viver muitas vidas diferentes na Terra.

Eu: Ah, ok. Então esses são os seres angélicos, seres celestiais?

Erik: Sim. E então nós temos aqueles pedaços de energia que têm essa paixão ou contrato para falar sobre a Fonte, Deus, a Energia Pura. Jesus era um desses pedaços.

Eu: Uau! Nunca pensei que eu iria ouvir alguém chamar Jesus de "pedaço".

Erik (rindo): Sim, e Buda, Gandhi, o Dalai Lama, Sai Baba. Há muitos desses espíritos, e acho que é por isso que temos religiões diferentes, porque encontramos alguém tão de bem com a vida e onisciente que queremos construir uma estrutura em torno dessa pessoa para entendê-las melhor.

Eu: Ah, sim!

Erik: Isso é o que os seres humanos fazem: construir estruturas. Tentamos medir e comparar e contrastar e rotular, e fizemos muito isso em torno de Jesus. E também com Krishna, Buda e vários outros. O importante é que eles vieram para a Terra, mas não entraram no ciclo [reencarnatório], vida após vida. E também não fizeram isso apenas uma vez. Jesus já esteve aqui antes. Jesus voltou. Pense nisto: Jesus não é o tipo de cara que faz julgamentos e só leva com ele aqueles que acreditam nele e dane-se o resto!

Eu: Ah, não, claro que não! Então, você está dizendo que Jesus encarnou aqui antes, mais de uma vez?

Erik: Sim.

Eu: Mas eu pensei que você tinha dito que estas são as almas que não entraram no ciclo [reencarnatório], vivendo mais de uma vez.

Erik: Certo. Eles escolhem momentos importantes ou decisivos para voltar à Terra e ser uma pessoa comum [que ajuda] as pessoas a evoluir. Eles não voltam centenas ou milhares de vezes como as almas normalmente fazem.

Eu: Mas eles se lembram de quem são. Eles se lembram de que são parte e toda a Fonte Divina, ao contrário de outros seres humanos.

Erik: Minha mãe está sacando! Então Jesus era realmente o filho físico de Deus, ou uma parte de Deus.

Eu: Mas não somos todos nós?

Erik: Sim, somos. Mas, como eu já disse, ele foi enviado para a Terra com a consciência de que era filho de Deus. Nós viemos sem essa consciência. Nós aprendemos isso à medida que evoluímos, pelo menos alguns de nós aprende.

Eu: Então ele já veio para a Terra com uma cola! Isso não é justo!

Jamie (rindo): Sim, ele veio!

Eu: Será que Buda, Maomé e outros como eles tinham o mesmo propósito que Jesus?

Erik: Eles eram meio como Jesus. São todos mestres. Mestres que vieram para ensinar.

Eu: Erik, você já conheceu santos ou gurus, e vocês têm aí lugares de culto como igrejas, templos e coisas assim?

Erik: Sim, respondendo à sua última pergunta sobre locais de culto, sim. Não é realmente um lugar para culto, no entanto. É mais um lugar para aprender e se expandir. Então, não é algo do tipo, "Sente-se e me deixe fazer um sermão usando este livro".

Eu: Vocês, espíritos, rezam para algum deus ou profeta?

[Longa pausa.]

Erik: Bem, eu acho que você poderia chamar de oração. Sim, nós temos momentos em que podemos cantar e também repetir as mesmas frases, mas é para *todos*. Não é para um único Deus; é para todos nós.

Eu: Sim, isso faz sentido, porque somos todos um coletivo inseparável, de qualquer maneira.

Erik: Sim.

Eu: Se reverenciarmos alguma outra entidade, estamos na verdade reverenciando a nós mesmos.

Erik: Sim, você entendeu, mãe.

Isso foi tudo que Erik pôde compartilhar sobre religião durante essa sessão, que ocorreu logo depois da sua morte. Mas, considerando a sua passagem recente, fiquei impressionada com a visão dele e como ela parece estar em concordância com a perspectiva recente de muitos físicos quânticos. Alguns cientistas acreditam que Deus é um campo enorme de consciência, e que somos tanto uma parte quanto o todo desse campo. Erik descreve nosso relacionamento com Deus como um holograma. Por exemplo, digamos que uma imagem de Erik represente a alma ou a consciência. Deus é uma enorme foto de Erik (assim como todos nós) e cada pixel dessa imensa "imagem divina" de Erik é uma pequena imagem individual de Erik.

Muitas religiões organizadas ensinam que uma divindade nos criou à sua imagem, portanto isso faz um certo sentido. Talvez Deus seja uma consciência coletiva de todas as nossas almas - A Suprema Fonte de Energia - e talvez nós não sejamos apenas esse todo, mas também a parte dessa consciência que se comporta como um braço, estendido para explorar e evoluir. Quando viajamos para o plano terreno e encarnamos, usamos esse plano como um laboratório onde utilizamos as dificuldades, as adversidades, as emoções humanas e outros fatores para evoluir em direção a algum objetivo final, talvez para nos tornarmos o próprio amor.

Einstein tentou definir o amor em termos de equações matemáticas, por isso talvez ele também tenha entendido que o amor é alguma forma de energia para a qual toda a consciência evolui. Acho isso reconfortante, porque não só estamos ligados a uma consciência universal superior, como estamos conectados uns com os outros, independentemente do tempo, do espaço, da dimensão. Portanto, estou tão perto de Erik agora como jamais estive antes.

15

Quem nós somos e por que estamos aqui?

A experiência humana pode ser o Inferno na Terra às vezes, não pode? Minhas próximas perguntas para Erik mostram a minha propensão para querer entender os fundamentos da vida como ser humano. Quem somos nós? Por que estamos aqui? Como é que operamos? O que nos impulsiona? Então eu segui adiante, iniciando com nada muito sutil:

A natureza do ser humano

Eu: Erik, o que nós somos, de fato?

Erik: Nós somos parte de um grande campo de energia - de consciência feita de energia. Somos segmentos individuais dessa consciência, mas também somos o todo - como uma espécie de holograma -, que pode ser tanto o todo quanto as partes do todo. Em poucas palavras, somos energia senciente.

[Ele já tinha apresentado essas ideias antes, mas é sempre bom recapitular.]

Eu: Qual é o nosso propósito como partes e como o todo desse campo de consciência?

Erik: Tentamos buscar menos entropia, tanto como unidades separadas quanto como parte do todo. Nós projetamos para o todo o que fazemos individualmente. Estamos aqui para evoluir para um nível mais elevado.

Eu: Então o que é isso, na verdade? Sei que menos entropia significa menos desordem ou caos, mas o que isso significa em termos práticos? Qual é o nosso ponto final?

Erik: Uma razão é: nós tentamos chegar ao ponto em que ficamos no Céu para cooperar com outros que ainda estão no plano terreno, esforçando-se para evoluir.

Eu: Ok, eu posso ver isso como o ponto final para nós, como almas individuais, mas o que acontece com o todo? Qual é o nosso objetivo como o campo todo da consciência, como todas as almas juntas?

Erik: Buscamos nos tornar amor - amor incondicional - como indivíduos e para o universo como um todo, para cada alma. Essa é a menor entropia. Esse é o ponto final.

[Uau! Isso vai levar algum tempo para digerir. Acho fascinante essa coisa de que todo amor é energia, porque, quando eu amo alguém incondicionalmente, sinto essa vibração estranha, uma sensação de que a minha alma está se expandindo além de todos os limites. É uma sensação eletrizante e revigorante, como se eu estivesse conectada a alguma fonte imensa de energia benevolente.]

Eu: Ouvi alguém nos descrever como consciência se movendo através de várias perspectivas experimentando a nós mesmos.

Erik: Nossa! Quem escreveu isso?

Eu: Não me lembro.

Erik: Sim, mãe, isso é o que somos. Muito boa descrição.

Eu: Então, Erik, por que é tão mais difícil lidar com os problemas na vida após a morte? Por que é preferível lidar com eles aqui? Pergunto isso para ajudar aqueles que estão pensando em suicídio a perceber que não só seus problemas não vão desaparecer quando fizerem a passagem, como também será muito mais difícil lidar com eles.

Erik: Mãe, resolvemos os problemas no plano terreno, não no espiritual. Assim, se você não concluiu alguma coisa em sua vida terrena, então vai ter que lidar com isso quando reencarnar.

Eu: Ah, tudo bem. Mas no seu caso...

Erik: Espere, eu não terminei. Se deixarmos um monte de coisas [terrenas] não resolvidas e voltarmos à vida após a morte, podemos nos arrepender; podemos ficar muito desapontados e infelizes com nós mesmos, mas só seremos capazes de começar a fazer alguma coisa com relação a essas coisas novamente quando voltarmos para o plano terreno.

Eu: Por que é assim?

Erik: Por causa da dualidade, mãe. Na vida após a morte, todos agem no nível pleno de sua evolução. As almas aqui são muito úteis umas para as outras: muito amorosas, prestativas, querendo estar sempre a serviço umas das outras. É no plano terreno que nos esquecemos de quem somos, de onde viemos e o que deveríamos estar fazendo. Isso é amnésia espiritual. Então, nós chegamos [à Terra] e não nos lembramos de quem e do que somos e de qual é o nosso plano espiritual; e, quando chegamos ao plano terreno, geralmente começamos a trabalhar nessas questões imediatamente. Essas questões tornam a vida muito desafiadora onde vocês estão.

Eu: Fale-me sobre isso!

Erik: Algumas pessoas vão correr direto para os seus problemas e tentar resolvê-los. Mas a maioria das pessoas, quando se ajusta ao plano terreno, começa a se preocupar com o que os outros pensam. Elas buscam aprovação e aceitação; ninguém quer ser rejeitado. Então, o que acontece é que começamos a desistir de partes de nós mesmos até que não tenhamos mais nenhuma ideia de quem diabos somos e o que deveríamos estar fazendo. É a dificuldade para descobrir as respostas a essas perguntas que nos propicia os desafios de que precisamos para crescer. É essa redescoberta de nós mesmos que vamos fazer no plano terreno. Trata-se mais de relembrar do que de aprender.

Eu: Sem dor, sem ganho - entendi. Mas, Erik, você evoluiu na vida após a morte também, certo?

Erik: Sim, mas principalmente por causa da terapia e por aprender novos conceitos. Quando fiz a terapia, consegui relacionar os problemas que tive em minha última vida com acontecimentos de vidas passadas. Mas, quando eu voltar para o plano terreno, vou sofrer essa amnésia espiritual e vou ter de tentar superar essas questões novamente. Você não percebe, mãe, mas é doloroso fazer a passagem e perceber que ainda tem problemas para resolver. Isso é importante. Você pode compreender os seus problemas, pode ver as suas questões aqui na vida após a morte, a partir de uma perspectiva conceitual, mas você precisa do componente experiencial para realmente resolvê-los e se lembrar completamente de quem e do que você de fato é. É como na química orgânica; você precisa ir ao laboratório para entender de fato.

Eu: Sim, e mesmo assim...

[Erik ri.]

Erik: Ok, imagine que você queira saber sobre brownies - brownies de chocolate -, então você lê a receita e acha que entendeu. Bem, você não entendeu. Você tem que fazer os brownies, correr o risco de queimar os dedos no forno, mas então vai poder prová-los e realmente saber o que é de fato um brownie! Só então conseguirá realmente entender o conceito de brownie.

Eu: Ah, ótimo! Agora fiquei com fome. Bem, com certeza seria bom se pudéssemos apenas descobrir uma maneira de obter esse componente experiencial enquanto estamos no mundo espiritual. Gostaria de ter apenas o roteiro, em vez de precisar entrar em cena e correr o risco de me machucar nas cenas de ação.

Erik: Seria bom, não é? Sim, dane-se tudo. Vamos apenas fazer isso aqui mesmo!

Eu: Sim, eu voto nisso.

Erik: Mas, mãe, você sabe que esse não é o x da questão. O mais importante é aprender de verdade, o propósito é realmente ter um lugar onde você possa aprender. Basta pensar: seres espirituais, eles não *aprendem* - eles se *lembram*. Eles se lembram de como acessar as informações e absorvê-las.

Eu: Certo.

Erik: Existe uma unidade entre passado, presente e futuro. Não há dificuldade ou desafio para aprender - somente um desafio para lembrar. Então, na Terra - bingo! Podemos apagar partes do que já lembramos. Podemos encarnar no plano terreno, e podemos aprender com essa luta entre o bem e o mal.

Jamie: Ufa! Ele está falando tão rápido, mal consigo acompanhar!

Erik: Há um fundo de verdade nessa afirmação, "Você não sabe o que tem até que tenha perdido".

Eu: Sim, com certeza!

Erik: Quando está no mundo espiritual, você não consegue escapar! Você não consegue escapar de nada! E, francamente, você não quer escapar. Isso é simplesmente quem você é. Envolve você; parece ótimo. Então, é um pouco sobre aprender a ter respeito pelo lugar de onde você vem e o que você tem no reino espiritual. Além disso, a Terra, esse é um lugar...

[Pausa enquanto Jamie escuta.]

Jamie: Ah, isso é tão legal! Nunca ouvi isso antes!

[Enquanto ela transmite o que ele diz, começa a tropeçar nas palavras, dar risadinhas, e diz: "Oh, meu Deus, estou gaguejando agora!". Erik ri calorosamente.]

Erik: A Terra é uma dimensão inferior e, embora o Céu seja multidimensional, existem infinitas dimensões na Terra. Assim, existem outras raças e, sabe, grupos de pessoas ou seres que estão em níveis dimensionais separados e que não podemos acessar enquanto estamos no mundo espiritual.

Eu: Sério?

Erik: Sim! Mas, quando reencarnamos na Terra, estamos encarnando num plano dimensional fixo. É por isso que você tem pessoas da Terra, do Céu, das estrelas – todos nós podemos estar num mesmo lugar bem aqui na Terra. É uma verdadeira comunidade mista.

Eu: Viva a diversidade!

Jamie: Ah, eu realmente nunca pensei nisso dessa forma!

Eu: Como uma espécie de ponto de encontro.

Jamie: Sim, isso faz com que eu goste um pouco mais deste lugar!

Erik: Então, nós chegamos aqui e outras raças de seres estão fazendo a mesma coisa, tipo, "Ah, vamos nos reunir e nos encontrar lá na Terra! Que tal Paris, França? Podemos ficar todos na mesma dimensão!". E os outros dizem, "Ok. Vamos nos encontrar e fazer uma festa".

Eu: Isso é tão fascinante! Há alguma coisa que você queira acrescentar, querido?

Jamie: Ele disse que estava azucrinando o gato.

Eu: Sim, Ringo (um dos gatos da nossa família) está na porta novamente, miando. Aposto que é muito fácil azucrinar os gatos.

Erik: É, eles são muito sensíveis aos espíritos. É muito divertido brincar com eles.

Eu (gritando): Ah, cai fora, Ringo! Ele está miando alto. É apenas um bebezão, um gatinho assustado. Ok, a gente divagou um pouco.

Erik: Outra razão por que você não pode realmente evoluir muito na vida após a morte é o fato de se lembrar como acessar as informações e absorvê-las. Isso é como um estudante que tem todas as respostas para um teste. Como você pode aprender desse jeito? Você não pode.

Eu: Certo.

Erik: E aqui há uma unidade entre passado, presente e futuro, de modo que você não tem a lei da causa e efeito que vem da existência linear. Como você pode aprender com um erro se não sente o efeito que ele provocou? Isso é como não arcar com as consequências de nada que faz.

Eu: Interessante. Agora, diga, os seres humanos ainda estão evoluindo física e emocionalmente? O que vamos ser daqui a milhares de anos ou dezenas de milhares de anos?

Erik: Eles evoluem emocional e energeticamente primeiro, e isso é o que faz com que o físico possa mudar. O que vem primeiro são os sistemas orgânicos, como o sistema digestório. Nós ainda vamos ter - vou me referir só ao básico aqui - pulmões que respiram, respiram ar. Ainda teremos coração, olhos e os sentidos, mas vamos ter percepções extrassensoriais. E vamos ter todos os dedos. Ah, e vamos ter mais habilidades telepáticas.

Eu: Uau!

Erik: Vamos comer menos porque vamos [consumir] energia em vez de alimentos.

Eu: Ah, isso é fascinante!

[Meu amigo Robert Burke diz ter lido sobre um homem de 77 anos de idade que não consumiu alimento ou bebida nenhuma durante setenta anos. Ele só consumiu energia. Aparentemente, estão testando isso num espaço controlado e ele não recebeu nada para comer ou beber durante 28 dias.]

Erik: Sim, acho que um monte de gente vai gostar disso. Mas, que droga, eu [ainda] adoro bolo de chocolate.

Eu: Bem, eu realmente gosto da ideia de ainda comer muito, mas minhas coxas, particularmente, não concordam.

Erik: O DNA também será diferente; ele vai ser mais à base de luz. Isso é tudo que eu sei até agora.

Eu: Parece que estamos em vias de ter algumas mudanças maravilhosas.

Quando me aproximava do final da minha jornada de mostrar ao mundo a minha história e a de Erik, fiz uma retrospectiva e refleti sobre quanto avancei. Eu mudei como pessoa, e como mãe, e como parte de uma tessitura coletiva que mantém todos nós juntos. Graças a Erik, sei quem sou num sentido mais nobre e grandioso, e tenho uma compreensão mais completa de como me encaixo no quadro maior do universo e das regras que nele vigoram. Mais importante, eu sei por que estou aqui. Que mãe - que pessoa - pode pedir mais? Não poderia sobreviver a esta jornada sem Erik - o garoto que eu trouxe a este mundo, cujos cortes e contusões beijei para que sarassem, cujas lágrimas sequei, cujo coração acolhi, cuja escuridão tanto tentei dissipar. Eu não poderia estar mais orgulhosa de quem ele se tornou e de todo o bem que ele trouxe a este mundo, apesar dos obstáculos aparentemente intransponíveis.

Reflexões finais

Não vou fingir que minha jornada do ceticismo à crença foi das mais fáceis. Tinha pavor de cultivar falsas esperanças apenas para vê-las despedaçadas. Não queria perder Erik duas vezes. E nenhuma comunicação mágica do além me convenceu da noite para o dia. Na verdade, fui arrastada ao longo dessa jornada, me debatendo e protestando ao longo de todo o caminho, enquanto gritava: "Isso não é possível! Vai contra tudo o que me ensinaram!".

Junto com meu cabo de guerra interior, tive que travar outra batalha: uma cruzada de vontades contra outras pessoas. Sempre que eu compartilhava meus "encontros com Erik" com os amigos, vizinhos ou até mesmo estranhos, muitas vezes acabava envolvida em confusão e cheia de constrangimento, dúvida, piedade e críticas. Alguns realmente pareciam bastante preocupados e se afastavam com a expressão de quem estava prestes a ligar para o manicômio e me colocar numa camisa de força. Alguns eram cruéis e diziam: "Elisa, você tem que superar isso e seguir em frente. Isso é apenas uma ilusão".

Por outro lado, eu também encontrei muitas pessoas de mente aberta que estavam ansiosas para discutir as questões espirituais que estou tão interessada em entender. Algumas contavam suas próprias histórias sobre visitas de entes queridos falecidos ou de seus anjos da guarda, e outras logo se animavam para contar as suas experiências de quase morte. A onda de alívio que tão obviamente se derramava sobre elas depois de compartilhar essas histórias me diz que há um grande número de pessoas de fé neste mundo que estão presas em armários muito escuros.

Com grande apreensão, também testei as águas da minha carreira profissional. Ocasionalmente, em momentos apropriados, compartilhei minhas crenças com pacientes e fui surpreendida pela forma como a maioria as recebeu. Não estou certa da razão, mas talvez aqueles que precisem de cura estejam mais abertos a conceitos e conversas sobre temas espiritualistas. Eu também compartilhei minhas crenças com alguns colegas e fui surpreendida pela forma como muitos deles reagiram positivamente. Muitos pareciam aliviados por ter encontrado alguém que estava ao mesmo tempo curioso e disposto a falar sobre a vida após a morte, como muitos médicos que relatam ter testemunhado fenômenos em leitos de morte, embora esses tópicos muitas vezes continuem sendo um tabu em seus campos profissionais.

O embate interior, o embate exterior e minha formação como médica amante da ciência –, esses aspectos todos contribuíram para, às vezes, tornar a minha jornada mais lenta e exaustiva. Eu sentia como se estivesse tentando encontrar meu caminho em meio a uma densa floresta em chamas. No entanto, o fogo pode nos queimar ou deixar nossa determinação forte como aço. No meu caso, minhas provações fortaleceram a minha fé e a minha crença de que de fato *existe* vida após a morte. Elas também aprofundaram o relacionamento com a minha família.

Antes da morte de Erik, eu francamente não fazia ideia de que a minha família acreditava na vida após a morte. Essa crença simplesmente nunca veio à tona. Na verdade, como um coletivo, a nossa família realmente não tinha nenhuma crença forte sobre outra coisa que não fosse a importância da integridade, da ética no trabalho, da compaixão, do amor e de outros valores semelhantes. Desde então, Erik levou todos nós através dessa jornada juntos, ampliando nosso conhecimento sobre essas coisas e nos ligando num amplo sistema de crença que transcende esta vida e este plano tridimensional que vivemos. Minha relação com Erik também mudou. Nós sempre fomos muito próximos, e eu sinto falta de quando saíamos em sua picape, escutando Lil Wayne ou apenas conversando sobre as suas dúvidas de adolescente.

Como médica e mãe, uma parte de mim queria "dar um jeito" na sua luta contra a depressão, e Deus sabe como eu tentei ajudar da maneira que eu sabia. Mas não é assim que um relacionamento deve ser.

Agora, Erik e eu temos uma relação mais rica. Conversamos mais e sobre uma variedade maior de temas do que jamais falamos antes – e fazemos isso de igual para igual. Rimos juntos, choramos juntos, relaxamos juntos. Ninguém está tentando consertar ninguém. Mas eu ainda sou a mãe dele, e ele sabe disso. E sou abençoada com o que toda mãe sonha ter um dia: um filho que está feliz, realizado e engajado no trabalho de uma vida que traz grande alegria.

A imortalidade e a existência da vida após a morte são uma certeza? Não, não há 100 por cento de certeza. Para mim, nunca haverá até que eu esteja lá, e isso é bom. Ser uma cética de mente aberta é saudável. São os céticos de mente fechada que mantêm a humanidade paralisada. Se as mentes fechadas entre nós tivessem prevalecido, nós ainda acharíamos que a Terra é plana e o centro do nosso sistema solar. No final, é tudo uma mescla de ciência e fé. Quanto de cada uma delas, isso depende de você.

Não só não sou mais uma cética de mente fechada, como também tenho um entendimento diferente dos relacionamentos. Agora sei que eles não têm que terminar com a morte. Quando nossos entes queridos morrem, eles apenas deixam seu corpo como se fosse uma roupagem. Eles ainda conservam suas memórias, suas emoções e seu amor. Na verdade, a sua perspectiva sobre essas questões fica ainda mais clara *após* a morte. Eles nos veem do jeito que realmente somos: seres humanos que estão fazendo o melhor que podem para lembrar e se tornar o que somos – a personificação do amor incondicional. Eles se lembram dessa luta muito bem. E com as novas perspectivas adquiridas com a sua passagem, seu relacionamento conosco se torna mais rico, mais profundo e ainda mais amoroso.

Aprendi também que não só podemos nos comunicar com nossos entes queridos, mas que eles querem que façamos isso. Eles não querem ser esquecidos. Não querem que "superemos" a morte deles e "sigamos em frente". Quando se trata de amor, a morte não é o fim.

Erik e eu esperamos que você tenha gostado de ler sobre esta jornada que fizemos juntos. Saber que a vida não termina após a morte - que a morte é como atravessar um véu muito tênue - pode ser um grande conforto. Embora a vida possa ser cheia de dificuldades, desafios e tragédias, cada luta encerra uma bela lição que você pode aprender para crescer espiritualmente. Às vezes, você tem que se empanturrar de ostras antes de encontrar uma pérola.

Se quiser continuar nos acompanhando nesta viagem cheia de aventuras (mas às vezes acidentada) através da morte, e conhecer mais sobre a sobrevivência da consciência e a natureza da vida após a morte, por favor junte-se a nós em channelingerik.com. Desde a sua criação, o blog *Channeling Erik** tem se tornado uma enorme comunidade de professores e alunos que, com a orientação irreverente de Erik, viajam nesse caminho espiritual juntos. E nós vamos continuar procurando respostas, provavelmente descobrindo até mais perguntas à medida que avançamos.

---

* Disponível apenas em inglês. (N. da E.)

Agradecimentos

Minha sincera gratidão ao meu marido, Rune; aos meus filhos Kristina Braly; Michelle Watts e seu marido, Shane; Lukas Medhus e Annika Medhus; meus pais José e Jacqueline; e minha irmã, Laura White, e seu marido, Jim; por fazerem parte desta jornada coletiva da tristeza para o conforto, e do mistério para o entendimento. Por causa de você, Erik, nunca estivemos tão próximos – algo raramente visto em famílias que perderam um filho.

Gostaria de agradecer a Kim O'Neill por me ajudar a fazer o primeiro contato com Erik, algo de que eu tanto precisava. Kim, seus dons nunca deixam de me surpreender.

Jamie, você é especial, e a interação que você tem com o meu filho é ao mesmo tempo comovente e divertida. Fico feliz que ele tenha você como amiga, independentemente da peste que ele possa ser. E o que eu posso dizer sobre o seu dom? Não poderia pedir uma voz melhor para o meu filho. Você lhe deu vida. Por isso, eu sou grata.

Eu também gostaria de agradecer à minha agente literária, Rita Rosenkranz, e à editora-chefe da Beyond Words, Cynthia Preto, pois ambas acreditaram no meu trabalho e em mim, quando outros não acreditaram. Acreditar neste livro é acreditar em meu filho, e essa fé dá sentido à morte dele.

À editora-chefe Lindsay S. Brown, à editora de copyright Sheila Ashdown e à revisora Jennifer Weaver-Neist, eu agradeço pela paciência. Deve ser difícil lidar com uma escritora novata que está meio perturbada.

Ao designer Devon Smith, sou grata pela beleza e habilidade que você trouxe a este livro – você é verdadeiramente brilhante. E estes agradecimentos não estariam completos se eu não expressasse a minha gratidão sincera àquelas que dão ao meu livro uma voz digna de ser ouvida publicamente: Kim Dower, publicitária extraordinária, juntamente com a equipe de marketing e publicidade da Beyond Words: Whitney Quon, Leah Brown e Jackie Hooper.

Por fim, agradeço às minhas editoras, Sylvia Spratt e Emily Han, por encontrar um diamante bruto e trabalhar incansavelmente para lapidá-lo. Sou grata por tudo que vocês me ensinaram.

Erik, meu filho, estou tão orgulhosa do que você se tornou e de como sua nobre causa está mudando a vida de tantas pessoas. Você está abrindo olhos e corações, e está fazendo isso de uma maneira espirituosa e sincera. Além do mais, você está realizado e feliz. Nenhuma mãe poderia pedir mais. Eu te amo.

Ninguém vive num vácuo. Ninguém se senta ociosamente numa ilha à espera que um navio passe para levá-lo de volta à civilização. Este livro é resultado do trabalho de uma equipe profícua em dedicação e fé, forjadas pela integridade e paixão. Jamie, Erik e eu não poderíamos estar mais orgulhosos de sermos uma pecinha desse grande quebra-cabeça.

Notas

1. Thomas Campbell, *My Big TOE: The Complete Trilogy* (Hustsville, AL: Lightning Strikes Books, 2007), 118.
2. Não há certeza de que esta citação seja de fato de Arthur Schopenhauer, no entanto ela é atribuída a ele desde a década de 1950. De qualquer maneira, seja quem for o autor, sua mensagem é poderosa.
3. Doreen Virtue, *The Lightworker's Way: Awakening Your Spiritual Power to Know and Heal* (Carlsbad, CA: Hay House, 1997).
4. Nassim Haramein, "What Is the Origin of Spin?". The Resonance Project (2004): theresonanceproject.org/pdf/origin_of_spin.pdf.
5. Max Born & Albert Einstein, Carta de Albert Einstein para Max Born, 3 de março de 1947, *The Born-Einstein Letters: Correspondence between Albert Einstein and Max and Hedwig Born from 1916 to 1955* (Nova York: Macmillan, 1971), 158.
6. Haramein, "What Is the Origin of Spin?".